ELSASS

DUMONT REISE-TASCHENBUCH

REISEINFOS VON A BIS Z

ELSASS-ATLAS

Inhalt

Entlang der ›feuchten‹ Rheingrenze

Der Norden: Burgen, Schlösser, Herrensitze

Inhalt

LAND & LEUTE

Manfred Braunger

ELSASS

LAND & LEUTE

»Ich kann nicht vom Elsass reden, ohne es durch den Magen zu sehen ... Die Esskunst ist bei uns ein Teil einer eingeprägten Kultur, eine humanistische Erfahrung ...«

Tomi Ungerer

Eingemachtes in Dambach-la-Ville

Frankreichs Idyllwinkel am Oberrhein

In den Weinbergen von Niedermorschwihr

PARADIES MIT WELTLICHEM FLAIR

Wehrhafte Burgruinen, trutzige Stadtmauern, romanische Kirchtürme mit Storchennestern, gotische Kathedralen mit ziselierten Sandsteinfassaden, herrschaftliche Patrizierhäuser unter glasierten Ziegeldächern, mittelalterliche Winzerdörfer mit Geranien geschmückten Fachwerkhäusern: Im Elsass deckt sich das Klischee häufig mit der Wirklichkeit. Wie unverrückbare historische Meilensteine markieren Dörfer und Städte die wechselvolle Vergangenheit. Häufig waren die Zeiten von blutigen Schlachten und territorialen Streitigkeiten geprägt. Umso erstaunlicher also, dass der ehemalige Zankapfel heute als Sitz des Europarates und Tagungsort des Europäischen Parlaments eine Schlüsselrolle im Einigungsprozess Europas spielt.

Im nordöstlichen Frankreich gelegen, ist das Elsass von Paris aus betrachtet geografisch eine Randerscheinung. Richtet man den Blick auf Westeuropa, rückt die Region ins Zentrum des Kontinents. Der Rhein stellte verkehrstechnisch schon immer eine wichtige Nord-Süd-Verbindung dar. Gleichzeitig markierte er die Nahtstelle zwischen germanischer und romanischer Welt, was für das linksrheinische Gebiet über 2500 Jahre lang von prägendem Einfluss war. Kelten, Römer, Alemannen, Franken, Franzosen und Deutsche hinterließen ihre Spuren. Allein zwischen 1870 und 1945 musste die Bevölkerung viermal die Nationalität wechseln. Heute kultivieren die Elsässer selbstbewusst ihre historischen und kulturellen Besonderheiten, die längst zu einer eigenständigen Kultur verschmolzen sind.

In Anbetracht der wechselvollen Vergangenheit ist nicht verwunderlich, dass die Region auf ein reiches Erbe an Geschichte, Traditionen, Kunst und Kultur zurückblickt – für ein attraktives Reiseziel eine ideale Voraussetzung, zumal sich vor Ort alemannische Gründlichkeit mit französischem Savoir vivre mischt. Acht Millionen Besucher lassen sich Jahr für Jahr von malerischen Landschaften und kunsthistorischen Sehenswürdigkeiten verführen. Von den kulinarischen Köstlichkeiten einmal ganz abgesehen.

Land der Gaumenfreuden

Als die Römer am Fuß der Vogesen die ersten Weinberge anlegten und den vergorenen Traubensaft in tönernen Amphoren zu horten begannen, errichteten sie unbewusst die Pfeiler, auf denen der heutige elsässische Gourmethimmel ruht. Das Kulturgut Wein gehört zur Region wie das Bier zu Bayern. Wein wird nicht nur getrunken, sondern in Restaurantküchen auch beim Komponieren von Gaumen-Opern verwendet. Längst hat sich herumgesprochen, dass am linksrheinischen Feinschmeckerfirmament die Sterne ganz besonders leuchten. Zwischen Pfalz und Schweizer Jura dehnt sich die Bühne der Küchenchefs und Traiteure, der Winzer und Brauer, der Mirabellenschnapsbrenner und Gugelhupfbäcker, der Sauerkrautstampfer und Pastetenmeister aus. Diese Gilde zelebriert ihre erlesenen Künste vor einer internationalen Fangemeinde von Schlemmern und Bacchanten, an der längst keine Überzeugungsarbeit mehr geleistet werden muss.

Wer sich nach einer opulenten Mahlzeit von Kalorien trennen will, hat dazu reichlich Gelegenheit in den Hochvogesen. Ein Netz von Wanderpfaden überzieht das Mittelgebirge auf seiner ganzen Länge. Stille Almen und glitzernde Bergseen wechseln sich ab mit Wäldern und Wiesen. Selbst in freier Natur ist für das leibliche Wohl gesorgt. Wer sich am bis zum Schwarzwald und die Schweizer Alpen reichenden Panorama satt gesehen hat, kann sich in einer der zahlreichen Fermes-Auberges mit deftiger Hauskost wie einer Melkermahlzeit stärken.

Einige Landschaftsetagen tiefer zieht sich am Fuß der Vogesenkette zwischen Thann im Süden und Marlenheim im Norden die Route des Vins durch grüne Weinberge und idyllische Winzerdörfer. Der 210 km lange Klassiker unter den elsässischen Touristenrouten zeigt wie keine andere Strecke die Region von ihrer Bilderbuchseite. Nicht so turbulent geht es in weniger besuchten Randgebieten wie dem Sundgau oder dem Krummen Elsass zu.

So ländlich-sympathisch sich die Region größtenteils auch präsentiert: Städtische Zentren wie Straßburg, Colmar und Mulhouse bilden als Kristallisationspunkte elsässischer Geschichte und Kultur urbane Schatztruhen mit beeindruckenden Baudenkmälern, interessanten Museen und abwechslungsreichem Stadtleben.

Wer ließe sich da nicht gerne verführen? Pâtisserie Christian in Strasbourg

›STECKBRIEF‹ ELSASS

Lage und Größe: Das Elsass liegt im äußersten Nordosten Frankreichs und grenzt im Norden an Rheinland-Pfalz, im Osten an Baden-Württemberg, im Süden an die Schweiz und im Westen an Lothringen. Mit einer Fläche von 8280 km^2 ist es die kleinste der 21 französischen Regionen.

Geographische Struktur: Das Elsass gliedert sich von Osten nach Westen in die Oberrheinische Tiefebene, die Vogesenvorberge und die Vogesenkette mit Erhebungen von über 1400 m Höhe.

Bevölkerung: 1,77 Mio. Einwohner, davon leben 26 % im Großraum Straßburg. Die Bevölkerungsdichte liegt bei 214 Einw./km^2. Das Département Bas-Rhin ist mit 1,03 Mio. Einw. wesentlich bevölkerungsreicher als das Département Haut-Rhin mit 0,72 Mio. Einw.

Hauptstadt: Straßburg (ca. 267 000, im Großraum 450 000 Einwohner). Größere Städte sind Mulhouse (112 000, im Großraum 230 000 Einw.), Colmar (67 000, im Großraum 86 800 Einw.), Haguenau (32 200 Einw.), Sélestat (17 400 Einw.).

Staat und Verwaltung: Seit 1986 hat die Region den Status einer Gebietskörperschaft. Damit verbunden sind eigene Kompetenzen und Selbstverwaltung. Der Conseil Régional, die beschlussfassende Versammlung, setzt sich aus dem Präsidenten, ständigen Ausschüssen, Themenkommissionen und einem beratenden Gremium zusammen. Verwaltungstechnisch ist die Region in die Départements Bas-Rhin (mit Präfektur in Straßburg) und Haut-Rhin (mit Präfektur in Colmar) unterteilt.

Wirtschaft: Mit einem Bruttoinlandsprodukt von 24 800 € pro Kopf steht das Elsass unter den Regionen Frankreichs an 3. Stelle. Die Erwerbstätigkeit der ca. 685 000 Beschäftigten verteilt sich auf die wichtigsten Sektoren wie folgt: Land- und Forstwirtschaft und Fischerei (1,1%), produzierendes Gewerbe (30%) und tertiärer Sektor (68,9%). Typisch sind kleinere und mittlere Industrie-, Handwerks- und Dienstleistungsunternehmen. Die bedeutendsten Industriebranchen sind Maschinenbau, Textil- und Nahrungsmittelindustrie (insbesondere Bierbrauerei) sowie die Elektro- und Elektronikindustrie. In der Landwirtschaft überwiegt der Weinbau mit einer Anbaufläche von gut 15 000 ha. Die High-Tech-Industrie errichtete Technologieparks in Illkirch/Graffenstaden, in Schiltigheim und nördlich von Straßburg. Die Arbeitslosenrate von 8% liegt knapp unter dem nationalen Durchschnitt von 8,8%.

LANDSCHAFTEN UND NATURRAUM

Vom Rheinufer zum Vogesenkamm

Wenn das Elsass mit 190 km Länge und 50 km Breite verglichen mit anderen Regionen Frankreichs auch ein Zwerg ist: An landschaftlicher Vielfalt gemessen stellt es manchen ›Konkurrenten‹ in den Schatten. Der Blick vom Rheinufer nach Westen lässt drei hauptsächliche Landschaftstypen erkennen: die Oberrheinische Tiefebene, die Vogesenvorberge und die Vogesenkette.

Auf knapp 200 Kilometern Länge bildet der Rhein die Grenze zwischen Baden-Württemberg und Elsass. Bis ins 19. Jh. verursachten Hochwasser und Überschwemmungen häufig Not und Elend. Zwischen 1817 und 1866 ließ man deswegen nach Plänen von Tulla (1770–1828) den Rhein korrigieren und um 82 km kürzen. Ein unvorhergesehener negativer Effekt dieses massiven Eingriffes in die Natur war die Absenkung des Grundwasserspiegels. Bis dahin landwirtschaftlich genutzte Flächen versteppten und wurden wertlos.

Größere linksrheinische Nebenflüsse sind Ill, Moder, Zorn und Lauter. Bei Niffer, nördlich von Kembs, zweigt vom Rhein der Rhein-Rhône-Kanal ab. Der Hafen von Straßburg steht mit dem Nordelsass durch den Rhein-Marne-Kanal in Verbindung.

Vom Rheinufer breitet sich bis zum Fuß der Vogesen die flache Rheinebene aus. Schon im Neolithikum entstanden durch Rodung erste, wegen des Lössbodens sehr ertragreiche Agrarflächen. Wenn im März aus Südfrankreich kommende Luftmassen durch die Burgundische Pforte einströmen, erwärmt sich als erstes die oberrheinische Tiefebene. Blühende Mandelbäumchen, Aprikosen und Kastanien kündigen den Frühling an und schaffen eine geradezu mediterrane Atmosphäre. Um diese Jahreszeit, wenn der Winter die Vogesenhöhen noch im eiskalten Griff hat, verheisst der immer üppiger werdende Blumenschmuck auf den Fenstersimsen der Fachwerkhäuser entlang der Route des Vins sonnenwarme Tage. Die verdankt das Elsass seinem vorwiegend trockenen kontinentalen Klima mit ausgeprägten Jahreszeiten. Nach Südosten ausgerichtet und von kalten Westwinden durch die natürliche Gebirgsbarriere geschützt, bilden die zwischen 200 und 500 m über Meereshöhe gelegenen Vorberge eine ideales Weinanbaugebiet. Sehr unterschiedliche, häufig aber kalkhaltige Lössböden, kaum mehr als 500 bis 600 mm Niederschlag und 1800 Sonnenstunden pro Jahr zaubern den Winzern hervorragende Weißweine ins Fass.

Klimabarriere Vogesen

Als Pendant zum deutschen Schwarzwald im Osten begrenzen im Westen die Vogesen die Oberrheinische Tiefebene. Zwischen

Am Grand Ballon in den Vogesen

Rhein und Atlantikküste sind sie die einzige über 1000 m hohe Bergkette und bilden für vom Meer heranziehende Wolken eine Barriere. Das Gebirge begann sich vor 70 Mio. Jahren im Tertiär gleichzeitig mit dem Einbruch des Oberrheingrabens aufzufalten. Spätere Eiszeiten rundeten mit Gletschern Berggipfel ab und ließen typische Gipfelkuppen wie Grand Ballon (1424 m), Petit Ballon (1267 m), Hohneck (1362 m) und Ballon d'Alsace (1250 m) entstehen.

Um Hochweiden, Torfmoore, tiefe Talkessel und Nadelwälder entstand 1989 der **Parc Naturel Régional des Ballons des Vosges** auf einer Fläche von 3000 km^2. Gletscher modellierten aber nicht nur die höchsten Erhebungen, sondern hobelten auch tiefe Mulden in den Granit, in denen heute blau glitzernde Karseen wie Lac Blanc und Lac Noir auf Bergwanderer warten. Von Stürmen gebeugte Bäume sind ebenso untrügliche Anzeichen für ein hin und wieder sehr ungemütliches Klima auf dem Vogesenkamm entlang der Route des Crêtes. Das Thermometer bestätigt dies: Auf 1200 m Höhe liegt die durchschnittliche Jahrestemperatur unter 5° C. Auf den Hochlagen fallen jährlich bis zu 2000 mm Niederschlag, oft als Schnee. Im Durchschnitt liegt die weiße Pracht am Col de la Schlucht an 130 Tagen im Jahr. Typisch sind jedoch plötzliche Tauwetter, so dass der Wintersport weniger populär ist als etwa im Schwarzwald.

Im Norden flacht die Vogesenkette ab und besitzt im gut 1000 m hohen Donon nordwestlich von Schirmeck an der Bruche die höchste Erhebung. Das Tal markiert nicht nur die Grenze zwischen Nord- und Südvogesen, sondern

auch eine geologische Veränderung. Im Unterschied zur südlichen Hälfte spielten die Eiszeiten im nördlichen Teil des Gebirges kaum eine Rolle, so dass dort die obersten Schichten aus Buntsandstein erhalten blieben. Seit 1975 existiert im Grenzgebiet zur Pfalz und nach Lothringen der 122 000 ha große **Parc Naturel Régional des Vosges du Nord,** ein ideales Wandergebiet mit ausgedehnten Wäldern und schroffen Sandsteinfelsen.

Flora und Fauna

Unterschiedliche Landschaftstypen, Höhenlagen und Klimabedingungen sorgen für eine artenreiche Tier- und **Pflanzenwelt.** Die Vogesen gelten als ausgesprochen waldreiches Gebiet. Bis in Höhen von etwa 600 m wachsen neben Laubbäumen wie Buchen, Erlen, Ulmen und Edelkastanien insbesondere Fichten. Oberhalb dieser Höhenmarke überwiegen Weißtannen und Kiefern. Über der Baumgrenze bei etwa 1200 m fühlen sich trotz der rauen Wetterverhältnisse noch Heidekraut und Blaubeersträucher wohl. Eine Besonderheit ist die Vegetation in der Umgebung der Hochseen sowie in den Hochmooren, wo unter anderem das in Büscheln wachsende weiße Wollgras gedeiht.

Auf Hochlagen bildet die reiche Alpenflora einen wahren Augenschmaus. Hier blühen Habichtskraut, Berganemonen, Traubensteinbrech, der schöne, aber giftige Fingerhut, der ebenfalls giftige Türkenbund, Vogesenstiefmütterchen, Arnika, weiße Küchenschelle, Roter Fingerhut, Gelber Enzian, Seidelbast, Alpen-Milchlattich, Pfennigkraut und Geflecktes Knabenkraut. Botaniker können in einigen Gebieten wie etwa auf dem Hohneck-Gipfel sehr seltene Spezies entdecken. Geradezu atemberaubend präsentieren sich im Frühjahr die Südvogesen während der Narzissenblüte, die Weiden und Bergwiesen vor allem an der Vogesen-Westflanke in gelbe Blumenteppiche verwandelt.

Mit Mais-, Roggen- und Haferkulturen und Äckern mit Feldfrüchten wie Kartoffeln und Zuckerrüben erweist sich die Rheinebene in erster Linie als Agrarland. Auch Tabak und Weißkraut spielen eine Rolle. Hobbybotaniker kommen in Feuchtgebieten auf ihre Kosten, wo seltene Pflanzen wie Sibirische Iris, Sumpfgladiolen, Duftknoblauch und langblättrige Veronika wachsen. In den Vogesenvorbergen hat der Weinanbau seit Jahrhunderten eine große Tradition und wirtschaftliche Bedeutung (s. S. 22).

Die Artenvielfalt der **Tierwelt** hat sich in den vergangenen Jahrhunderten durch Besiedlung und Kultivierung des Landes reduziert. Waren im Mittelalter in abgelegenen Vogesengebieten Bären und Wölfe keine Seltenheit, so gibt es dort heute nur noch Damwild, Hasen, Wildkaninchen, Füchse und viele Vogelarten, unter denen sich der Storch als elsässischer Wappenvogel besonderer Beliebtheit erfreut (s. S.131). Zu Hirschen und Rehen gesellten sich in den 1950er Jahren eingeführte Gemsen, später Mufflons, Edelmarder, Wildkatzen und Uhus hinzu. Luchse durchstreifen seit den 1980er Jahren wieder die Wälder, während der Auerhahn vom Aussterben bedroht ist. Als elsässische Rarität gilt der freilebende Große Hamster. Die Lössdecke des Kochersberg ist die einzige Region Frankreichs, in welcher der putzige Kleinnager vorkommt. Die Riedlandschaften der Rheinebene bieten zahlreichen Vogelarten wie dem Großen Brachvogel, Kiebitz, Storch und Wiesenralle einen adäquaten Lebensraum.

WIRTSCHAFT UND UMWELT

Industrie

Sattgrüne Weinberge, Weißkrautäcker und Obstbäume prägen das gängige Bild der elsässischen Wirtschaft. Das ländliche Image wird von den trockenen Zahlen der Statistik jedoch korrigiert. Kurz vor Ende des 19. Jh. verdienten etwa 38% aller erwerbstätigen Elsässer ihr Brot in der Land- und Forstwirtschaft. Inzwischen ist dieser Anteil auf gut 1% gesunken, weil seit Ende des Zweiten Weltkriegs Industriebranchen wie Textil, Maschinenbau, Nahrungs- und Genussmittel (fast die Hälfte des französischen Biers wird im Elsass gebraut), Fahrzeugbau, Elektro- und Elektronikindustrie sowie Unternehmen der High Tech-, Biotechnologie- und Pharma-Branche stark zugelegt haben. Jeder dritte Elsässer arbeitet heute in der Industrie.

Unter den Bodenschätzen waren im Elsass die für Düngemittelherstellung genutzten Kalivorkommen im Wittelsheimer Becken bei Mulhouse ein Wirt-

Bei der Weinlese

schaftsfaktor. Mit der zunehmenden Versalzung des Rheins und wachsenden Grundwasserbelastungen gerieten die Minen umweltpolitisch immer stärker in die Kritik und mussten die Produktion drosseln. Als die Kalilager ausgebeutet waren, wurde 2002 die Produktion eingestellt. Damit war das Umweltproblem aber nicht vom Tisch. Regen schwemmt nach wie vor den Abraum aus und fördert weiter die Versalzung. Außerdem werden die alten Kalistollen heute als Giftmülldeponien verwendet.

Landwirtschaft und Weinbau

In der **Landwirtschaft** hat sich in den vergangenen Jahrzehnten vieles verändert. Gab es im 19. Jh. noch ca. 173 000 Agrarbetriebe, so sank ihre Zahl bis heute auf gut 15 000. Gleichzeitig verschwanden viele unrentable Kleinhöfe im Elsass, wo heutige Agrarbetriebe im Durchschnitt über 22 ha Fläche verfügen. Außerdem wurde mehr Boden in Ackerland verwandelt, das knapp zwei Drittel der agrarischen Nutzfläche einnimmt. Neben Weizen wird vor allem Mais für die Bierherstellung und als Viehfutter angebaut.

Der **Weinbau** war von den Veränderungen im Agrarbereich wenig betroffen. Wie eh und je produzieren die elsässischen Winzer auf heute 15 000 ha Fläche Erzeugnisse von internationalem Rang. An der berühmten Route des Vins gibt es Gemeinden wie Niedermorschwihr, Kientzheim und Riquewihr, deren Nutzfläche zu rund 90% von Reben eingenommen wird. Zwar werden nur etwa 5% der gesamten landwirtschaftlich genutzten Fläche des Elsass für den Rebbau verwendet, doch erwirtschaften die Winzer rund 25% des agrarischen Produktionswertes. Heutzutage produzieren sie etwa 1,2 Mio. Hektoliter (oder 150 Mio. Flaschen) Wein jährlich mit einem Gesamtwert von 305 000 Mio. Euro. Die Produktion wurde damit quantitativ etwa auf dem Stand der Vorjahre gehalten, weil die Weinbauern mehr Gewicht auf die Qualität ihrer Produkte legen wollten. Mit einem Anteil von 93 % Weißwein ist das Elsass Frankreichs führendes Weißweinanbaugebiet.

Fremdenverkehr

Ein weiterer wichtiger Wirtschaftssektor ist der Tourismus. Neuen Schätzungen zufolge kommen jedes Jahr 8 Mio. Besucher ins Elsass. Deutsche bilden mit 14% das größte Kontingent an Ausländern. Etwa ein Drittel aller Übernachtungen entfallen auf Geschäftsreisende. Dabei spielt Straßburg als Europazentrum und drittgrößte Messestadt Frankreichs eine wichtige Rolle. Die Beschäftigungsstatistik unterstreicht den bedeutenden Anteil des Tourismus an der regionalen Wirtschaft. Ein Drittel aller Elsässer besitzen einen Arbeitsplatz in der Gastronomie, dem Hotelgewerbe oder einer anderen mit dem Fremdenverkehr verbundenen Branche.

DATEN ZUR GESCHICHTE

Vor- und Frühgeschichte

um 2000 v. Chr.	Durch den Zustrom von Zuwanderern in diese nachweislich seit der Altsteinzeit besiedelte Region wird die bisher dünne Besiedlung am Oberrhein dichter.
um 1500 v. Chr.	Bau der über 10 km langen ›Heidenmauer‹ auf dem Mont Ste-Odile (Odilienberg) durch Kelten, die auf dem Gebiet zwischen dem linken Rheinufer und den Vorbergen der Vogesen siedeln.
58 v. Chr.	Von den Kelten zu Hilfe gerufen, besiegen Cäsars Truppen bei Mulhouse den germanischen Heerführer Ariovist, der mit seinen Sueben den Rhein überschritten hat und sie im Elsass siedeln lässt.
52 v. Chr.	Die von Vercingetorix geführten Kelten unterliegen nach anfänglichen Erfolgen den Römern. Im Jahr 46 v. Chr. wird der Keltenfürst hingerichtet.
16 n. Chr.	Gründung der Militärsiedlung Argentoratum, Keimzelle der Stadt Straßburg, an der Ostgrenze des römischen Reiches.
260	Alemannen überrennen den Limes und dringen ins Elsass ein.
357	Römische Legionen schlagen nach Westen vordringende Alemannen bei Straßburg zurück.
ab 389	Alemannen überschreiten den Rhein und siedeln im Elsass. 406 erobern sie Straßburg. Die römische Herrschaft beginnt zu zerfallen.

Jahrhunderte des Wandels

496	Die Konfrontation zwischen Franken und Alemannen nimmt zu. Mit dem Sieg des Merowingerkönigs Chlodwig über die linksrheinischen Alemannen wird das Elsass ins Frankenreich integriert, das in Zentraleuropa an Bedeutung gewinnt.
5.–7. Jh.	Das Christentum breitet sich in der Region aus.
625–39	Unter dem Merowingerkönig Dagobert I., Sohn Clothars II., wird die Abtei Wissembourg gestiftet.
um 640	Gründung des Herzogtums Elsass, das vom Geschlecht der Etichonen beherrscht wird. Herzog Etichos Tochter, die heilige Odilia, stiftet ein Kloster auf dem Mont Ste-Odile.
um 727	Gründung der Abtei Murbach.
833	Schlacht auf dem ›Lügenfeld‹ bei Colmar. Ludwig der Fromme, Sohn Karls des Großen, der das Frankenreich zunächst unter seinen Söhnen Lothar, Pippin und Ludwig aufgeteilt hat, aber 829 in einem neuen Teilungsvertrag auch seinen Sohn Karl aus zweiter Ehe berücksichtigt, unterliegt gegen seine aufständischen Söhne. Kurze Zeit später wird er von Ludwig und Karl wieder auf den Thron gesetzt.

842 Karl der Kahle und Ludwig der Deutsche besiegeln 842 gegen die Interessen ihres Bruders Lothar I. in den ›Straßburger Eiden‹ die Teilung des Reiches. Dieser Bündnisschwur, in Altfranzösisch und Althochdeutsch abgelegt, zählt zu den ältesten Dokumenten in diesen beiden Sprachen überhaupt.

843 Im Vertrag von Verdun wird das Frankenreich geteilt. Das Ostreich erhält Ludwig der Deutsche, das Westreich Karl der Kahle, das Mittelreich beherrscht Lothar I.

867/68 Der Geistliche Otfried von Weißenburg vollendet die für die deutsche Dichtkunst bedeutende Evangelienharmonie.

870 Durch den Vertrag von Meersen wird das Elsass dem ostfränkischen Reich unter Ludwig dem Deutschen zugeschlagen.

880 Richardis, Gemahlin von Kaiser Karl III., gründet das Kloster Andlau.

925 Unter König Heinrich I. wird das Elsass mit Schwaben zum ›Herzogtum Schwaben und Elsass‹ zusammengeschlossen.

1048–54 Mit Leo IX. (Bruno von Dagsburg) besteigt der erste ›Elsässer‹ den Papstthron.

Von Staufern und Habsburgern

1075 Friedrich von Staufen erhält das Elsass als Lehen.

11.–13. Jh. Unter der Herrschaft der Staufer gehört das Elsass zum Kern der staufischen Besitzungen. Friedrich Barbarossa errichtet sich in Haguenau eine Kaiserpfalz, nachdem schon sein Vater Friedrich II. (1105–47), Herzog von Schwaben und Elsass, die Haut-Kœnigsbourg bei Sélestat gegründet hat. Die zahlreichen Kirchen- und Burgbauten zeugen von einer kulturellen Blütezeit.

1135 Der Sundgau (Süd-Elsass) gelangt unter habsburgische Herrschaft.

1226 Colmar wird Freie Deutsche Reichsstadt.

Mitte 13. Jh. Niedergang der Stauferherrschaft. Das Elsass zerfällt in einen Flickenteppich kirchlicher und weltlicher Territorien. Straßburg ist die politische, wirtschaftliche und kulturelle Metropole der Oberrheinregion.

Vom Hundertjährigen Krieg bis zur Großen Revolution

1339–1453 Der Hundertjährige Krieg zwischen Frankreich und England, ausgelöst durch die Annahme des französischen Königstitels seitens Edwards III. von England, zieht auch das Elsass in Mitleidenschaft. Mit einigen Unterbrechungen setzen sich die Kriegshandlungen bis 1453 fort.

1354 Gründung des Zehnstädtebundes. Unter der Führung von Haguenau schließen sich zehn Städte (ohne Straßburg und Mulhouse) zusammen, um ihre Territorien und ihre Freiheit zu sichern. Pilgerfahrt von Kaiser Karl IV. zum Grab der heiligen Odilia.

1439 und 1444	Die Armagnaken (Söldnertruppen des französischen Königs, die im Hundertjährigen Krieg für Frankreich gegen Burgund und England eingesetzt wurden) ziehen marodierend durch das Elsass.
um 1445	Der gebürtige Mainzer Johannes Gutenberg, der in Straßburg lebt, erfindet den Buchdruck mit bleigegossenen, beweglichen Lettern. Die so genannte Gutenbergbibel wird in Mainz gedruckt.
1469–77	Das Oberelsass wird an Karl den Kühnen verpfändet und gelangt so unter die Herrschaft Burgunds, bis Karl 1477 fällt.
1493	Erste Erhebung der im ›Bundschuh‹ organisierten Bauern.
ab 1520	Das Gedankengut der Reformation verbreitet sich.
1525	Herzog Anton von Lothringen umzingelt mit Hilfe flandrischer Söldner bei Scherwiller einen Bauernhaufen. Seine Landsknechte erschlagen sämtliche 18 000 Aufständische. Die Reichstädte im Elsass schließen sich der Reformation an.
1580	Mit der Gründung eines Jesuitenkollegs (später Universität) wird Molsheim zum Zentrum der Gegenreformation.
1618–48	Der Dreißigjährige Krieg wütet auch im Elsass. Weite Landesteile entvölkern sich.
1621	In Straßburg wird die erste Universität gegründet.
1648	Im Westfälischen Frieden werden Frankreich die habsburgischen Besitzungen im Elsass (Sundgau) und die Vogtei über die im Zehnstädtebund vereinten Reichsstädte zugesprochen.
1675	Marschall Turenne vertreibt mit seinem Sieg bei Turckheim die kaiserlich-habsburgische Rheinarmee aus dem Elsass.
1677	Haguenau wird von den Franzosen in Schutt und Asche gelegt. Nur die Kirchen werden verschont.
1681	Nach der Eroberung durch Ludwig XIV. gelangt auch Straßburg unter französische Herrschaft.
1770/71	Johann Wolfgang von Goethe studiert in Straßburg Jura.

Von der Französischen Revolution bis zur Gegenwart

1789/90	Mit der Französischen Revolution endet die Zeit der absolutistischen Herrschaft. Schaffung der beiden Départements Haut-Rhin (Hauptstadt Colmar) und Bas-Rhin (Hauptstadt Straßburg).
1792	Hauptmann Rouget de Lisle komponiert in Straßburg mit der ›Marseillaise‹ die heutige französische Nationalhymne.
1798	Mulhouse wird französisch, nachdem es seit 1515 zur Schweiz gehörte.
1834	In Colmar kommt der spätere Bildhauer Frédéric Auguste Bartholdi zur Welt.
1839	Bau der ersten elsässischen Eisenbahnlinie zwischen den Industriestandorten Thann und Mulhouse.

1841	Inbetriebnahme der Eisenbahnlinie Straßburg–Basel.
1870/71	Nach dem Deutsch-Französischen Krieg wird Elsass-Lothringen durch den ›Frankfurter Frieden‹ Teil des Deutschen Reiches. Fortan bestehen zwischen Frankreich und Deutschland Spannungen wegen dieses Gebiets.
1914–18	Viele Dörfer und Städte des Elsass sind von den Kriegshandlungen im Ersten Weltkrieg besonders stark betroffen.
1919	Laut Versailler Vertrag, der das Ende des Ersten Weltkrieges besiegelt, wird Elsass-Lothringen wieder französisch.
1939–45	Während des Zweiten Weltkrieges lässt Hitler das Elsass dem nationalsozialistischen deutschen Staat einverleiben.
1949	Gründung des Europarats mit Sitz in Straßburg.
1952	Albert Schweitzer, geboren in Kaysersberg, wird mit dem Friedensnobelpreis ausgezeichnet.
1958	Straßburg wird Sitz des Europäischen Parlaments.
1961	Regisseur François Truffaut dreht im Chalet du Sihlbach und bei der Ferme-Auberge Molkenrain in den Vogesen mit Jeanne Moreau und Oscar Werner den Film ›Jules und Jim‹.
1977	Das Atomkraftwerk Fessenheim am Rhein geht erstmals ans Netz. Im selben Jahr nimmt mit ›Radio Verte Fessenheim‹ das Sprachrohr

Heute Touristenattraktion: Bunker an der Maginot-Linie

Straßburg: Rudern auf der Ill vor dem Europaparlament

der oberrheinischen Anti-AKW-Bewegung den Betrieb auf, das 1981 in ›Radio Dreyeckland‹ umbenannt wird.

1979 Die ersten direkt gewählten Europa-Abgeordneten tagen erstmals im Europa-Parlament von Straßburg.

1991 Gründung des deutsch-französischen Kulturkanals ARTE mit Sitz in Straßburg.

1995 Einweihung des Menschenrechtspavillons in Straßburg. Dem Front National (FN) von Jean-Marie Le Pen fallen bei den Präsidentschaftswahlen 25 Prozent der klassischen Stimmen zu. Dass ausgerechnet die Wohlstandsregion Elsass Hochburg eines Rechtsextremismus wird, sorgt im Ausland für Irritationen.

1999 Eröffnung des neuen Europaparlamentsgebäudes in Straßburg.

2000 Am Jahresende Eröffnung des riesigen Unterhaltungskomplexes UGC Ciné Cité in Straßburg-Neudorf.

2001 Grundsteinlegung für den neuen Sitz von ARTE in der Nachbarschaft des europäischen Parlaments in Straßburg.

2004 Straßburg und Kehl veranstalten eine grenzüberschreitende Landesgartenschau.

2005 Einweihung und Inbetriebnahme des neuen Straßenbahnnetzes in Mulhouse, das 2010 fertig sein soll.

TAVERNE
KATZ

Kultur und Leben

Inbegriff der elsässischen Winstub:
die ›Taverne Katz‹ in Saverne

ELSÄSSISCHE LEBENSART

Die Menschen und ihre Sprache

Mitte der 1990er Jahre ließ die Straßburger Stadtverwaltung ein halbes Hundert französischer Straßennamen elsässisch untertiteln. Vorausgegangen war eine jahrelange Debatte über Sprachversionen und Schreibweisen. In der Folge entschied sich die Administration überwiegend für elsässische Übersetzungen französischer Namen. Dieses Beispiel zeigt, wie schwierig im Elsass das Sprachproblem ist.

Noch in der Zeit nach dem Zweiten Weltkrieg war die Sprachsituation eindeutig gewesen. Westlich des Vogesenkammes wurde Französisch, östlich davon Elsässisch gesprochen. Diese Sprachgrenze existiert heute nicht mehr. Umgangs- und Schriftsprache in der ganzen Region ist heute Französisch, Elsässisch wird aber noch von ca. einer Million Menschen vor allem der älteren Generation gesprochen. Deutsch spielt in erster Linie bei den 60–70 000 Pendlern eine Rolle, die ihren Arbeitsplatz in Baden-Württemberg oder in der deutschsprachigen Schweiz haben.

Die Antwort auf die Frage, wie lange es das ›Elsässerditch‹ noch geben wird bzw. ob die Regionalsprache über kurz oder lang nicht untergeht, steht in den Sternen. Zwar beschloss der Europarat 1992 die Europäische Charta der Regional- oder Minderheitensprachen und verpflichtete seine Mitglieder, diese Sprachen in ihren Ländern zu fördern und aufzuwerten. Im selben Jahr aber änderte Paris die französische Verfassung, um an der jahrhundertelang gewahrten, unantastbaren Maxime festhalten zu können: Französisch ist Ausdruck der einen und unteilbaren Republik. Hintergrund der Haltung des Zentralstaats gegen die Regionalsprachen ist die historisch verwurzelte Angst, Sprache als Ausdruck der Kultur könne die Einheit der Nation gefährden und separatistischen Tendenzen Vorschub leisten.

Religion und Kirche

Das Elsass ist Teil eines laizistischen Staates, in dem alle Konfessionen vertreten sind. Typisch für Frankreich gerade im Vergleich mit Deutschland ist der hohe Prozentsatz an Katholiken mit 81,4 % und der niedrige Anteil an Protestanten mit 1,7 %. Bedingt durch historische Einflüsse hat die protestantische Kirche im Elsass mit ca. 8 % aber einen knapp fünfmal höheren Anteil als im übrigen Frankreich.

Mit Blick auf Kirche und Religion ist das nicht die einzige elsässische Besonderheit. Im Jahr 1801 unterzeichneten Napoleon und Papst Pius VII. ein Konkordat zur Regelung der Beziehungen zwischen dem französischen Staat und der katholischen Kirche. Als 1905 die Trennung von Kir-

Einer der Höhepunkte des Jahres ist der Pfifferdaj in Ribeauvillé

che und Staat in Frankreich gesetzlich verankert wurde, stand das Elsass unter deutscher Herrschaft und das Konkordat behielt seine Gültigkeit. Da auch der Versailler Vertrag daran nichts änderte und Paris nach Ende der deutschen Besatzung 1944 den Vorkriegszustand wiederherstellte, gilt das linksrheinische Gebiet bis heute als kirchenrechtlicher Sonderfall. Konkret bedeutet dies, dass in elsässischen Schulen Religionsunterricht Pflichtfach ist, dass der Staat mit Steuermitteln für die Besoldung des Klerus aufkommt und dass ein in Straßburg ansässiges ›Büro der Konfessionen‹ für kirchliche Personalangelegenheiten zuständig ist. Außerdem werden die Bischöfe der Straßburger Diözese auf päpstlichen Vorschlag hin per Dekret ernannt.

Feste und Traditionen

Unter den grenzübergreifenden Gemeinsamkeiten am Oberrhein sticht eine hervor. Hüben wie drüben ist den Menschen ein ausgeprägter Hang zum Festefeiern zu Eigen. Der Lust auf Amüsement, Tafelfreuden und Weine können die Elsässer das ganze Jahr hindurch auf Dutzenden von Volks-, Wein- und Winzerfesten nachgeben, die häufig einen historischen Hintergrund haben oder der Pflege von Tradition und Brauchtum dienen.

Pfifferdaj in Ribeauvillé

Eines der ältesten, populärsten und schönsten Feste ist der Pfeifertag (Pfifferdaj) in Ribeauvillé. Der Ort versinkt am ersten Sonntag im September regelmäßig in einer riesigen Blechlawine aus Autos, weil Zuschauer aus dem ganzen Dreiländereck an die Weinstraße strömen. Seit 600 Jahren treffen sich in den engen Gassen des Ortes Gaukler und Spielleute aus nah und fern. Die Tradition geht auf die seit dem 12. Jh. auf der Burg St-Ulrich residierenden Herren von Rappoltstein zurück. Sie übernahmen das Patronat über die Spielleute, und Kaiser Friedrich III. bestätigte dies. Fortan waren die Pfeifer, Trommler und Leierspieler im Elsass eine anerkannte Genossenschaft mit Brief und Siegel. Nur ihnen stand es zu, in Gassen und Schenken, bei Hochzeiten, Kirchweihen und anderen Anlässen zu musizieren. Auch für die Schlichtung von Streitigkeiten waren die Rappoltsteiner zuständig. Am Pfifferdaj wird die gesamte Innenstadt für die angereisten Spielleute gesperrt, die zusammen mit anderen mittelalterlichen Charakteren wie berittenen Herzögen, Burgfräuleins mit spitzen Schleierhüten, rauschebärtigen Knappen und prachtvoll gewandeten Hofdamen einen Umzug veranstalten.

Ein seltener Anblick: Elsässer Tracht

Trachten und Brauchtum

Trachten bekommen Elsass-Besucher in der Regel nur noch bei speziellen Anlässen wie etwa dem großen Folklorefest Hans em Schnokeloch im Juli in Obernai oder bei dem mit einer Trachtenschau verbundenen Weinfest ebenfalls im Sommer in Barr zu sehen. Die traditionellen Gewänder kamen im Elsass in den Nachkriegsjahren noch schneller und gründlicher aus der Mode als im benachbarten Baden. Selbst an hohen kirchlichen Feiertagen schmücken sich die Elsässer nicht mehr selbstverständlich mit ihren Trachten. Links wie rechts des Rheins hat die Kleiderordnung der modernen Industriegesellschaft den historischen Festtagsputz in die Vitrinen der Museen verbannt. Neben modischen Gesichtspunkten sind dafür wirtschaftliche Gründe verantwortlich. Denn häufig sind die alten Stücke abgetragen und bedürfen der fachgerechten Ausbesserung oder eines Ersatzes – eine mitunter kostspielige Angelegenheit.

KUNST IM ELSASS

Die Römer waren die ersten, die in der Kulturlandschaft des Elsass markante Spuren hinterließen. Zum Schutz ihrer Provinz am Oberrhein errichteten sie Militärsiedlungen wie Castrum Argentoratum (Straßburg), aber auch Militärstraßen wie die Oberrheinstraße von Augst über Straßburg nach Speyer oder die Verbindung vom Schwarzwald über Straßburg nach Lothringen, die nicht nur Truppenbewegungen, sondern auch den Güterverkehr und den geistigen Austausch erleichterten. Im Zuge der Christianisierung im frühen Mittelalter entstanden erste Klöster, um die sich später Marktplätze mit Gewerbesiedlungen, ja sogar Städte herausbildeten wie im Falle Wissembourgs. Aus den Abteien kamen auch entscheidende Anstöße für die wirtschaftliche und geistig-künstlerische Entwicklungen, vor allem auch für die Baukunst im Elsass.

Romanische Schätze

Eine kulturelle Blütezeit erlebte das Elsass unter den Stauferkaisern, als zwischen Rhein und Vogesen ein wahrer Bauboom ausbrach. In vielen Orten entstanden sakrale und profane Bauten im romanischen Stil, der hauptsächlich durch Deutschland beeinflusst war. Die Kirchen von Rosheim, Marmoutier, Sélestat sowie Murbach sind großartige architektonische Zeugnisse des von christlichem Glauben und Selbstbewusstsein geprägten Zeitgeistes. Elsässische Baumeister verbanden in der Hochblüte der damaligen Baukunst karolingische und ottonische Merkmale mit Einflüssen aus der Lombardei und Burgund. Die Meisterwerke dieser Epoche lassen vor allem in der Architekturplastik regionale Eigenarten erkennen. Typisch für die romanischen Bauwerke im Elsass ist auch die Kombination von Sandsteinblöcken unterschiedlicher Färbung.

Aus der Zeit der Romanik stammt der so genannte Dompeter in **Avolsheim,** vermutlich die älteste Kirche des Elsass. Zwar wurde sie erst im Jahr 1049 von Papst Leo IX., einem gebürtigen Elsässer, eingeweiht, doch steht sie inmitten von Getreideäckern und Gemüsefeldern auf vorkarolingischen, wahrscheinlich bereits im 6. oder 7. Jh. errichteten Fundamenten. Wahrscheinlich um die Jahrtausendwende entstand im Dorfkern von Avolsheim die Taufkapelle St-Ulrich, ein zentraler Rundbau mit vier hufeisenförmigen Apsiden, der über die Jahrhunderte mehrfach verändert wurde. Nur der Innenraum mit Fresken wahrscheinlich aus der Zeit um 1160 blieb im Original erhalten. Diese Wandmalereien machen St-Ulrich zu einer elsässischen Rarität.

Eine andere Besonderheit ist die berühmte Kirche in der am Rheinufer gelegenen Gemeinde **Ottmarsheim.** Der eindeutig am Vorbild der Aachener

Pfalzkapelle Karls des Großen orientierte Bau wurde kurz nach dem Jahr 1000 errichtet und gehört als eine von nur vier Rundkirchen in Mitteleuropa zu den herausragenden Beispielen ottonischer, also vorromanischer Architektur. In späteren Jahrhunderten erfuhr die Kirche zahlreiche Veränderungen mit dem Bau etwa des Turmes, einer Tauf- und einer gotischen Stiftskapelle im 16. Jh. Wirkt dieser einzige achteckige Sakralbau im Elsass von außen fast wie eine wehrhafte Burg, umfängt einen der Innenraum mit wunderbarer Harmonie und leider nur noch vereinzelt erhaltenen Fresken.

Elsässische Burgenromantik

Bevor das Elsass Jahrhunderte nach den Staufern in das französische Königreich eingegliedert wurde, war die Region in eine Vielzahl von Territorien zersplittert gewesen. Um das Ende des 1. Jahrtausends begannen die großen Adelsgeschlechter, auf besonders günstig gelegenen Bergen trutzige Burgen zur Verteidigung ihrer Besitzungen anzulegen. Zwischen der Schweizer Grenze im Süden und der deutschen Grenze im Norden liegen heute ca. 500 solche Anlagen, von denen nicht alle gut erhalten bzw. sehenswert sind. In manchen Fällen ist viel Phantasie nötig, um sich in Anbetracht der zerfallenden Mauern das höfische Leben im Mittelalter mit Ritterspielen und rauschenden Festen vorstellen zu können. Andere präsentieren sich jedoch als romantische Zeugen einer längst vergangenen Zeit. Besonders schöne Beispiele romanischer Burgen sind **St-Ulrich** hoch über Ribeauvillé und die mit Lisenen und Rundbogenfriesen geschmückte Kapelle des **Château du Haut-Barr** bei Saverne aus der zweiten Hälfte des 12.Jh.

Ungekrönter Star unter den Vogesenburgen ist aber zweifellos die **Haut-Kœnigsbourg**. Sie wurde nicht nur durch die grandiose Aussicht auf die Rheinebene zu einem der meist besuchten Ziele im Elsass, sondern durch ihren gut erhaltenen Zustand und ihre Innenausstattung. Im Auftrag des Deutschen Kaisers Wilhelm II. architektonisch freizügig wieder aufgebaut, gibt die Burg das perfekte Bild einer mittelalterlichen Befestigungsanlage ab. Während der Bauarbeiten transportierte eine kleine Bergwerksbahn Steinblöcke vom 500 m entfernten Steinbruch ins Innere der Burg, was schon damals Schaulustige auf die Haut-Kœnigsbourg strömen ließ. Das gesamte Mobiliar aus der Zeit zwischen 1400 und 1633 wurde neu angeschafft, doch tut das dem mittelalterlichen Flair keinen Abbruch. Auf manchen Wänden stellte der Maler Léo Schnug ritterliche Tugenden und Szenen etwa mit König Arthur und Karl dem Großen dar. Haut-Kœnigsbourg diente Mitte der 1930er Jahren dem Regisseur Jean Renoir als Kulisse für den berühmten Antikriegsfilm ›Die große Illusion‹ mit Jean Gabin und Erich von Stroheim, der die Absurdität des Kriegs am Verhältnis von Franzosen und Deutschen demonstriert.

Im Unterschied zur Haut-Kœnigsbourg kam Burg **Fleckenstein** noch nie in den Ruch mangelnder Authentizität. Die spektakuläre, teils aus dem gewachsenen Felsen herausgehauene Anlage, wurde als Stammburg der Familie Fleckenstein erstmals 1129 urkundlich erwähnt. Mehrmals umgebaut, fiel sie 1689 den Truppen von Ludwig XIV. zum Opfer. Seit damals setzen der wie ein Adlerhorst auf einem 43 m hohen Sandsteinfelsen liegenden Ruine Wind und Wetter zu. Durch ein aus dem 15. Jh. stammendes Tor gelangt man ins Innere, wo Kammern und Innentreppen in den gewachsenen Fels gehauen sind. Von der obersten Plattform reicht der Panoramablick über die umgebende Wald- und Wiesenlandschaft.

Rätselhafter Gotikbaumeister

Ist im Elsass die romanische Stilepoche vor allem mit dem Geschlecht der Staufer verbunden, so gilt ein ähnliches Verhältnis zwischen der Gotik und den Habsburgern. Ausgehend von der Ile de France begann sich der gotische Stil seit Ende des 12. Jh. im Elsass durchzusetzen, um im viel gerühmten **Straßburger Münster** einen glanzvollen Höhepunkt zu erreichen. In der Tat ist der Eindruck, den das Münster auf seine Besucher macht, gewaltig, besonders die Westfassade mit dem reich dekorierten Portal und der darüber befindlichen Rose. Trotz seiner Dimensionen strahlt der Monumentalbau eine gewisse Leichtigkeit aus.

Am Westportal des Straßburger Münsters

Die Arbeiten begannen bereits im Jahr 1176, endeten aber erst 1439, als der Turm fertig gestellt wurde. Die Hauptbauphase lag in der Zeit zwischen 1284 und 1318, der Hochblüte der Gotik, als vermutlich **Erwin von Steinbach** die Münsterbauhütte leitete.

Der Schöpfer dieses genialen Wurfs ist bis heute ein Rätsel geblieben. Manche vermuten, dass die Legende um den großen Baumeister der Gotik im 16. Jh. gezielt lanciert wurde, um den italienischen Meistern der Renaissance ein Gegengewicht entgegenzustellen.

Auch Johann Wolfgang von Goethe hielt ihn für das wahre Genie hinter dem Münsterentwurf. Wahrscheinlich begann Meister Erwin schon 1275, die grandiose Westfassade des Münsters zu planen. Sicher ist, dass er seit 1284 mit diesem Projekt beschäftigt war und bis zu seinem Lebensende im Februar 1318 die Arbeiten überwachte. Vermutlich wohnte der Baumeister in einem Vorgängerbau der heutigen Maison Kammerzell in der Nachbarschaft der Baustelle. Über Ort und Zeitpunkt seiner Geburt ist ebenso wenig bekannt wie über seine Ausbildung. Aber er muss wohl schon vor dem Straßburger Münster an anderen Bauten beteiligt gewesen sein, weil man sonst die Leitung der Münsterbauhütte nicht in seine Hände gelegt hätte. Manche Kunsthistoriker hegen Zweifel am überragenden Talent von Erwin und behaupten, Planung und Ausführung der Münsterfassade seien eher das Werk eines Baumeistertriumvirats gewesen.

Die Malergenies Grünewald und Schongauer

Die in Stein gemeißelten Skulpturen, Reliefszenen, Tier- und Menschenfiguren romanischer Kirchen tragen häufig karikaturenhafte, satirische Züge. Eine ähnlich unverblümte Bildersprache, wie sie schon in den beiden wichtigsten romanischen Handschriften des Elsass, dem ›Codex Guta-Sintram‹ und dem ›Hortus deliciarum‹, auftauchte, zeichnet auch spätere Werke von im Elsass arbeitenden Malern aus. Zu ihnen zählt **Mathias Grünewald** (um 1475–1528), Schöpfer des beeindruckenden Isenheimer Altars im Colmarer Unterlindenmuseum (s. S. 85f.).

Neben Albrecht Dürer der bedeutendste deutsche Maler seiner Zeit, liegt vieles im Leben von Grünewald bis heute im Verborgenen. Von seinem Œuvre sind kaum mehr als ein Dutzend Tafelbilder und knapp 40 Zeichnungen erhalten geblieben. Er kam in Würzburg unter dem Namen Mathias Gothart-Nithart zur Welt, wurde in Quellen des 17. Jh. jedoch irrtümlich als Grünewald bezeichnet. Seit 1501 betrieb er in Seligenstadt eine Werkstatt und trat 1508 als Hofmaler in den Dienst des Erzbischofs von Mainz. Im Auftrag des Antoniterklosters im elsässischen Isenheim begann er 1512 mit der Arbeit an einem ob seiner Ausstrahlung berühmten Flügelaltar, der drei Jahre später vollendet sein Hauptwerk werden sollte. Der Künstler arbeitete sich selbst in dieses Werk ein: dem Heiligen Sebastian verlieh er seine eigenen Gesichtszüge. Er starb 1528 in Halle.

Auch gebürtige Elsässer taten sich mit ihrer Kunstfertigkeit hervor, allen voran **Martin Schongauer** (1430–91), der Schöpfer der berühmten ›Madonna im Rosenhag‹ in der Colmarer Dominikanerkirche. Als Maler und Kupferstecher genoss er, von seinen Zeitgenossen wegen seiner akkuraten Kunst ›Hipsch Martin‹ (der hübsche Martin) genannt, einen weit über die Landesgrenzen hinausreichenden Ruf. Albrecht Dürer bewunderte ihn, und selbst der berühmte Michelangelo soll auf sein Werk ›Versuchung des hl. Antonius‹ aufmerksam geworden sein. Nach zahlreichen Reisen nach Burgund,

Köln, in die Niederlande und wahrscheinlich auch nach Spanien ließ er sich 1471 in seinem Geburtsort Colmar nieder. Dort schuf er zwei Jahre später mit der ›Madonna im Rosenhag‹ sein berühmtestes Werk. Die letzten drei Jahre seines Lebens lebte und arbeitete er in Breisach am Rhein, wo er das St.-Stephanus-Münster mit Fresken ausmalte. 1491 fiel er wahrscheinlich der Pest zum Opfer.

Fachwerktraum Maison Kammerzell

In der städtisch-bürgerlichen Architektur des 16. Jh. spielte im Elsass der Renaissancestil eine herausragende Rolle. Damals entstanden bauliche Schönheiten wie die Maison Pfister in Colmar, die Maison Katz in Saverne und das reizvolle ehemalige Haus der Fleischerzunft in Molsheim, die Alte Metzig. Auch das alte Koifhus in Colmar – der untere Teil ist noch dem gotischen Stil verpflichtet – wurde in der Renaissance verändert.

Keiner dieser Prachtbauten spiegelt das meisterliche Können der damaligen Baumeister so vollendet wider wie die **Maison Kammerzell** in Straßburg. Stellt das Münster den Höhepunkt der elsässischen Sakralarchitektur dar, so gebührt dieser Rang in der profanen Architektur der Region dem in der Nachbarschaft stehenden Haus Kammerzell.

Fassadenschmuck an der Maison Kammerzell

WITZIGES ENFANT TERRIBLE – TOMI UNGERER

Zeichner, Graphiker, Karikaturist, Cartoonist, Maler, Illustrator, Kinderbuchautor, Farmer: Das Multitalent Tomi Ungerer ist aus dem elsässischen Kulturbetrieb nicht wegzudenken. 1931 in Straßburg geboren und in Colmar aufgewachsen, begann er seine Karriere nicht zwischen Weinbergen und Rebstöcken, sondern 1956 in den Wolkenkratzerschluchten von New York City. Dort erschien sein erstes preisgekröntes Kinderbuch ›Mr. Mellops baut ein Flugzeug‹. 1971 kehrte er Manhattan den Rücken, um im kanadischen Neuschottland eine Farm zu bewirtschaften. Mit einer Ausstellung im Musée des Arts Décoratifs in Paris schaffte er auch in der Alten Welt den Durchbruch.

Das Werk von Tomi Ungerer, der in Straßburg und Irland lebt, ist auf über 30 000 Zeichnungen und mehr als 200 Bücher angewachsen, darunter Märchenbücher für Kinder ebenso wie sarkastische Karikaturbände und erotische Hexenbücher für Erwachsene. In vielen Arbeiten zeigt der Künstler Engagement etwa für den europäischen Einigungsprozess. Seinen Landsleuten war er mit seiner bisweilen beißenden Kritik nicht immer ganz geheuer. Schon als Schüler setzte er sich ob seiner provokativen Zeichenfeder oft in die Nesseln. Als er 1990 für den Blumenkorso von Sélestat ein Plakat entwarf, schlug ihm der blanke Volkszorn entgegen: Er hatte eine spärlich bekleidete, auf einem Gorilla reitende Elsässerin dargestellt.

Lesetipps: ›Das große Liederbuch‹ (1975); ›Otto – Autobiographie eines Teddybären‹ (1999); ›Katzen‹ (1998); ›Die Gedanken sind frei‹ (1999, alle Diogenes Verlag); ›Tommy Ungerer's Erzählungen für Erwachsene‹ (2001, Heyne).

Das mächtige steinerne Erdgeschoss entstand 1467. Dieses Datum steht auf dem Türsturz des Eingangs, der damals in das Gewölbe eines Tuchhändlers führte. 1589 kamen drei Fachwerkgeschosse mit 75 verbleiten Fenstern hinzu, die dem Gebäude seinen unvergleichlichen Reiz verleihen. Kein Balken und kein Fensterrahmen blieb ohne üppigen Schmuck. Außer den Darstellungen der Tugenden und einem geschnitzten Pelikan fallen neben musizierenden Figuren auf Eckpfeilern und Gesimsen die zwölf Tierkreiszeichen auf. Unter einer Dachgaube ist noch die Winde befestigt, mit der man früher Waren auf den Speicher unter dem Dach hievte.

1891/92 vollständig restauriert, dient das Haus seit vielen Jahren als Nobelrestaurant mit stimmungsvollen Salons, die vom Elsässer Léo Schnug im ersten Jahrzehnt des 20. Jh. ausgemalt wurden.

Barockes Juwel Ebersmunster

Verglichen etwa mit dem süddeutschen Raum spielte im Elsass der **barocke Baustil** keine große Rolle. Nach dem Dreißigjährigen Krieg und dem Anschluss an Frankreich wirkten sich am linken Oberrhein eher französische Einflüsse aus, des Neoklassizismus. Untypisch für den Barock sind etwa die Traufseitenstellung und die Mansardendächer der Bürgerhäuser, die im 17. und 18. Jh. an der Rue du Dôme oder an der Place Kléber in der Straßburger Altstadt errichtet wurden. Der französische Einfluss zeigt sich auch deutlich am 1730–42 erbauten **Château des Rohan** in der Europastadt, dessen Entwurf sich an Pariser Adelspalästen orientierte. Die Vorbildfunktion der Architektur in der Kapitale Paris demonstriert ebenso die in derselben Zeit erbaute Festung von Neuf-Brisach.

Vor diesem Hintergrund nimmt das bemerkenswerteste sakrale Bauwerk des Barock im Elsass, die **Ancienne Abbaye d'Ebersmunster,** eine Sonderstellung ein. Das Kloster wurde zwar vermutlich schon im 7. Jh. gegründet, doch blieben nach dem Dreißigjährigen Krieg nur einige gotische Grundmauern übrig, auf denen die neue Kirche entstand. 1683 war der Neubau fertig. Vermutlich nach einem Brand drohte das Kirchenschiff 1725 einzustürzen. Die folgenden Arbeiten leitete der Vorarlberger Barockbaumeister Peter Thumb (1681–1766). Er behielt verschiedene

Tomi Ungerers Brunnen mit Janus-Kopf an der Place Broglie in Straßburg

Teile des Vorgängerbaus wie etwa den Chorraum bei und errichtete bis 1727 die Doppelturmfassade, die in der flachen Rheinebene schon von weitem erkennbar ist. Stuck und Malereien wie etwa die Deckengemälde im Langhaus mit Szenen aus dem Leben der Heiligen Benedikt und Mauritius, aber auch Samson mit dem Löwen als Trägerfigur der Kanzel verleihen dem Kircheninneren eine opulente Pracht, zeigen aber gleichzeitig das Typische des elsässischen Barock: eine weniger ausgeprägte Überladenheit und eine deutlich spürbarere Strenge als etwa in den oberschwäbischen Barockkirchen.

ESSEN UND TRINKEN

Der Ruf des Elsass als Schlemmerland ist selbst jenseits der regionalen Grenzen ungebrochen. Mit dem wachsenden Fremdenverkehr schossen aber auch Abzockerbetriebe aus dem Boden, die das Preis-Leistungs-Verhältnis auf seine Dehnbarkeit testen. Dennoch: Das Elsass ist und bleibt ein Paradies für Genießer. Das weiß niemand besser als die Menschen der Region. Zwischen 12 und 14 Uhr könnte die Welt untergehen – die am Mittagstisch tafelnden Elsässer würden es nicht einmal merken.

Regionale Spezialitäten

Früher kam der aus Kartoffeln, drei Fleischsorten, Gewürzen, Zwiebeln und Wein bestehende **Baeckeoffe** in jedem Haushalt am Samstag auf den Tisch, damit die Hausfrau während der dreistündigen Garzeit Gelegenheit für den Hausputz hatte. In vielen Lokalen kann man den Eintopf vorbestellen, um ihn ofenfrisch serviert zu bekommen. In einem Land wie dem Elsass entwickelt sich naturgemäß eine Küche, die den Wein zu einem Bestandteil vieler Speisen macht. Der **Coq au Riesling** ist ein in Riesling geschmortes Hähnchen, mit Nudeln serviert eine wahre Gaumenfreude. Fisch will schwimmen, sagt der Volksmund, und im Elsass schwimmt er schon während der Zubereitung, bevor er etwa als **Zanderfilet in Riesling,** mit Nudeln serviert, oder als **Forelle blau,** pochiert in Riesling oder Sylvaner, auf den Tisch kommt.

In Touristenlokalen dominieren vier typische Speisen: **Zwiebelkuchen** *(tarte à l'oignon)* besteht aus einer dicken Schicht in Schmalz gebratener Zwiebeln auf einem Mürbeteig, mit Speckstreifen und Béchamelsoße überbacken. Beim **Flammkuchen,** der »elsässischen Pizza«, wird ein dünner Brotteig mit einem Zwiebel-Rahm-Gemisch und Speck garniert. Als Klassiker der elsässischen Küche hat sich das **Sauerkraut nach Elsässer Art** *(choucroute garnie à l'alsacienne)* mit Wein verfeinert und mit Eisbein, Würstchen und Speck sowie Kartoffeln oder geräucherter Schweineschulter einen Namen gemacht. Den krönenden Abschluss einer Mahlzeit bildet oft der sahnige **Munsterkäse** (Munster-Géromé), der gelinde gesagt unfein riecht, aber zu einem Glas Gewürztraminer göttlich schmeckt.

Spitzengastronomie

Wenn deutsch-französische Gipfeltreffen im Elsass stattfinden, hat das natürlich mit der geografischen Nähe der Region zu tun. Aber auch mit einem kleinen, erlauchten Kreis berühmter Köche, von denen sich Spitzenpolitiker gerne verwöhnen lassen. Die ›Auberge de l'Ill‹ im dörflichen Illhaeusern war schon mehr als einmal Schauplatz internationa-

Auf der Place du Marché Gayot in Straßburg

ler Meetings. In diesem Feinschmeckerreich hält als Nachfolger seines berühmten Vaters Paul Sohn **Marc Haeberlin** Hof und lässt sich die Küchenkunst seit über drei Jahrzehnten regelmäßig mit drei Michelin-Sternen vergolden. Ein weiteres Glanzlicht fügte dem Restaurant der für Haeberlin arbeitende Pascal Leonetti hinzu. Der korsische Weinkenner wurde 2004 von seinen französischen Kollegen zum Sommelier des Jahres gekürt.

Ebenfalls mit mehreren Sternen dürfen sich die Chefs zweier Straßburger Lokale schmücken. Nur Schritte vom Münster entfernt führt im ›Crocodile‹ **Émile Jung** seit 1971 souverän Regie. Liebhaber von Fischgerichten und Meeresfrüchten wissen, welch geniales Händchen der ehemalige Drei-Sterne- und jetzige Zwei-Sterne-Meister bei der Zubereitung gerade solcher Speisen beweist. Im ›Buerehiesel‹ bekocht der Drei-Sterne-Küchenchef **Antoine Westermann** häufig Europapolitiker, weil sein Lokal nur wenige Schritte vom Europarat entfernt liegt. Zu seinen Lieblingsspeisen gehören Reh in Petersilie, ausgebackene Kalbskopfschnitten und Ragout vom Zander in Ravioli. Mit jeweils zwei Michelin-Sternen dürfen sich **Fernand Mischler** vom ›Cheval Blanc‹ in Lembach und **Michel Husser** vom ›Le Cerf‹ in Marlenheim schmücken.

Weinland Elsass

Der goldene Herbst ist die ideale Zeit zum Reisen durch bunt verfärbte Rebberge und nach Maische duftende Bilderbuchdörfer. Im Elsass beginnt die Weinlese meist erst Ende September. Entlang der Weinstraße herrscht in dieser Zeit Hochbetrieb, wenn die Winzer ihre Ernten in die Genossenschaften oder zu den Pressen karren und ihre Keller für den frisch gekelterten Traubensaft rüsten.

Noch im 19. Jh. war es üblich, Rebsorten zu mischen. Heute werden solche ›Verschnitte‹ häufig als Tafelwein *(vin de table* oder *vin ordinaire)* angeboten. Qualitätsweine sind aus einer einzigen Rebsorte hergestellt. Sie tragen die Bezeichnung ›Appellation d'Origine Contrôlée‹. Bestimmte Vorschriften sollen eine gleichbleibende Güte garantieren. Noch strenger sind die Auflagen für einen Grand Cru, der von ca. 50 elsässischen Weinen erfüllt wird. Mit Ausnahme von Spätlesen und Trockenbeerenauslesen bevorzugen Elsässer trockenen, durchgegorenen Wein mit natürlichem Säuregehalt. Grundsätzlich trinkt man elsässischen Wein jung, weil er schon bald sein volles Bouquet entfaltet.

Riesling – König unter Edlen

Zu Grands Crus gehören von sieben angebauten Rebsorten nur die vier ›edlen‹ Riesling, Muscat d'Alsace, Pinot Gris (auch Tokay d'Alsace genannt) und Gewürztraminer. Außerdem gedeihen im Elsass Sylvaner und Pinot Blanc, und als einzige rote Traube Pinot Noir (Blauer Burgunder). Der Sylvaner kommt als ein leichter, frischer und fruchtiger Wein daher. Der Gewürztraminer ist rassig, kräftig und elegant, der Muscat d'Alsace fruchtig und herb, der Pinot Blanc geschmeidig und harmonisch, während der Tokay d'Alsace vollmundig und kräftig schmeckt. Die Pinot-Noir-Traube ergibt einen trockenen, herben Rosé oder Rotwein. Die Krone unter den elsässischen Weinen gebührt dem Riesling. Mit Frische, angenehmer Säure und feinem Bouquet eignet er sich hervorragend als Begleiter zum Essen.

Weinstuben

Die **Winstub** (Wistub) ist eine gastronomische Oase, in der sich Gäste den guten Tropfen widmen können. Im meist gemütlichen, rustikalen, gelegentlich auch kitschige Interieur dieser Lokale kommen Wein und in der Regel kleinere Speisen auf den Tisch. Das Küchenangebot kann manchmal aber durchaus mit Restaurants der gehobenen Kategorie konkurrieren. Hinter den Tresen stehen oft Winzer, die Lokale als Nebenerwerb betreiben oder den Blaumann im Tausch gegen die Kochmütze an den Nagel hängten. Viele von ihnen gehören in die Kategorie ›Überzeugungstäter‹. Ihnen selbst läuft beim Kochen das Wasser im Mund zusammen, und was ihren Wein anbelangt, geben sie sich ausgesprochen dogmatisch.

WELCHER WEIN ZU WELCHEM ESSEN?

Mit der alten Regel ›roter Wein zu rotem Fleisch, weißer Wein zu weißem Fleisch‹ nimmt man es heute nicht mehr so genau. Wer sich nicht entscheiden kann, liegt nach Meinung elsässischer Weinkenner mit Riesling immer richtig. Im Allgemeinen kann man sich an folgende Empfehlungen halten:

Zu Meeresfrüchten, Fisch und Wurst, Zwiebelkuchen, Schnecken und geräucherter Schweineschulter passt ein gut gekühlter Sylvaner. Wer sich für ein mehrgängiges Menü erst noch Appetit machen muss bzw. einen Gaumenschmaus schon hinter sich hat, lässt sich gerne einen Gewürztraminer reichen – zum Munsterkäse übrigens ein besonderer Genuss. Als Aperitif kommt auch ein Muscat d'Alsace in Frage oder ein Tokay d'Alsace, der kräftige Gerichte wie Braten, Gänseleber, Baeckeoffe oder Fasan auf ideale Weise begleitet. Schaut man elsässischen Schlemmern über die Schulter, entdeckt man, dass sie sich zu Vespergerichten mit Wurst und Käse, zum allseits beliebten Flammkuchen, zum Baeckeoffe und zur Schweineschulter vorzugsweise Pinot blanc kredenzen lassen. Trockener Riesling gilt nicht nur als idealer Begleiter ganzer Menüs, sondern macht Gerichte wie Zanderfilet, Fischragout, Forelle blau, Hecht, Lachs, Hähnchen in Riesling und Sauerkraut nach Elsässer Art zum Hochgenuss.

Zu besonderen Anlässen greifen Kenner zu einem Glas Crémant d'Alsace. Dieser Schaumwein wird seit 1976 nach dem Champagnerverfahren hergestellt. Den Crémant gibt es als *brut de brut* oder *brut* (der trockenste Schaumwein), *extra-sec* (sehr trocken), *sec* (trocken), *demi-sec* (halbtrocken) und *doux* (süß).

In Colmar verbirgt sich hinter dem Namen **Wistub Brenner** ein urgemütliches, von Einheimischen geschätztes Refugium mit geblümten Decken auf den Tischen. Von Choucroute Alsacienne bis zu gebratenem Hecht zaubert der Küchenchef alle Spezialitäten in die Töpfe, die im Elsass Rang und Namen haben. Die süßen Nachspeisen verdienen nur ein Prädikat: himmlisch (1, rue de Turenne, Tel. 03 89 41 42 33, Di, Mi und Anf. Febr. geschl., Menü um 27 €).

Weinstubenkultur hat im Elsass mit Tradition zu tun. Das wird besonders in der rustikal-eleganten **Winstub Gilg** in Mittelbergheim deutlich, wo die Gäste das fast 400 Jahre alte Flair des Gebäudes spüren. Vincent Reuschlé führt in dem Lokal, zu dem auch ein Hotel gehört, die schon von seinem Schwiegervater Georges Gilg gepflegte elsässische Ess- und Weinkultur fort. Er bringt aber auch frische Ideen ein, wie etwa warmer Blätterteig nach Winzerart oder Barbarie-Ente à l'Orange beweisen (1, rue Rotland, Tel. 03 88 08 91 37, Di und Mi Ruhetag, Menü 18–65 €).

Deftige Hausmachergerichte wie Schweinezunge, Sauerkraut in mehreren Variationen oder Winzerpastete, dazu ausgezeichnete Weine und ein freundlicher Service haben den **Caveau Morakopf** in Niedermorschwihr zu einer Institution gemacht. Baeckeoffe gibt es nur auf Vorbestellung (7, rue des Trois-Épis, Tel. 03 89 27 05 10, So und Mo mittag geschl., Nov.–Mai nur abends, Hauptgerichte ca. 27 €). Mit Hausmannskost hat sich auch **Au Tire-Bouchon** in Riquewihr seine gastronomischen Meriten verdient (29, rue de Gaulle, Tel. 03 89 47 91 61, Di abend und Mi außerhalb der Saison geschl., 15–32 €).

Weinpreise und Weinanbau

Qualität hat ihren Preis, sagen die elsässischen Winzer. In den letzten Jahren stiegen die Preise um bis zu 100 %. So muss man für einen Qualitätswein (0,7-Liter-Flasche) ab etwa 4 €, für einen Grand Cru ab 10 € rechnen. Wer sich näher mit Rebsorten, Anbau und Pflege der Weingärten beschäftigen möchte, kann bei Saverne, Marlenheim, Eguisheim, Scherwiller, Dambach-la-Ville, Epfig, Obernai, Turckheim, Bergheim, Barr und Riquewihr auf informativen Weinlehrpfaden spazieren.

Weinproben

Verheißungsvolle Schilder entlang der Weinstraße weisen den Weg zu Weinbauern und zu Winzergenossenschaften, bei denen Weinliebhaber die besten Tropfen in manchmal stimmungsvoll hergerichteten Stuben und Kellern probieren können. Das Gespräch mit dem Winzer über seine Weine ist meistens ein großes Vergnügen. Von der Weinlesezeit abgesehen, kann man bei den Winzern das ganze Jahr über anklopfen. In vielen Betrieben lässt sich das Degu-

Inbegriff elsässischer Gastronomie: die Winstub

stieren mit der Besichtigung von Kellern und Gewölben mit zum Teil uralten Eichenfässern und ausgedienten Traubenpressen verbinden.

Die Preise richten sich danach, wie viele Weine Besucher verkosten wollen und liegen bei 3–6 Weinen zwischen 2 und 4,50 € (in manchen Domänen ist die Probe gratis). Weinproben auch in deutscher Sprache lassen sich in so gut wie jedem Winzerbetrieb arrangieren. Ein Verzeichnis der entsprechenden Weingüter ist erhältlich in Touristenbüros oder beim Conseil Interprofessionnel des Vins d'Alsace, Maison des Vins d'Alsace, 12, ave. de la Foire aux Vins, 68012 Colmar, Tel. 03 89 20 16 20, Fax 03 89 20 16 30, www.vinsalsace.com.

Bier

Das Bierbrauen hat im Elsass eine lange Tradition. Große Brasserien wie Kronenbourg, Heineken oder Fischer produzieren über die Hälfte des französischen Biers. Die alten Familienbetriebe gehören mittlerweile zu internationalen Konzernen. Unabhängig geblieben ist die Brauerei Météor in Hochfelden. Das helle, obergärige Bier und das frische Pils finden auch in der elsässischen Küche Verwendung, z. B. in der Suppe, zum Karpfen oder Hahn. Zur elsässischen Weihnacht gehört das »Bière de Noël«, ein dunkles, süßes Bier mit hohem Malzanteil.

DROGUERIE DU SERPENT
RESTAURANT

Tipps für Ihre Elsass-Reise

Die Maison Kammerzell auf der Place de la Cathédrale in Straßburg

DAS ELSASS ALS REISEZIEL

Mit einer reichen Palette an Landschaften, Höhenlagen, gut ausgebauten Straßen und Bahnlinien, Nah- und Fernwanderwegen, ländlichen Gebieten und alten Städten besitzt das Elsass alle Voraussetzungen für einen erholsamen und aktiven Urlaub. Hauptsächlich der kulturelle Reichtum lockt viele Reisende nach Straßburg, Mulhouse, Colmar und andere Städte mit Museen, Baudenkmälern, Theatern und Fachwerkvierteln. ›Elsass urban‹ hält aber auch ungeahnte Reize für Nachtschwärmer und Kneipengänger bereit. Selbst im hintersten Winkel ist keine Langweile angesagt. Dafür sorgt die Gastronomie. Als Spaßgaranten für Erholung Suchende in freier Natur einerseits und anspruchsvolle Trainingspartner für Sportler mit Ambitionen andererseits haben sich die Vogesen einen Namen gemacht. Selbst Hausbootkapitäne und Schiffsausflügler kommen auf Flüssen und Kanälen auf ihre Kosten – sogar mitten im Herzen der Europametropole Straßburg und der Weinhochburg Colmar.

Elsässische Highlights

So wird Ihre Elsass-Reise zu einem besonderen Erlebnis:

– ›Gipfelsturm‹ über 332 Stufen auf die **Plattform des Straßburger Münsters** mit fantastischem Rundblick (ab 9 Uhr, Juli/August ab 8.30 Uhr, s. S. 65) und Vorführung der **Astronomischen Uhr** um 12.30 Uhr (Eingang Südportal tägl. 12–12.20 Uhr, s. S. 68)
– Gemütlicher Spaziergang durch den historischen Kern von **Colmar.** Kunstliebhaber machen eine Stippvisite im Unterlindenmuseum und bei der ›Maria im Rosenhag‹ (s. S. 36 und 87)
– Autobummel auf der **Route des Vins** mit Kellerbesichtigung und Weinprobe in einem der zahlreichen Winzerbetriebe (s. S. 126ff.)
- Große Parade beim **›Pfifferdaj‹ in Ribeauvillé** jeweils Anfang September (s. S. 32)
– Rast bei kühlem Riesling und Gugelhupf in einem Gartenlokal im romantisch-mittelalterlichen Ambiente von **Riquewihr** (s. S. 137ff.)
– Wanderung in den **Südvogesen** mit Einkehr in einer Ferme-Auberge zur traditionellen Melkersmahlzeit (s. S. 110)
– Grandioser Rundblick von der **Burg Haut-Barr** bei Saverne auf die Rheinebene und den Schwarzwald (s. S. 198)
– Die Seele baumeln lassen bei einer Bootsfahrt auf dem **Rhein-Rhône-** oder dem **Rhein-Marne-Kanal** (s. S. 166 und 194)
– Winstubatmosphäre genießen bei *choucroute garnie* oder Presskopfsülze in der **Wistub Brenner** in Colmar oder im **Caveau Morakopf** in Niedermorschwihr (s. S. 44)
– Mit Kindern einen ganzen Tag im reizvollen **Ecomusée de Haute-Alsace** in Ungersheim verbringen (s. S. 100)

Natur und Erholung

Lauschige Wälder und verschwiegene Täler, Almen und vom Wind gebürstete Gipfelkuppen, kristallklare Bergseen und Moorgebiete machen die Vogesen zu einem idealen Erholungs- und Freizeitgebiet. Das gilt hauptsächlich für die beiden Naturparks **Parc Naturel Régional des Ballons des Vosges** und **Parc Naturel Régional des Vosges du Nord** mit typischen Mittelgebirgslandschaften, befestigten Dörfern und stolzen Burgruinen. Der in den südlichen Vogesen liegende, von eiszeitlichen Gletschern modellierte Park um die Belchenberge *(ballons)* reicht bis in die Franche-Comté und nach Lothringen hinüber. Über die Hochlagen des Vogesenkammes schlängelt sich mit der berühmten Route des Crêtes eine Panoramastraße mit atemberaubenden Ausblicken auf die blauen, im Dunst versinkenden Vorberge und die Rheinebene. Im nördlichen Vogesenpark sind vor allem die ca. drei Dutzend Burgen Hauptanziehungspunkte für Wanderer und Mountain-Biker.

Wandern

Der renommierte Club Vosgien baute seit 1872 ein Netz von 16 500 km Wanderpfaden mit Hütten auf, in denen für Verpflegung und Schlafplätze gesorgt ist. Für größere Touren sind die vom Club herausgegebenen Karten und Wanderinformationen empfehlenswert. Zwei weitere Vereine, die Wanderhütten unterhalten, sind die Vosges Trotters und die Amis de la Nature:

Maison du Parc des Ballons des Vosges, 1, cour de l'Abbaye, 68140 Munster, Tel. 03 89 77 90 34, Fax 03 89 77 90 30, www.parc-ballons-vosges.fr;

Maison du Parc Naturel Régional des Vosges du Nord, Château, 67290 La Petite Pierre, Tel. 03 88 01 49 59, Fax 03 88 01 49 60, www.parc-vosges-nord.fr;

Fédération du Club Vosgien, 16, rue Sainte-Hélène, 67000 Strasbourg, Tel. 03 88 32 57 96, Fax 03 88 22 04 72, www.club-vosgien.com;

Vosges Trotters, 2, rue Hunawihr, Tel. 03 88 82 79 80;

Amis de la Nature, 14, rue de Flaxlanden, 68790 Morschwiller-le-Bas, Tel. 03 89 43 39 67.

Familienferien

Reizvolle Landschaften mit viel Auslauf, Naturerlebnisse, Burgen, Ruinen und Attraktionen wie Vogelreservate, Zoos und Wasserparks machen das Elsass zu einem Ferienparadies für Eltern und Kinder gleichermaßen. Unweit der Haut-Kœnigsbourg ist der **Affenberg** (Montagne des Singes, s. S. 141) mit über 200 freilebenden Berberaffen ein echter Urlaubs-Hit. Gleich in der Nachbarschaft kann man in einem alten Burghof Vorführungen mit dressierten Adlern, Kondoren, Falken und Geiern miterleben.

Dem Storch im elsässischen Wappen ist zu verdanken, dass sich über

In Bouxwiller

die Region zahlreiche Volieren und Aufzuchtstationen für Störche verteilen, die man dort in allen Altersklassen studieren kann.

Zum Teil exotische Tierarten wie Tiger, Lemuren und Känguruhs haben im **Zoo von Mulhouse** eine Heimat gefunden, der vor allem im Frühjahr wegen der Tierbabys einen Besuch wert ist. Unter den Lieblingsattraktionen für Kinder rangiert das **Ecomusée de Haute-Alsace** (s. S. 100) nördlich von Mulhouse auf den vorderen Plätzen. Das idyllische Öko-Dorf mit Streichelzoo demonstriert ein Stück ländliches Elsass, wie es vor 100 Jahren lebendig war.

Von Touristenzügen auf Rädern wie in Colmar, Eguisheim, Dambach-la-Ville, Ribeauvillé und Straßburg einmal abgesehen kommen kleine und große Lokomotivführer bei einer Fahrt mit dem Rhein-Museumszug zwischen Vogelsheim und Marckolsheim oder der Museumseisenbahn des Doller-Tales bei Cernay voll auf ihre Kosten.

Die Organisation **Gîtes de France** organisiert für Kinder Ferien auf dem Bauernhof und in speziellen Ferienzentren. Informationen hierzu erteilen: Gîtes de France Haut-Rhin, Maison du Tourisme, 1, rue Schlumberger, 68006 Colmar, Tel. 03 89 20 10 62, Fax 03 89 23 33 91, reservation@tourisme68.asso.fr, und Gîtes de France Bas-Rhin, 7, place des Meuniers, 67000 Strasbourg, Tel. 03 88 75 56 50, Fax 03 88 23 00 97, www.alsace-gites-de-france.com.

Mekka für Wasserratten

Trotz verbesserter Wasserqualität ist der Rhein wegen starker Strömung und dem Schiffsverkehr kein empfehlenswertes Baderevier. Segeln, Surfen und Kanufahren lässt sich im Freizeithafen bei Marckolsheim. Zum Schwimmen und Plantschen bieten sich eher beaufsichtigte Plätze wie der Lac Achard und der Baggersee bei Straßburg an. Für sommerliche Abkühlung sorgen auch Badeanlagen in Benfeld, Bischheim, Cernay, Erstein, Gambsheim, Lauterbourg, Rœschwoog, Schœnau

und Wittisheim. In der kalten Jahreszeit stehen in Bouxwiller, Haguenau und Erstein darüber hinaus drei Erlebnis- und Spaßbäder offen.

Wer Wassersport lieber trockenen Fußes genießt, kann auf Ausflugsbooten durch das idyllische Petite France in Straßburg schippern, im Colmarer Klein-Venedig mit dem Flusskahn den beschaulichen Lauch-Fluss erkunden oder auf dem Rhein bzw. Rhein-Marne-Kanal mit seinen Schleusen und dem abenteuerlichen Schiffshebewerk Arzviller Freizeitkapitän spielen. Besondere Straßburger Einblicke verschafft eine Kanu- oder Kajaktour über die innerstädtischen Wasserwege.

Vorschläge für Rundreisen

Das öffentliche Transportsystem ist in weiten Teilen des Elsass so gut ausgebaut, dass man etwa eine Städtereise durchaus mit der Bahn absolvieren kann. Denn insgesamt 161 Bahnhöfe sind auf dem Schienenweg erreichbar. Bequemer und nicht so zeitaufwendig ist natürlich eine Rundreise mit dem eigenen Auto oder per Leihwagen. Autovermietungen finden sich in allen größeren Städten und an den Flughäfen Mulhouse-Basel bzw. Straßburg.

Elsassreise per Bahn

Während die Vogesen im elsässischen Bahnnetz weitgehend unberücksichtigt bleiben, sind Städte und Ortschaften der Rheinebene an das Streckennetz der französischen Eisenbahngesellschaft SNCF angeschlossen. So lässt sich etwa eine 10-tägige Bahnreise in Nord-Süd-Richtung von Neustadt an der Weinstraße nach Basel oder umgekehrt unternehmen (von der Bahnstrecke Frankfurt–Basel ist das Elsass auch über die Abzweigung Offenburg–Kehl–Straßburg erreichen).

1. **Tag:** Neustadt – Wissembourg – Haguenau
2. **Tag:** Haguenau – Straßburg
3. **Tag:** Straßburg
4. **Tag:** Straßburg
5. **Tag:** Straßburg – Molsheim – Rosheim – Obernai
6. **Tag:** Obernai – Barr – Dambach-la-Ville – Sélestat
7. **Tag:** Sélestat – Ribeauvillé – Colmar
8. **Tag:** Colmar
9. **Tag:** Colmar – Mulhouse
10. **Tag:** Mulhouse – Basel

Wer seine Reise ausdehnen will, kann auf dem Schienenweg einige Abstecher machen: von Straßburg nach Saverne bzw. Nancy oder nach Mutzig, Schirmeck und St-Dié, von Haguenau nach Niederbronn, von Sélestat nach Ste-Marie-aux-Mines, von Colmar ins Munstertal bis nach Metzeral und von Mulhouse entweder nach Thann und Kruth oder nach Altkirch im Sundgau und Belfort.

Autorundreise

Eine Rundreise mit dem eigenen oder einem geliehenen Wagen ist ohne Zweifel die angenehmste Art, die Region kennen zu lernen. Auf diese Weise sind kleine Abstecher in Ortschaften möglich, die mit öffentlichen Transportmitteln nur unter größerem Zeitaufwand erreichbar sind.

1. **Tag:** Straßburg – Saverne – Marmoutier – Molsheim – Obernai
2. **Tag:** Obernai – Mont Ste-Odile – Andlau – Sélestat
3. **Tag:** Sélestat – Ribeauvillé – Riquewihr
4. **Tag:** Riquewihr – Kaisersberg – Niedermorschwihr – Colmar
5. **Tag:** Colmar
6. **Tag:** Colmar – Turckheim – Munstertal – Eguisheim
7. **Tag:** Eguisheim – Rouffach – Guebwiller – Écomusée – Mulhouse
8. **Tag:** Mulhouse – Thann – Route des Crêtes (Le Markstein, Col de la Schlucht, Le Bonhomme) – Ste-Marie-aux-Mines
9. **Tag:** Ste-Marie-aux-Mines – Haut-Kœnigsbourg – Ebersmunster – Straßburg

Radfahren

Selbst mitten in Straßburg macht das Radeln auf gut ausgeschildeten Wegen Spaß. So besteht etwa an der Place du Château, der Place de l'Etoile und am Bahnhof die Möglichkeit, Räder gegen eine Gebühr auszuleihen (um 8 €/Tag; Info: www.strasbourg.fr/Strasbourgfr/FR/SeDeplacer/Avelo). Für eine Strampeltour auf der Weinstraße muss man schon Kondition mitbringen, weil die Strecke über die Vorberge viele Steigungen aufweist. Noch viel anstrengender sind Touren in den über 1400 m hohen Vogesen, die hohe Anforderungen an Kondition und Ausrüstung stellen.

In Buchläden und Pressekiosken gibt es reichhaltiges Material mit Karten und detaillierten Streckenbeschreibungen. Kostenlose Informationen bieten auch die örtlichen Offices de Tourisme oder radsportliche Vereinigungen an. Zahlreiche Radstrecken im Département Haut-Rhin sind im Internet beschrieben (www.cyclos68.free.fr). Manche Anbieter haben sich außerdem auf organisierte Kultur- und Schlemmertouren per Rad spezialisiert (www.velociped.de).

Der **Club Cyclotouriste** organisiert Radtouren und informiert über Strecken (8, rue des Abeilles, 68000 Colmar, Tel. 03 89 79 13 93).

Nachtleben

So sympathisch-provinziell sich das Elsass auch gerne gibt: In den Städten geht hie und da ›die Post ab‹. So streift sich die Großstadt und Europametropole Straßburg nach Sonnenuntergang ihr Glitzerkleid über, um Bacchanten, Schlemmer und Nachtfalter zu verführen. Zugegeben: Mit dem internationalen Nachtleben kann Straßburg nicht konkurrieren. Aber ein Blick auf die Gastronomie- und Amüsierszene könnte vermuten lassen, dass fast jedes zweite Haus rund ums Münster in diese Kategorie fällt.

Die DJ's in ca. zwei Dutzend Diskos bedienen jeden Musikgeschmack. Cocktail-Bars, Weinstuben und Bierkneipen wechseln sich ab mit Cyber- und Studentencafés, mit Schwulentreffs, Nachtlokalen, Spielsalons, irischen Pubs und spanischen Sangria-Oasen. Hinzu kommt eine lebhafte Kinoszene mit dem **UGC Ciné Cité** in Neudorf als Fixstern, einem der größten Lichtspielzentren Europas mit zwei Dutzend Publikumssälen, Bars und mehreren Restaurants. Auch in Mulhouse und Colmar herrscht kein Mangel an Tanz- und Vergnügungspalästen.

Reisezeit

Das Elsass hat zu jeder Jahreszeit seine Reize. Im Frühjahr beginnt die Blüte meist früher als andernorts in unseren Breiten. Im Sommer bieten die Höhenlagen im Sinne des Wortes Sommerfrische, während die Temperaturen im Rheintal oft kräftig ansteigen. Der Herbst ist unbestritten die beste Reisezeit für die Weinbaugebiete an der Ostflanke der Vogesen. Großer Beliebtheit erfreuen sich die Vogesen bei Wintersportlern. Aktuelle Wetterinformationen lassen sich abrufen unter der Internetadresse: www.meteo.fr.

Restaurant
Au
Fer Rouge

UNTERWEGS IM ELSASS

Ein Leitfaden für Ihre Elsass-Reise mit vielen Tipps für unterwegs.

Anschauliche Beschreibungen von Städten, Dörfern, Burgen und anderen Ausflugszielen und Reiserouten.

Das Elsass genießen: Ausgesuchte Restaurants, Feinschmeckerlokale, Landgasthöfe und Fermes-Auberges.

In der Altstadt von Colmar

Heineken

Städtetrio am Fuß der Vogesen

Elsass-Atlas S. 235, 236, 237, 239

Straßburg: Abendstimmung in der Rue Mercière vor dem Westportal des Münsters

EUROPAMETROPOLE STRASSBURG

Zweitausend Jahre Geschichte prägen die Stadt am Ufer des Rheins: Das großartige Münster und romantische Fachwerkviertel zeugen von der Blüte im Mittelalter. Heute ist Straßburg eine weltoffene Stadt und mit dem Europaparlament Mittelpunkt des vereinten Europa. Entdecken Sie die Bilderbuchidylle in Petit France, interessante Museen, gemütliche Studentenkneipen und Weinstuben.

Altehrwürdiges Straßburg

Elsass-Atlas: S. 235, D/E 1/2

332 Stufen schaffen Distanz. Von der Aussichtsplattform des Münsters fliegt der Blick über ein aufgewühltes Meer. Ein Meer aus rotbraunen Biberschwanzziegeln, aus Straßenschluchten wie tief eingeschnittene Wellentäler, aus Kirchtürmen, die sich wie umtoste Klippen im Zeitenwechsel behaupten und aus unansehnlichen Neubausiedlungen, angeschwemmt am Stadtrand wie wertloses Treibgut aus einer fernen Welt. ›Sandsteinmutter‹ hat der elsässische Dichter André Weckmann das gotische Münster genannt, weil es Stadtviertel und Straßenzüge wie eine Schutz suchende Schar Kinder um sich sammelt.

Nüchterner betrachtet bildet das imponierende Gotteshaus mit dem umgebenden Platz den Mittelpunkt der elsässischen Hauptstadt, die gleichzeitig Verwaltungszentrum des Départements Bas-Rhin und politischer Mittelpunkt Europas ist, weil vor Ort Europarat und Menschenrechtsbehörde ihren Sitz haben und das Europaparlament tagt. Davon abgesehen ist Straßburg vor allem eines: eine in Würde gealterte, stolze Dame am Ufer des Rheins, die ihre historischen Preziosen ohne Überheblichkeit präsentiert wie eine Königin, die sich längst an ihre Krone gewöhnt hat.

Von der Bronzezeit bis zur Gegenwart

Schon in der Bronzezeit ließen sich auf einer Lößbank an der Ill Fischer nieder, die ihre Behausungen zum Schutz vor Hochwasser auf Pfähle stellten. Zur Keltenzeit soll der Ort 1500 Einwohner gezählt haben. Wo sich heute das Straßburger Münster erhebt, standen einst heidnische Tempel der Kelten, die den Rhein als Gottheit verehrten.

Die Herren der römischen Provinz Germania erkannten die strategische

Bedeutung der Gegend um die Illmündung in den Rhein, wo sich die Verbindungswege durch Vogesen und Schwarzwald mit dem Rhein als Nord-Süd-Achse kreuzten. So war es kein Zufall, dass die Römer, vermutlich zwischen 12 und 16 n. Chr., an dieser Stelle ein Kastell als Waffen- und Vorratsdepot sowie als Sammelplatz für etwa 6000 Legionäre errichteten. Daraus entwickelte sich nach und nach die Ortschaft Argentoratum.

Nachdem die Römerherrschaft zusammengebrochen war, besiedelten Alemannen die Region. Eine Phase des Aufschwungs erlebte der Ort im 6. Jh., als er zum Frankenreich gehörte und sich Bischof Arbogast seiner annahm. Mit Strataburgum (›Burg an den Straßen‹) bekam Straßburg damals seinen heutigen Namen.

Die Stadt im Mittelalter

Im 11. Jh. sprengte das Wachstum der Stadt die Begrenzungen des alten Römerkastells. Handel und Handwerk gewannen immer mehr an Bedeutung. Neben Köln und Nürnberg zählte Straßburg mit seinen 5–10 000 Einwohnern zu den größten Städten des Heiligen Römischen Reiches Deutscher Nation. Im Jahr 1262 wurde es Freie Reichsstadt, unterstand also nicht mehr der Herrschaft des Bischofs und genoss Steuerfreiheit. Die Interessengegensätze zwischen Bürgertum und Zünften einerseits sowie Adel und Patriziern andererseits dauerten jedoch an. 1482 gewannen die Handwerkszünfte die Mehrheit im Rathaus und erlangten durch eine neue Stadtverfassung größere politische Freiheit. Erasmus von Rotterdam zeigte sich von den veränderten Verhältnissen sehr angetan, als er 1514 notierte: »Endlich habe ich eine Monarchie ohne Tyrannei gesehen, einen Adel ohne Parteien, eine Demokratie ohne Aufruhr, Reichtum ohne Luxus, Wohlstand ohne Arroganz.«

Treffpunkt der Humanisten

So verwundert es nicht, dass Straßburg auch auf geistigem und kulturellem Gebiet unter den Reichsstädten eine führende Rolle spielte. Gottfried von Straßburg widmete sich dem keltischen Stoff von ›Tristan und Isolde‹, Reinmar von Haguenau war der Lehrer des Walther von der Vogelweide, Erwin von Steinbach und Ulrich von Ensingen taten sich als Münsterbaumeister hervor, Sebastian Brants ›Narrenschiff‹ wurde zu einem Bestseller, Johannes Geiler am Straßburger Münster galt als bekanntester Prediger seiner Zeit, Beatus Rhenanus, Jakob Wimpfeling, Martin Bucer und Jakob Sturm traten als Humanisten, Philosophen und Reformatoren in Erscheinung, die Mystiker Meister Eckart und Johannes Tauler lehrten in der Stadt und repräsentierten ein selbstbewusstes Bürgertum.

17. und 18. Jahrhundert

Im Dreißigjährigen Krieg wurde Straßburg Auffanglager politischer

GOETHES STRASSBURGER ZEIT

Man schrieb den 18. April 1770. Rege Betriebsamkeit herrschte an diesem Tag auf dem Straßburger Fischmarkt, als ein junger Mann aus dem Haus Rue du Vieux-Marché-aux-Poissons Nr. 36 auf die Straße trat. Sein Ziel: die Universität der damals etwa 50 000 Einwohner zählenden Münsterstadt, wo er sich am selben Tag als ›Ioannes Wolfgang Goethe Moeno-Francofurtensis‹ an der juristischen Fakultät einschrieb.

Da Goethes ›Studentenbude‹ in unmittelbarer Nähe des Münsters lag, ging er häufig die wenigen Schritte hinüber zur Kathedrale. »Je mehr ich die Fassade betrachtete«, notierte er später, »desto mehr bestärkte und entwickelte sich jener erste Eindruck, dass hier das Erhabene mit dem Gefälligen in Bund getreten sei.« Den Chronisten zufolge stieg der junge Dichter häufig auf die Münsterplattform hinauf, um die wunderbare Aussicht auf die Stadt zu genießen. Die Wächter in der Stube auf der Plattform werden von deutschen Reisenden oft gefragt: »Wo befindet sich Goethes Namenszug?« Hartnäckig hält sich das Gerücht, der Poet, der seine Eindrücke aus luftiger Höhe in ›Dichtung und Wahrheit‹ niederlegte, habe seinen Namen im Sandstein an der Nordwestseite der Plattform verewigt.

In unmittelbarer Nähe des Münsters gab es zwei Lokale, in denen er gelegentlich verkehrte. Im Jahr seines Umzugs nach Straßburg eröffnete an der Place de la Cathédrale Nr. 12/13 das Gasthaus Dauphin. Hier setzte sich Goethe gern mit Freunden zusammen, von denen einige die Vorlesung des Medizinprofessors Jakob Spielmann im Haus der alten Pharmacie du Cerf in der Rue Mercière/Ecke Münsterplatz besuchten. Auf diese Weise hörte Goethe erstmals von Spielmann, bei dem er später Chemie belegte. Ein weiterer Treffpunkt war die Tischgesellschaft der Schwestern Lauth in der Rue de l'Ail Nr. 19. Zu denjenigen, die hier im Haus ›Zu den Drei Hasen‹ ihr Mittagessen einzunehmen pflegten, zählte auch der Medizinstudent Johann Heinrich Jung, der sich später als Schriftsteller Jung-Stilling nannte. Am Quai St-Thomas Nr. 7 stand zu Goethes Zeit das 1932 zerstörte Hotel ›Zum Geist‹, in dem Goethe zu Beginn seiner Straßburger Studienzeit einige Tage wohnte. Hier lernte er Johann Gottfried Herder kennen, was manche Germanisten zur folgenreichsten Begegnung für die deutsche Geistesgeschichte hochstilisierten. Goethe selbst maß den nachfolgenden Treffen mit Herder große Bedeutung bei, doch müssen Mutmaßungen über Herders Einfluss auf den Dichter angesichts fehlender Dokumente vage bleiben.

Goethes Tischgenosse bei den Geschwistern Lauth, der Mediziner Weyland, führte den Studenten vermutlich im Oktober 1770 in das Haus des Pfarrers Johann Jacob Brion ein, der mit seinen beiden Töchtern in der Ortschaft Sessenheim nördlich von Straßburg lebte. In die 18 Jahre alte blondzopfige Friederike verliebte sich Goethe heftig, aber die Liaison war nicht von Dauer, hatte kein ›Happy End‹. Im August 1771 kehrte Goethe Straßburg den Rücken.

Flüchtlinge. Die Stadt selbst versuchte, sich aus den Auseinandersetzungen herauszuhalten. Nach dem Westfälischen Frieden von 1648 reklamierte Ludwig XIV. seinen Anspruch auf die Freie Reichsstadt, ließ sie besetzen und gliederte sie 1681 Frankreich ein. Wegen ihrer Grenzlage und wegen des Misstrauens gegenüber der Bevölkerung beauftragte Paris den Festungsbaumeister Vauban, im Osten der Stadt eine sternförmige Zitadelle zu errichten.

Das 18. Jh. stand ganz im Zeichen des französischen Einflusses, der sich auch in den Villen und Palästen wie etwa dem Palais Rohan spiegelte, die in Straßburg wie Pilze aus dem Boden schossen. Mit der Großen Revolution von 1789 wurde die Stadt zwar Verwaltungszentrale des neu geschaffenen Départements Bas-Rhin, büßte aber gleichzeitig ihre letzten Privilegien ein und wurde Paris völlig untergeordnet. Zudem dauerte es nicht lange, bis Terror, Denunziation und Verfolgung das neue Zeitalter der Freiheit, Gleichheit und Brüderlichkeit verdüsterten. Erst mit der Hinrichtung Robespierres im Jahr 1794 endete das jakobinische Schreckensregiment. Die Grenzstadt am Rhein wurde wieder zur Hoffnungsträgerin des politischen Liberalismus. Doch auch diesmal dauerte der Frieden nicht lange.

Wechsel der Nationalität

Im Jahr 1870 brach der Deutsch-Französische Krieg aus. Im August und September hagelte es in der

Sehenswürdigkeiten

1 Münster
2 Maison Kammerzell
3 Pharmacie du Cerf
4 Musée Historique
5 Cour du Corbeau
6 Palais Rohan
7 Musée de l'Œuvre Notre-Dame
8 Stadttheater
9 Palais du Rhin
10 Hôtel de Ville (Rathaus)
11 Banque de France
12 Eglise St-Pierre-le-Jeune
13 L'Aubette
14 Eglise St-Pierre-le-Vieux
15 Ponts Couverts
16 La Grande Ecluse
17 Eglise St-Thomas
18 Musée d'Art Moderne
19 Musée Alsacien
20 Centre Tomi Ungerer

Übernachten

21 Hôtel Cathédrale
22 Hôtel du Dragon
23 Hôtel Pax
24 Hôtel Cruche d'Or
25 Hôtel de l'Ill

Essen und Trinken

26 Buerehiesel
27 Au Crocodile
28 Le Clou
29 Le Festin de Lucullus
30 Sidi Bou Saïd
31 Le Gavroche
32 Strissel
33 La Coccinelle
34 Poêles de Carottes
35 Flunch

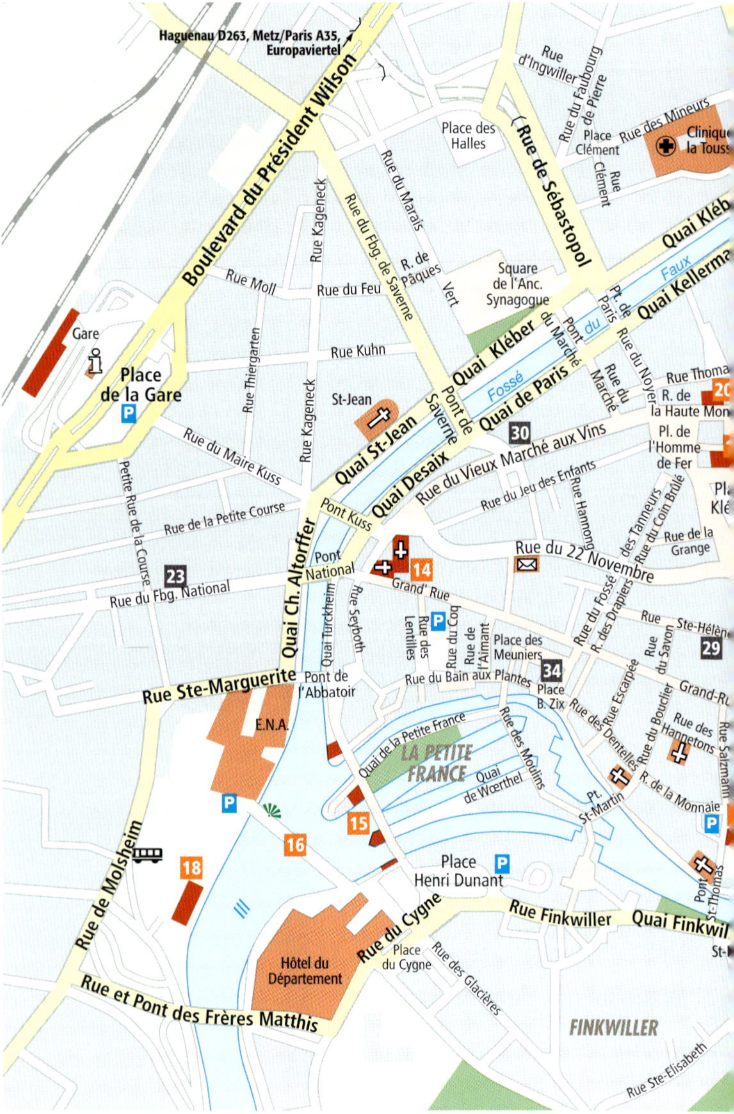
Haguenau D263, Metz/Paris A35, Europaviertel
Boulevard du Président Wilson
Rue d'Ingwiller
Rue du Faubourg de Pierre
Place des Halles
Rue de Sébastopol
Place Clément
Rue Clément
Rue des Mineurs
Rue du Marais
Rue Kageneck
Rue du Fbg. de Saverne
R. de Pâques
Vert
Square de l'Anc. Synagogue
Quai Kléber
Quai Kellermann
Faux
Rue Moll
Rue du Feu
Rue Kuhn
Gare
Place de la Gare
Rue Thiergarten
St-Jean
Quai St-Jean
Pont de Saverne
Fossé du
Pont du Marché
Pt. de Paris
Quai de Paris
Rue du Marché
Rue du Noyer
Rue Thomas
R. de la Haute Mon
Pl. de l'Homme de Fer
30
Rue du Maire Kuss
Quai Desaix
Rue du Vieux Marché aux Vins
Rue du Jeu des Enfants
Rue Hannong
Rue des Tanneurs
Rue du Coin Brûlé
Rue de la Grange
Petite Rue de la Course
Rue de la Petite Course
Pont Kuss
Quai Ch. Altorffer
Pont National
14
Rue du 22 Novembre
23
Rue du Fbg. National
Grand' Rue
Quai Turckheim
Rue Seyboth
Rue des Lentilles
Rue du Coq
Rue de l'Aimant
Place des Meuniers
Rue du Fossé
R. des Drapiers
Rue Ste-Hélène
Rue du Savon
29
Rue Ste-Marguerite
Pont de l'Abbatoir
Rue du Bain aux Plantes
34
Place B. Zix
Rue Escarpée
Rue du Bouclier
Grand-Rue
E.N.A.
Quai de la Petite France
LA PETITE FRANCE
Quai de Wœrthel
Rue des Moulins
Rue des Dentelles
Rue des Hannetons
Rue Salzmann
R. de la Monnaie
Pt. St-Martin
15
16
18
Rue de Molsheim
Place Henri Dunant
Pont St-Thomas
Rue du Cygne
Rue Finkwiller
Quai Finkwil
Hôtel du Département
Place du Cygne
Rue des Glacières
Rue et Pont des Frères Matthis
FINKWILLER
Rue Ste-Elisabeth

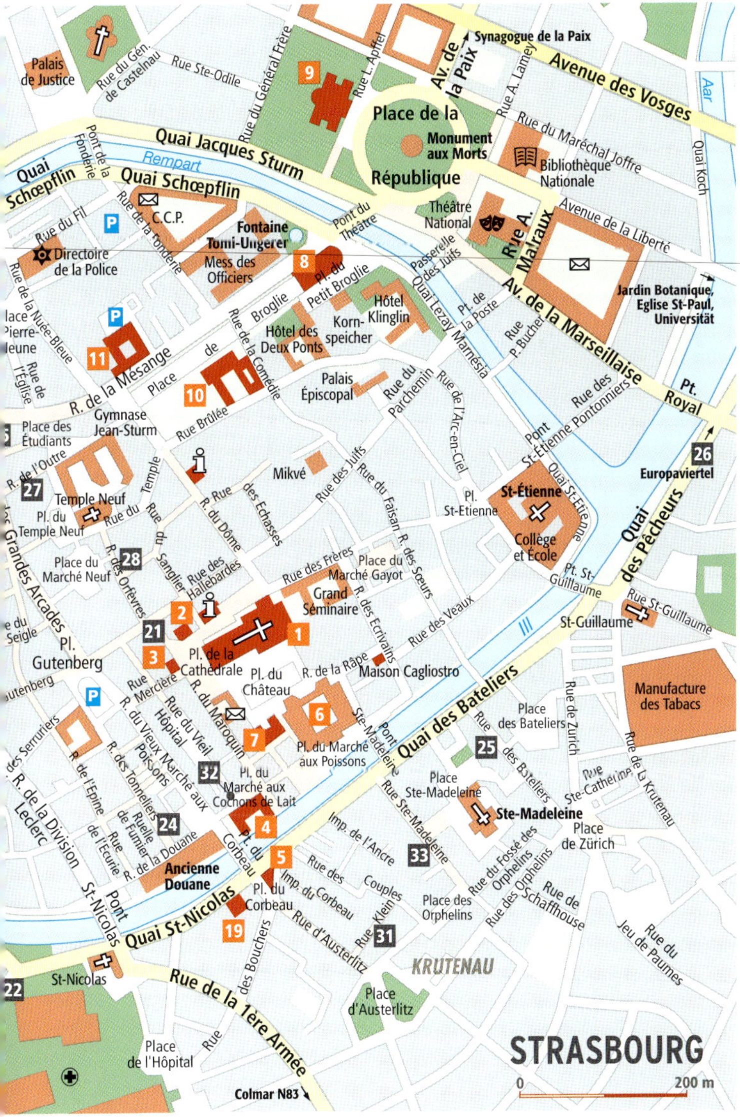
Palais de Justice
Rue du Gén. de Castelnau
Rue Ste-Odile
Rue du Général Frère
Rue L. Apffel
Av. de la Paix
Synagogue de la Paix
Avenue des Vosges
Aar
Rue A. Lamey
Place de la République
Monument aux Morts
Rue du Maréchal Joffre
Bibliothèque Nationale
Quai Koch
Quai Jacques Sturm
Rempart
Pont de la Fonderie
Quai Schœpflin
Quai Schœpflin
C.C.P.
Rue de la Fonderie
Rue du Fil
Directoire de la Police
Fontaine Tomi-Ungerer
Mess des Officiers
Pont du Théâtre
Théâtre National
Rue A. Malraux
Avenue de la Liberté
Passerelle des Juifs
Quai Lezay Marnésia
Pl. du Petit Broglie
Broglie
Hôtel Klinglin
Korn-speicher
Hôtel des Deux Ponts
Rue de la Comédie
Pt. de la Poste
Rue P. Bucher
Av. de la Marseillaise
Jardin Botanique, Eglise St-Paul, Universität
Place Pierre-Jeune
Rue de la Nuée-Bleue
Rue de l'Eglise
R. de la Mésange
Place de
Palais Épiscopal
Rue du Parchemin
Rue de l'Arc-en-Ciel
Rue des Pontonniers
Pt. Royal
Gymnase Jean-Sturm
Place des Étudiants
Rue Brûlée
R. de l'Outre
Mikvé
Rue des Juifs
Pont St-Étienne
26
Europaviertel
Temple Neuf
Pl. du Temple Neuf
Rue du Temple
Rue des Echasses
R. du Dôme
Rue du Faisan
Pl. St-Etienne
St-Étienne
Collège et École
Quai St-Étienne
Quai des Pêcheurs
Grandes Arcades
Place du Marché Neuf
R. des Orfèvres
Rue du Sanglier
Rue des Hallebardes
Rue des Frères
Place du Marché Gayot
R. des Sœurs
Grand Séminaire
Pt. St-Guillaume
Rue St-Guillaume
St-Guillaume
Rue du Seigle
Pl. Gutenberg
Pl. de la Cathédrale
Pl. du Château
R. des Ecrivains
Rue des Veaux
R. de la Râpe
Maison Cagliostro
Manufacture des Tabacs
Rue Mercière
R. du Vieux Marché aux Poissons
Rue du Vieil Hôpital
R. du Maroquin
Pont Ste-Madeleine
Quai des Bateliers
Place des Bateliers
Rue des Bateliers
Rue de Zurich
Rue de la Krutenau
Rue des Serruriers
R. de l'Epine
R. des Tonneliers
Pl. du Marché aux Cochons de Lait
Pl. du Marché aux Poissons
Place Ste-Madeleine
Rue Ste-Catherine
Ste-Madeleine
R. de la Division Leclerc
Rue de l'Ecurie
Ruelle de Fumier
R. de la Douane
Ancienne Douane
Pl. du Corbeau
Imp. de l'Ancre
Rue Ste-Madeleine
Place de Zürich
Rue du Fossé des Orphelins
Rue des Orphelins
Rue de Schaffhouse
Pont St-Nicolas
Quai St-Nicolas
Imp. du Corbeau
Rue des Couples
Rue Klein
Place des Orphelins
Rue du Jeu de Paumes
Rue des Bouchers
Rue d'Austerlitz
KRUTENAU
St-Nicolas
Rue de la 1ère Armée
Place d'Austerlitz
Place de l'Hôpital
Colmar N83
STRASBOURG
0
200 m
1 2 3 4 5 6 7 8 9 10 11 19 21 22 24 25 27 28 31 32 33

Blick vom Straßburger Münster auf Altstadtdächer aus Biberschwanzziegeln

Stadt fast 200 000 Artilleriegeschosse, die 450 Gebäude in Schutt und Asche legten. Nach sieben Wochen der Beschießung kapitulierten die Verteidiger Straßburgs. Die Stadt wurde als Teil des neu geschaffenen Reichslandes Elsass-Lothringen dem deutschen Kaiserreich angeschlossen, was einen Zeitgenossen zu dem bedeutungsschweren Ausspruch veranlasste: »Franzose kann ich nicht sein, Preuße will ich nicht sein, Elsässer bin ich.« 47 Jahre dauerte Straßburgs neue nationale Zugehörigkeit. Am 22. November 1918 rückten französische Truppen in die elsässische Metropole ein. Am 28. Juni 1940 hallten die Marschtritte nationalsozialistischer Stiefel durch die Straßen der Münsterstadt. Und am 23. November 1944 hielten dann wiederum die Truppen des französischen General Leclerc Einzug – Glanz und Elend einer Grenzstadt.

Das moderne Straßburg

Ein Platz in der City steht in einem besonderen Zusammenhang mit der Geschichte. Auf der Place de la République, unter dem Namen ›Kaiserplatz‹ einst das machtpolitische Zentrum des wilhelminischen Straßburg, steht ein Kriegerdenkmal, das man als eindringliche Mahnung verstehen kann: Mutter Elsass hält zwei tote Söhne in ihren Armen. Der eine ließ auf deutscher, der andere auf französischer Seite sein Leben.

Nach 1945 veränderte sich Straßburg auf vielfältige Weise, nicht zuletzt durch seine Karriere als politische Schaltzentrale Europas mit Sitz des Europarates, Tagungsort des Europaparlaments und mehreren anderen europäischen Einrichtungen (s. S. 76f.). An der Peripherie entstanden Satellitenstädte mit lieblos hochgezogenen Wohnsilos für ausländische Minderheiten, Brutstätten von Arbeitslosigkeit, Armut und Perspektivlosigkeit. Schon in mehreren Silvesternächten machten Jugendgangs aus diesen Problemvierteln Randale und zündeten geparkte Autos an. Der mittelalterliche Stadtkern mit seinen denkmalgeschützten Häusern und Palästen im Umkreis des Münsters, den man am besten zu Fuß erkundet, blieb von städtebaulichen ›Neuerungen‹ wie am Stadtrand glücklicherweise verschont.

Das Straßburger Münster

1 Gerühmt und bewundert als eine der herausragenden Architekturleistungen des Abendlandes, steht das Münster natürlich im Mittelpunkt eines Straßburg-Besuches. Die Errichtung der dreischiffigen Basilika begann 1176. Den abschließenden Teil der Arbeiten bildete der 1439 vollendete Turm, der mit 142 m Höhe bis ins 19. Jh. hinein als höchster Bau der Christenheit galt.

Gemeinhin verbindet man mit dem Münster vor allem die Namen Erwin von Steinbach und Ulrich von Ensingen. Aber die lange Bauzeit von rund 250 Jahren macht deutlich, dass Generationen von Baumeistern und Heerscharen von Arbeitern mit der Ausführung der gewaltigen Kathedrale betraut gewesen sein müssen. Vermutlich entwarf Erwin von Steinbach das kunstvolle Portal und die berühmte Rose der Westfassade.

Vom Vorgängerbau, einer unter Bischof Werinher von Habsburg im Jahr 1015 begonnenen romanischen Kirche, überdauerte nur ein Teil der Krypta die Zeit. Das heutige Münster erhebt sich auf den Fundamenten dieser Kirche, die mehrmals durch Brände beschädigt worden war, ehe man 1176 beschloss, sie durch ein neues Gotteshaus zu ersetzen. Elf Jahre später, als eine päpstliche Delegation in Straßburg mit Kaiser Friedrich Barbarossa zusammentraf, war schon ein beachtlicher Teil des Querhauses fertig gestellt, und bis Mitte des 13. Jh. war auch der Chor vollendet. Der Umbau des Langhauses dauerte bis 1275, ehe dann Westwerk, Turmspitze sowie die Seitenflügel des Querschiffs in Angriff genommen wurden. Die Diskussionen um die Fertigstellung eines zweiten Turmes dauerten so lange, dass man sich schließlich an die Einturmfassade als Straßburger Spezifikum gewöhnt hatte und dieses Wahrzeichen der Münsterstadt am Rhein auch nicht mehr zu verändern gedachte.

Veränderungen ganz anderer Art brachte die Französische Revolution mit sich. Für Fanatiker passte der er-

Die Astronomische Uhr im Münster

habene Bau nicht in die neue Zeit. Sie plädierten dafür, den Turm abzutragen. Dass es dazu nicht kam, ist gewitzten Straßburgern zu verdanken, die ihn mit einer Blechverschalung umgaben, um ihm dadurch das Aussehen einer gigantischen Jakobinermütze zu geben. Die Zerstörung vieler Skulpturen ließ sich jedoch nicht verhindern.

Gotisches Wunderwerk

Als Meisterwerk gotischer Baukunst und -plastik gilt die **Westfassade** des Münsters mit dem Hauptportal und der 16-blättrigen Rose, die einen Durchmesser von 15 m hat. Im Tympanon, dem Bogenfeld über dem Türsturz des Portals, ist auf vier Querfeldern die Passionsgeschichte dargestellt. Der Löwenthron Salomos darüber und Maria mit Kind in der Giebelspitze sind Kopien. In Stein gemeißelte biblische Szenen schmücken die Bogenläufe, ein Zyklus der Propheten das Portalgewände. Über der Rose sieht man eine Apostelgalerie und an der Fassade der Glockenstube die Darstellung des Weltgerichts. Ein Teil des Skulpturenschmucks um das Portal, der vorwiegend aus den beiden letzten Dekaden des 13. Jh. stammt, wurde während der Französischen Revolution zerstört und später nachgebildet. Teilweise handelt es sich aber auch um Kopien von Stücken, deren Originale heute aus konservatorischen Gründen im Musée de l'Œuvre Notre-Dame, der früheren Münsterbauhütte, ausgestellt sind (s. S. 77).

STRASSENGESCHICHTEN

Der Blick auf den Stadtplan macht stutzig: Viele Straßen, Gassen und Plätze tragen teils merkwürdige, teils amüsante Namen. Liegt es bei Bezeichnungen wie Rue des Serruriers (Schlosserstraße) oder Rue du Vieux-Marché-aux-Vins (Straße zum Alten Weinmarkt) nahe, auf ein Handwerk oder eine Funktion zu schließen, so ahnt man kaum, was es etwa mit dem Namen **Rue du Renard Prêchant,** zu deutsch ›Wo der Fuchs den Gänsen predigt‹, auf sich hat. Die Straße liegt im Südosten der Altstadt, in einem im Mittelalter von zahlreichen Kanälen durchzogenen Wohnviertel, wo ein bettelarmer Fischer namens Fuchs lebte. Da der Mann alle Not hatte, die hungrigen Mäuler seiner Kinder zu stopfen, lockte er eines Tages mit Rufen und Futterhappen die fetten Gänse eines Nachbarn heran, die auf den Kanälen schwammen. Zwar gelang dem listigen Fuchs der ungesetzliche Fang, doch brachte ihn die Obrigkeit dafür hinter Gitter.

In derselben Stadtgegend liegt an der Rue de Zurich die **Place du Pont aux Chats,** der Katzenbrückleinplatz. Im Mittelalter verlief durch die heutige Züricher Straße noch ein kleiner Wasserlauf, und dort, wo sich der Platz befindet, führte ein so schmaler Steg über das Flüsslein, dass einmal sogar eine Trauergesellschaft samt Totenwagen hinabstürzte. Die Brücke war eben nur breit genug für ein paar Katzenpfoten.

Eine ganz andere Geschichte besitzt die **Rue de Fil,** die ›Fadenstraße‹, in der sich seit Jahrzehnten die Straßburger Gefängnisanstalt befindet. Früher konnte man alteingesessene Straßburger Landstreichern auf Elsässerdeutsch »Fadegass, Fadegass!« zurufen hören – ein unmissverständlicher Hinweis darauf, wo man die Betreffenden am liebsten gesehen hätte.

In der Nähe der Place Kléber liegt die **Place de l'Homme de Fer,** der ›Platz des Mannes aus Eisen‹. Die Bezeichnung geht auf den Werbegag eines mittelalterlichen Waffenschmieds zurück, der vor seinem Haus als ›Firmenzeichen‹ eine Menschenfigur in Ritterrüstung anbrachte. Diese ›eiserne‹ Werbeidee ist heute im Historischen Museum ausgestellt. Die Landsknechtsstatue, die heute die Stellung hält, ist eine Kopie.

Schließlich hat auch die Bezeichnung **La Petite France** für Straßburgs Renommierviertel einen ›besonderen‹ Ursprung. Dort, wo heute wunderschön restaurierte und wieder aufgebaute Fachwerkhäuser ihre Schatten auf die Pflastergassen werfen und die Touristenmassen im Sommer den Elsässer Wein probieren, befand sich Ende des 15. Jh. ein Spital. Hier heilten die Soldaten von König Karl VIII. ihre Geschlechtskrankheiten aus, die sie sich in Italien bei der Eroberung des Königreichs Neapel in den Jahren 1494/95 zugezogen hatten. Südlich der Alpen nannte man diese Krankheit ›die französische‹, was sich auf das Krankenhausviertel übertrug.

Am linken Westportal wird im Gewände der Sieg der Tugenden über die Laster symbolisiert, und am rechten Westportal beeindrucken vor allem die klugen und törichten Jungfrauen. Einer Legende zufolge wurden einige Bildwerke der Westfassade von Erwin von Steinbachs Tochter Sabine geschaffen. Belege dafür gibt es ebenso wenig wie für ihre bloße Existenz.

Das älteste Portal des Münsters, das **Portail de l'Horloge** (Uhrenportal, um 1220), befindet sich auf der Südseite. Die Bildwerke dieses dem Baustil nach romanischen Doppeleingangs zählen zu den schönsten des Münsters. Im linken Tympanon ist der Marientod dargestellt, rechts die Marienkrönung. Die Originale der Synagoge mit verbundenen Augen sowie der Ecclesia stehen ebenfalls in der früheren Münsterbauhütte.

Das spätgotische **Laurentius-Portal** an der Nordseite ist mit Statuen der Gottesmutter, der heiligen drei Könige sowie des heiligen Laurentius geschmückt, die Hans von Aachen schuf.

Im Innern des Münsters

Nicht nur kunsthistorisch Interessierte sollten auch das Innere des Prachtbaus besichtigen. Das 32 m hohe dreischiffige und siebenjochige **Langhaus** entstand etwa zwischen 1240 und 1275. Der gesamte Kirchenraum, in dem auch die Johanneskapelle aus dem frühen 13. Jh., die Katharinenkapelle aus dem 14. Jh. und die Laurentiuskapelle aus dem frühen 16. Jh. Aufmerksamkeit verdienen, besticht durch seine großartige Architektur. Unter den Glasgemälden finden sich die so genannnten ›Kaiserfenster‹, vor allem im nördlichen Querhaus. Besonders sehenswert sind auch die spätgotische Steinkanzel, der so genannte **Engelspfeiler,** der das Gewölbe des südlichen Querschiffes trägt und mit einer Darstellung des Jüngsten Gerichts geschmückt ist, sowie die **Astronomische Uhr,** die in der zweiten Hälfte des 16. Jh. nach Plänen des Mathematikers Conrad Dasypodius von einem Schaffhauser Brüderpaar gebaut wurde. Im Original erhalten ist das 18 m hohe Gehäuse. Das Uhrwerk wurde zwischen 1834 und 1842 vom Uhrengenie Jean-Baptiste Schwilgué erneuert.

Der Münsterplatz

Während der Hauptsaison wird der gepflasterte Münsterplatz (Place de la Cathédrale), das historische Stadtzentrum, zur Freilichtbühne für Schauspieler und Schnellzeichner, für Straßenmusikanten und Feuerschlucker, Pantomimen und ›Electric Men‹, die mit mechanischen Bewegungen die Touristenscharen unterhalten.

Neben dem Münster steht eines der schönsten Bürgerhäuser der Stadt, die **Maison Kammerzell** 2 aus dem Jahr 1589 (s. S. 37). Kein anderer Fachwerkbau im Elsass ist so reich mit Holzschnitzereien von biblischen Gestalten und Helden der Antike geschmückt, wie sie in der Renaissance beliebt waren. Sehenswert ist auch die von 1268 stammende **Pharmacie du Cerf** 3 an

Abends wird es romantisch auf dem Münsterplatz

der Ecke zur Rue Mercière, Frankreichs älteste Apotheke. In der Rue Mercière stehen weitere historische Häuser aus dem 16. und 17. Jh., darunter Haus Nr. 8 mit einem schönen Balkon aus dem 18. Jh. Vor dem Münster gibt es zahlreiche Straßenlokale, in denen man bei einer Tasse Kaffee oder einem Glas Wein das grandiose Ambiente des gepflasterten Platzes auf sich wirken lassen kann – ein Muss in Straßburg.

Entlang der Ill

Um das historische Zentrum zu erkunden, bietet sich ein Spaziergang um die vom Flüsschen Ill umschlossene Altstadtinsel an. Von diesem Weg aus lassen sich über kleine Abstecher die bedeutendsten Sehenswürdigkeiten der Stadt erreichen. Vom Münsterplatz führt die gepflasterte Rue du Maroquin mit ihren zahlreichen typisch elsässisch hergerichteten Touristenrestaurants zur **Place du Marché aux Cochons de Lait,** dem alten Ferkelmarkt, an dem etliche Fachwerk- und Renaissancebauten aus dem 17. und 18. Jh. stehen. Am prächtigsten zeigt sich Haus Nr. 1 aus dem Jahr 1617.

An der Ill legen neben der Ancienne Boucherie Barkassen zu Stadtrundfahrten ab. In dem Prachtgebäude aus dem 16. Jh. ist das **Musée Historique** [4] mit Ausstellungen zur Stadtgeschichte untergebracht (z. Z. wegen Umbauarbeiten geschlossen, die Wiedereröffnung ist für 2006 vorgesehen). Über den Pont du Corbeau gelangt man zum **Cour du Corbeau** [5], einem idyllischen Renaissance-Anwesen aus dem 16. Jh. In dem früheren Gasthof mit wunderschönen Holzgalerien kehrten so illustre Persönlichkeiten wie Voltaire, Friedrich der Große und Kaiser Joseph II. von Österreich ein. Aus dem alten Gemäuer soll ein neuer Hotel- und Restaurantkomplex entstehen.

Vom Pont du Corbeau wurden früher Verbrecher in Käfigen im Wasser der Ill untergetaucht. Je schwerer die Tat, desto länger die Prozedur, die nicht selten zum Tode führte. An der Ill entlang geht es zur **Place du Marché aux Poissons,** wo sich ehemals der Fischmarkt befand.

Jenseits einer breiten Terrasse befindet sich das mit korinthischen Säulen an der Hauptfassade geschmückte **Palais Rohan** 6, die ehemalige Residenz der Fürstbischöfe aus dem Hause Rohan-Soubise, erbaut zwischen 1732 und 1742 von Robert de Cotte. Der Komplex beherbergt das Museum der Schönen Künste, das Museum der Dekorativen Künste und das Archäologische Museum (s. S. 77). Gleich nebenan befindet sich in der ehemaligen Münsterbauhütte das **Musée de l'Œuvre Notre-Dame** 7 (s. S. 77).

Ein schmaler, mit Steinplatten ausgelegter Fußweg führt weiter direkt an der Ill entlang. Sobald man die Flussverzweigung erreicht hat, steigt man über eine Treppe zum Quai St-Etienne hoch und folgt dem Fossé du Faux-Rempart bis zum neoklassizistischen **Stadttheater** 8, das nach dem Deutsch-Französischen Krieg 1872–75 wieder aufgebaut wurde. In der Nachbarschaft befindet sich der von Tomi Ungerer zum 2000-jährigen Jubiläum Straßburgs entworfene **Brunnen mit Januskopf.**

Gourmet-Meile

Schwelgen im elsässischen Gourmet-Himmel: Die **Rue des Orfèvres** mit den umliegenden Straßen macht's möglich. Mitten im historischen Kern konzentrieren sich Straßburgs renommierteste Delikatessengeschäfte mit Schaufensterauslagen, die jedem Passanten das Wasser im Mund zusammenlaufen lassen. Die besten Adressen: La Boutique d'Antoine Westermann (1, rue des Orfèvres), Fromagerie Au Vieux Gourmet (3, rue des Orfèvres), Pâtisserie Naegel (9, rue des Orfèvres), Boucherie Frick Lutz (16, rue des Orfèvres) und Pâtisserie Christian (10, rue Mercière).

Place de la République

Über den Pont du Théâtre bietet sich nun ein kleiner Abstecher ins wilhelminische Zeitalter an. Im Quartier Allemand stehen repräsentative Gebäude im Stil des deutschen Neoklassizismus um die **Place de la République** mit dem bekannten Denkmal der Mutter Elsass und ihrer beiden toten Söhnen. Die Nordseite des Platzes begrenzt die **Präfektur** des Départements Bas-Rhin, an der Ostseite steht die im letzten Jahrzehnt

Straßburg

Stimmungsvoll dekoriertes Schaufenster ins Fachwerkzeitalter: La Petite France

des 19. Jh. errichtete **Bibliothèque Nationale et Universitaire.** An der Westseite erhebt sich das als kaiserlicher Wohnsitz 1889 fertig gestellte **Palais du Rhin** 9, in dem die Zentralkommission für die Rheinschifffahrt ihren Sitz hat.

Place Broglie

Am Théâtre Municipal vorbei führt der Weg zur platanenbestandenen Place Broglie mit dem **Rathaus** 10, vor dem alljährlich ein Weihnachtsmarkt stattfindet. Der Platz ist zugleich Geburtsstätte der französischen Nationalhymne: Im Gebäude der **Banque de France** 11, seiner Zeit Wohnung des ersten Bürgermeisters, erklang 1792 zum ersten Mal die Marseillaise.

Am Ende des von herrschaftlichen Gebäuden umgebenen Platzes biegt rechts die Rue de la Nuée-Bleue zur 700 Jahre alten **Eglise St-Pierre-le-Jeune** 12 ab. Eine Gruft aus der Merowingerzeit mit fünf Bestattungsnischen unter dem südlichen Seitenschiff weist auf einen Vorgängerbau aus dem 7. Jh. hin. Das heutige, im 13. Jh. errichtete Gotteshaus präsentiert sich als vierschiffige gotische Pfeilerbasilika. Die Fundamente des Glockenturms gehen auf einen 1050 eingeweihten romanischen Bau zurück. Der Innenraum wurde Ende des 19. Jh. im neugotischen Stil gestaltet. Die Petite Rue de l'Eglise führt vom Vorplatz der Kirche über die Rue des Grandes-Arcades zur Place Kléber.

Place Kléber

Dieser zentrale Platz ist dem Straßburger General Jean-Baptiste Kléber gewidmet, der im Juni des Jahres 1800 als Oberbefehlshaber Napoleons in Kairo ermordet wurde. Das kleine **Denkmal** ist zugleich Grabstätte des Generals. Die **Aubette** 13, die ehemalige Hauptwache an der Nordseite des Platzes, wurde im 18. Jh. von Architekt Jean-François Blondel erbaut.

St-Pierre-le-Vieux

Von hier aus geht man zu den Quais am Fossé du Faux-Rempart und folgt ihm nach links. Entlang dieses Verteidigungsgrabens wurde im 12. Jh. eine Mauer errichtet, die der Stadterweiterung im 14. Jh. weichen musste. Den Graben ließ man mit dem Wasser der Ill vollaufen. Unweit des Ufers liegt die **Eglise St-Pierre-le-Vieux** 14 am gleichnamigen Platz. Die Kirche ist ein Unikum, weil Schiff und Chor durch eine Mauer voneinander getrennt wurden, ehe man das Gotteshaus auf Anordnung des Sonnenkönigs im Jahre 1681 auch funktional so aufteilte, dass die Protestanten für ihre Gottesdienste das Schiff, die Katholiken den Chor erhielten. Erst knapp 200 Jahre später baute die katholische Gemeinde an der alten Stelle eine neue Kirche.

Ponts Couverts

Fachwerkviertel mit Flair: La Petite France

Am Fluss entlang gelangt man nach **Petite France,** einem malerischen Stadtteil mit krummen Pflastergassen, verwinkelten Höfen und idyllischen Wasserwegen, wo sich in der Hauptsaison die Touristen auf die Füße treten, sofern sie sich nicht von den Ausflugsbarkassen durch die Kanäle chauffieren lassen. Früher galt dieses älteste Wohn- und Handwerkerviertel der Stadt als verrufen, es stank nach Gerberei, Abfall und billigem Fusel, der in den düsteren Spelunken in Strömen floss. Heute ist La Petite France das aufgemöbelte und stimmungsvoll dekorierte Schaufenster Straßburgs ins Fachwerkzeitalter. In den Restaurants gehen Gäste aus aller Welt aus und ein. Hauptstraße dieses Postkartenviertels ›Klein-Frankreich‹ ist die **Rue du Bain aux Plantes** mit sehenswerten Bauten. Das Haus Nr. 25, in dem

DER POLITISCHE NABEL EUROPAS

Seit Straßburg im Mai 1949 auf Vorschlag des britischen Außenministers Bevin zum Sitz des Europarates auserkoren wurde, gilt die Münstermetropole als *›carrefour de l'Europe‹*, als Straßenkreuzung Europas. Der 46 Mitgliedstaaten zählende Rat ist Hüter der gemeinsamen Werte Europas, der Menschenrechte, der Rechtsstaatlichkeit und der Demokratie, außerdem ein Forum zur Schaffung gemeinsamer Rechtsgrundlagen und Instrument zur Förderung der kulturellen Zusammenarbeit in Europa (Besuche beim Europarat nur nach Voranmeldung unter: Besucherservice, Europarat, F-67075 Strasbourg Cedex, Tel. 03 88 41 20 29, Fax 03 88 41 27 54, visites@coe.int). Zugleich ist Straßburg die Adresse der Europäischen Menschenrechtskommission und des Europäischen Gerichtshofs für Menschenrechte. Beide Institutionen sind im Palais des Droits de l'Homme untergebracht. Der **Europäische Gerichtshof für Menschenrechte,** der als Organ des Europarates seit

Spannende Architektur am Illufer – das neue Europaparlament

1959 existiert, setzt sich aus je einem Richter der Mitgliedsstaaten zusammen. Seine Aufgabe ist es, über Auslegung und Anwendung der Europäischen Menschenrechtskonvention zu entscheiden. Er kann von den Mitgliedsstaaten wie von Einzelpersonen angerufen werden.

In Straßburg tagt auch das **Europaparlament,** dessen 732 Abgeordnete 456 Millionen Bürger in den 25 Mitgliedsländern der Europäischen Union vertreten. Gesetzgebende Kompetenzen besitzt die Versammlung nicht. Die Abgeordneten treten in einem 1999 eingeweihten Riesenbau zusammen, der einen Innenhof wie eine Burgmauer umschließt (Anmeldungen für Besuchergruppen: Europäisches Parlament, Außenstelle Straßburg, B. P. 1024, 67070 Strasbourg Cedex, Fax 03 88 17 51 84, vissem@europarl.eu.int.

Außer den bekannten europäischen Institutionen haben weitere Einrichtungen ihren Sitz in der Europastadt: das Europäische Jugendzentrum, das Internationale Institut für Menschenrechte, die Zentralkommission für die Rheinschifffahrt, die Europäische Wissenschaftsstiftung, die Europäische Regionalversammlung und das Europäische Zentrum für regionale Entwicklung.

sich heute das Restaurant ›Lohkäs‹ befindet, stammt ebenso aus dem 16. Jh. wie Haus Nr. 27.

Altstadtpanorama

Von Petite France zu den **Ponts Couverts** 15 ist es nur ein Katzensprung. An einem der vier schmalen Illkanäle entlang erreicht man die früher einmal überdachten drei Brücken, von denen aus die Illarme durch Fallgitter zu Verteidigungszwecken blockiert werden konnten. Zwischen den Brücken erheben sich trutzige Türme aus dem 13. bis 15. Jh.

Platz mit Studentenflair

Mit den drei Universitäten Louis Pasteur, Marc Bloch und Robert Schuman und fast 38 000 Studenten, darunter 5850 aus dem Ausland, gilt Straßburg nach Paris als die am stärksten international geprägte Universitätsstadt von Frankreich. Neben dem universitären Betrieb machen dies viele studentische Kultureinrichtungen sowie Kneipen und Cafés deutlich, in denen junge Leute verkehren. Ein beliebter Treffpunkt ist die **Place du Marché Gayot** mit zahlreichen Lokalen, in denen Kellnerinnen die Vorlesungen halten und Speisekarten als Seminarskripte dienen.

Gegenüber den Ponts Couverts überspannt **La Grande Ecluse** 16 die Ill. Das Große Wehr gehört zu den von Vauban Ende des 17. Jh. errichteten Verteidigungsanlagen, Wällen, Vorwerken und Kasematten, die Straßburg in seinen dunkelsten Zeiten allesamt wenig nützten. Von der **Aussichtsterrasse** auf dem Wehr hat man einen wunderschönen Blick auf das Flüsschen Ill, auf die alten Ponts Couverts, die schrägen Dächer von La Petite France und am Stadthorizont auf den schlanken Turm des Straßburger Münsters.

St-Thomas und die Place Gutenberg

Nach dem Überqueren des Pont St-Martin führt unser Stadtrundgang zur **Eglise St-Thomas** 17 aus dem frühen 13. Jh. Diese Kirche, im 14. Jh. zu einer fünfschiffigen Halle ausgebaut, hat Geschichte gemacht, da sich ihre Gemeinde als erste Straßburgs zur Reformation bekannte. Mit einer Vielzahl an Grabmälern im Innern bildet sie zugleich eine Art überdachten Friedhof. Die monumentale Grabstätte des 1750 verstorbenen Marschalls Moritz von Sachsen, der in den Diensten Ludwigs XV. stand und sich vor allem im Österreichischen Erbfolgekrieg auszeichnete, ist mit Bildwerken des Künstlers Jean-Baptiste Pigalle (1714–85) geschmückt, der barocke Gestaltung und Formen des beginnenden Klassizismus meisterlich zu verbinden wusste.

Der kürzeste Weg zurück zum Münster führt über die Rue des Serruriers zur **Place Gutenberg,** benannt nach dem Erfinder des Buchdrucks. Gutenberg, dem hier ein Denkmal errichtet wurde, lebte und arbeitete zehn Jahre lang in Straßburg. Vom Platz hat man durch die Rue Mercière einen Postkartenblick auf die prächtige Gotikfassade des Münsters. Alternativ kann man von der Eglise St-Thomas entlang der Ill über den Quai St-Thomas gehen und dann von der Rue de la Douane nach links in den Straßenzug Rue de l'Ecurie/Rue de l'Epine einbiegen. Dort stehen stattliche Bürgerhäuser, im 17. und 18. Jh. für Geschäftsleute erbaut, die häufig mit dem Zoll zu tun hatten und deshalb in der Nähe wohnen wollten.

Museen

Die bedeutendsten Museen der Stadt sind unter Tel. 03 88 52 50 00 (www.musees-strasbourg.org) zu erreichen und, falls nicht anders vermerkt, Di–So 10–18 Uhr geöffnet:

Musée Historique 4, 3, pl. de la Grande-Boucherie: Exponate zur Stadtgeschichte aus Mittelalter und Reformationszeit (wegen Umbauarbeiten bis 2006 geschlossen).

Musée de l'Œuvre Notre-Dame 7, 3, pl. du Château (südlich der Kathedrale): Ehemalige Münsterbauhütte mit Malereien und Skulpturen, Kirchenfenstern und Mobiliar aus dem Elsass des Mittelalters und der Renaissance. Hier sind etliche Originalskulpturen des Straßburger Münsters zu sehen, die am Bau als Kopien vorhanden sind, angefertigt von den über zwei Dutzend Steinmetzen, die heute noch durch verschmutzte Luft zerstörte Teile des Münsters ersetzen.

Palais Rohan 6, 2, pl. du Château: Im Erdgeschoss dieses großartigen Baus (s. S. 69) befinden sich repräsentative Säle, **Großes und Kleines Appartement** genannt, deren Innendekoration aus dem 18. Jh. stammt. Im ersten und zweiten Stock des Hauptgebäudes zeigen die Sammlungen des **Musée des Beaux-Arts** italienische, spanische, französische und niederländische Gemälde unterschiedlicher Epochen. Hier finden sich Werke von Baldung Grien, Grünewald und Schongauer ebenso wie Gemälde von Fra Angelico, Botticelli, Tintoretto, Caravaggio, Goya, Zurbarán, El Greco, Rubens, van Dyck, Watteau, Fragonard oder Brueghel. Das **Musée Archéologique** stellt in 28 Sälen des Untergeschosses Exponate aus der Frühzeit und dem ersten nachchristlichen Jahrtausend aus. Zu den Sammlungen des **Musée des Arts Décoratifs** im rechten Flügel gehören Fayencen und Porzellanarbeiten, auch aus Straßburg und Niderviller, sowie Goldschmiedearbeiten und Möbel.

L'Aubette 13, pl. Kléber, Tel. 03 88 60 90 90, Anschluss 85 75: In dem legendären, vom Künstlertrio Theo van Doesburg, Hans Arp und Sophie Taeuber-Arp gestalteten, im Originalstil restaurierten Bau mit avantgardistischer Innenarchitektur finden heute kulturellen Veranstaltungen statt.

Musée d'Art Moderne et Contemporain 18, 1, pl. Hans Arp (Di–Sa 11–19, Do 12–22, So 10–18 Uhr): Das

Haus besitzt bedeutende Werke moderner Klassik und zeitgenössischer Kunst. Eine eigene Galerie ist dem Sohn der Stadt Gustave Doré (1832–83) gewidmet.

Musée Alsacien 19, 23, quai St-Nicolas: Kunsthandwerk und Volkskunst aus dem Elsass in drei Gebäuden.

Centre Tomi Ungerer 20 20, 4, rue de la Haute Montée, Tel. 03 88 32 31 54, Do 10–12 u. 14–18 Uhr: Die Ausstellung zeigt einen Teil des Werkes des elsässischen Künstlers Tomi Ungerer.

Office du Tourisme: 17, pl. de la Cathédrale, Tel. 03 88 52 28 28, Fax 03 88 52 28 20, www.ot-strasbourg.fr.
Pavillon d'Accueil, pl. de la Gare, Tel. 03 88 32 52 28, und am Pont de l'Europe (Europabrücke nach Kehl), Tel. 03 88 61 39 23, Mo–Fr 9–12.30, 13.45–18 Uhr. Sa ist nur das Büro an der Place de Cathédrale geöffnet.
An beiden Stellen ist für 9,90 € pro Person der **Strasbourg-Pass** erhältlich, der drei Tage gültig ist und Vergünstigungen wie ein Leihrad für einen Tag, freien Eintritt für ein Museum der eigenen Wahl, eine kommentierte Schiffsrundfahrt sowie mehrere Preisermäßigungen beinhaltet.

Hôtel Cathédrale 21**:** 12, pl. de la Cathédrale, Tel. 03 88 22 12 12, Fax 03 88 23 28 00, www.hotel-cathedrale.fr. Wer mit Blick aufs Münster einschlafen und sich von den Glockenschlägen der Kathedrale wecken lassen will (das klappt wegen des Schallschutzes nur bei geöffnetem Fenster), ist hier am richtigen Platz. Für die Standardeinrichtung entschädigt der prächtige Blick nach draußen. DZ 75–140 €.
Hôtel du Dragon 22**:** 2, rue de l'Ecarlate, Tel. 03 88 35 79 80, Fax 03 88 25 78 95, hotel@dragon.fr. Das ruhige, komplett renovierte Haus aus dem 18. Jh. hat zum Teil kleine, aber modern und wohnlich ausgestattete Zimmer, 10 Fußminuten zu Fuß zum Münster. DZ 76–108 €.
Hôtel Pax 23**:** 24–26, rue du Faubourg-National, Tel. 03 88 32 14 54, Fax 03 88 32 01 16, www.paxhotel.com. Aus zwei Gebäuden bestehendes Hotel, zwischen Bahnhof und Petite France gelegen, mit geräumigen Zimmern und gutem Restaurant mit elsässischer Küche. DZ ab 56 €.
Hôtel Cruche d'Or 24**:** 6, rue des Tonneliers, Tel. 03 88 32 11 23, Fax 03 88 21 94 78. Kleines Haus in der Fußgängerzone mit 15 adretten Zimmern. DZ 49–54 €.
Hôtel de l'Ill 25**:** 8, rue des Bateliers, Tel. 03 88 36 20 01, Fax 03 88 35 30 03. Einige Schritte vom Stadtzentrum in einer ruhigen Nebenstraße. Ein kleiner Wermutstropfen: Die Zimmer sind sehr klein. DZ 38–58 €.
Zahlreiche preisgünstigen **Motels** liegen am Stadtrand in der Nähe von Centres de Commerce.
Jugendherbergen:
Auberge de Jeunesse R. Cassin: 9, rue de l'Auberge-de-Jeunesse, Tel. 03 88 30 26 46. Einfacher, zweistöckiger Wohnblock.
Auberge de Jeunesse du Parc du Rhin: rue des Cavaliers, Tel. 03 88 45 54 20, Fax 03 88 45 54 21. 220 Betten in 66 Zimmern. Die Herberge liegt 4 km außerhalb.

Buerehiesel 26**:** 4, parc de l'Orangerie, Tel. 03 88 61 62 24, Di abend/Mi Ruhetag. Ein echtes Highlight unter den Gourmet-Treffs im Elsass, etwa mit traumhaften Fasanenfilets, Zander und Räucheraal auf Sauerkrautbett. Menü ca. 130 €.
Au Crocodile 27: 10, rue de l'Outre, Tel. 03 88 32 13 02, www.au-crocodile.com, So/Mo Ruhetag. Küchenchef Émile Jung, 1989 zum besten Koch Frankreichs gekürt, hat seit damals nichts verlernt.

Sein Gourmet-Restaurant zählt zum besten, was Straßburgs Gastronomie zu bieten hat. Nicht nur die kulinarischen Spezialitäten sind königlich, auch die Preise. Menü ca. 95 €.

Le Clou 28: 3, rue du Chaudron, Tel. 03 88 32 11 67, Mi Mittag und So Ruhetag und zwei Wochen im Aug. geschl. Populärer Treff passionierter Weinstubenhocker mit Appetit auf ungekünstelte elsässische Küche. Menü ab 29 €.

Le Festin de Lucullus 29: 18, rue Ste-Hélène, Tel. 03 88 22 40 78, So/Mo Ruhetag. Man merkt den Speisen an, dass sie aus frischen Zutaten zubereitet sind. Menü ab 13 €.

Sidi Bou Saïd 30: 22, rue du Vieux Marché aux Vins, Tel. 03 88 22 17 17, Mo Ruhetag. Das älteste orientalische Restaurant der Stadt bietet ausgezeichnete nordafrikanische Spezialitäten wie Couscous-Gerichte mit unterschiedlichen Fleischsorten. Menü 15–25 €.

Le Gavroche 31: 4, rue Klein, Tel. 03 88 36 82 89, Sa mittag, So und Mo mittag Ruhetag. Die Besitzer erinnern mit diesem kleinen Restaurant an die Pariser Bistro-Szene der 1950er Jahre. Zu den Spezialitäten zählen Zander-Ravioli mit Pfifferlingen und in Sauerkraut eingelegte Knusperente mit Ahornsirup. Menü ab 15 €.

Strissel 32: 5, pl. de la Grande-Boucherie, Tel. 03 88 32 14 73, So/Mo Ruhetag. So stellt man sich ein typisch elsässisches Restaurant vor, und so soll die Hausmannskost der Region wie Baeckeoffe (nur auf Vorbestellung am Freitagabend) schmecken. Gericht ca. 14 €.

La Coccinelle 33: 22, rue Ste-Madeleine, Tel. 03 88 36 19 27, Sa mittag und So Ruhetag. Wer typisches Weinstubenflair und deftige elsässische Küche mit Leberknöpfle, Wädele, gepökelter Schweineschulter und Kartoffelgratin mit Munsterkäse genießen will: Dies ist der richtige Platz. Menü 19–35 €.

Poëles de Carottes 34: 2, pl. des Meuniers, Tel. 03 88 32 33 23, So Ruhetag. Vegetarisches Restaurant in La Petite France mit großer Auswahl an Gerichten wie Salaten, Kartoffelgratin mit Sahne- oder Tomatensauce, Pizzen und leckeren Desserts. Menü ab 10 €.

Flunch 35: 31, place-Kléber, Tel. 03 88 22 39 22, tägl. 8–22 Uhr. Zentral gelegenes Schnellrestaurant einer französischen Kette mit typischen Fast-Food-Gerichten, Salaten und Süßgetränken. Menü 7,90–14,90 €.

Quer durch die Altstadt verläuft mit der **Rue des Grandes Arcades** eine Shoppingmeile mit vielen Fachgeschäften. Auch die **Rue des Juifs** lohnt sich für einen Einkaufsbummel oder eher fürs Windowshopping in Anbetracht der deftigen Preise. Sa **Bauernmarkt** auf der Place du Vieux-Marché-aux-Poissons.

Theater: Straßburg hat eine beachtliche ›Theaterlandschaft‹. Das **Théâtre National de Strasbourg** (1, ave. de la Marseillaise, Tel. 03 88 24 88 24) ist das einzige in einer Regionalmetropole angesiedelte französische Nationaltheater. Es wird von der Regierung subventioniert. Das **Théâtre Strasbourg** (1, rue de Bourgogne, Tel. 03 88 39 23 40) tritt mit tänzerischem und musikalischem Programm auf. Als gemeinsam von Straßburg, Colmar und Mulhouse getragene Einrichtung stellt dort auch die **Opéra du Rhin** (Tel. 03 88 75 48 23) Opern, Schauspiele und Ballette vor.

Zu den kleineren Bühnen gehören **Le Maillon** (13, pl. André-Maurois, Tel. 03 88 27 61 71), **Pôle Sud** (1, rue de Bourgogne, Tel. 03 88 39 23 40), das **Kindertheater Jeune Public** (7, rue des Balayeurs, Tel. 03 88 35 70 10) und die auf elsässische Volksstücke spezialisierte **Choucrouterie** (20, rue St-Louis, Tel. 03

88 36 07 28), die in die Jahre gekommene Kneipenbühne des Kleinkünstlers Roger Siffer.

Musik: Liebhaber klassischer Musik kommen im **Palais de la Musique et des Congrès** (pl. de Bordeaux, Tel. 03 88 37 67 67) beim Straßburger Philharmonie-Orchester und bei der Opéra du Rhin auf ihre Kosten.

In der Sommersaison sind die **Orgelkonzerte** im Münster eine Attraktion. Ähnliche Veranstaltungen gibt es auch in der Eglise St-Pierre-le-Jeune sowie in der Eglise St-Thomas.

Das internationale Festival ›**Musica**‹ (Sept./Okt.) stellt große musikalische Werke des 20. Jh. vor.

Folk-, Rock-, Pop- und andere Konzerte finden oft auf dem Ausstellungsgelände Parc des Expositions Wacken und in La Laiterie (13, rue Hohwald, Tel. 03 88 23 72 37) statt.

Über das aktuelle Kulturangebot und die Festivals in Straßburg informieren neben den Tageszeitungen auch die an Kiosks erhältlichen Veranstaltungshefte ›Hebdoscope‹ und ›Strasbourg Actualités‹.

Café des Anges: 5, rue Ste Catherine, Tel. 03 88 37 12 67, Di–So 21–4 Uhr. Die Gäste kommen, um Jazz und Groove zu hören oder um zu Latino- und Salsa-Rhythmen zu tanzen. Alle 14 Tage am Di abend Tango Argentino.

Le Chalet: 376, rte. de La Wantzenau, Tel. 03 88 31 18 31, Di–Sa 22–4 Uhr, Mi ab 21 Uhr. Riesenkomplex mit zwei Diskos, 5 Restaurants, 4 Bars, Billardtischen und Karaoke-Bühne.

Le Bateau Ivre: quai des Alpes, Tel. 03 88 61 27 17, Do–So 22–4 Uhr. Die schwimmende Diskothek wurde auf einem ehemaligen Frachtkahn eingerichtet, ein Treffpunkt für ein vornehmeres Publikum.

Le Rétro: 24, pl. des Halles, Tel. 03 88 22 32 22, www.leretro.com, Mi–So ab 22 Uhr. ›In‹-Disko mit Veranstaltungen wie die Wahl des Playboys des Jahres, Halloween-Nächten und Castings von Modelagenturen.

Golf Club Le Kempferhof: 351, rue du Moulin, Plobsheim, südlich von Straßburg, Tel. 03 88 98 72 72, Fax 03 33 88 98 74 76, tel. Reservierung obligatorisch. Handicap 36 oder besser.

Flughafen: Strasbourg International, Tel. 03 88 64 67 67, ca. 15 km vom Zentrum an der D 392.

Züge: Straßburg bildet den zentralen Eisenbahnknotenpunkt des Elsass. Der Bahnhof (pl. de la Gare, Tel. 08 92 35 35 35) liegt an der Strecke Paris–München/Frankfurt mit Halt in Saverne und Kehl und an der Linie Saarbrücken–Basel–Mailand mit Halt in Sélestat, Colmar und Mulhouse. Auf Nebenstrecken sind etwa Lauterbourg, Wissembourg, Haguenau und Molsheim zu erreichen. Die Linie ›Métro-Rhin‹ verbindet Straßburg mit Offenburg auf deutscher Seite.

Busse: Verbindungen von Straßburg nach Nancy (über Sélestat und Ste-Marie-aux-Mines) sowie nach Saverne (via Haguenau, Neubourg, Bouxwiller, Dossenheim/Zinsel, Steinbourg). Überlandbusse fahren an der Gare Routière (pl. des Halles) ab. In der Stadt verkehren CTS-Busse (CTS Gare Routiere des Halles, Tel. 03 88 43 23 43). Der Bus der Linie 21 fährt von der Gare Centrale über die deutsche Grenze zum Bahnhof in Kehl.

Straßenbahn: Eine modernes Straßenbahnnetz sorgt in der Innenstadt für reibungsloses Fortkommen (4.30–0.30 Uhr). Der Tour-Pass gilt 24 Std. lang für alle Bus- und Tramstrecken.

Taxis: Die Taxizentrale ist unter Tel. 03 88 36 13 13 erreichbar.

COLMAR – PERLE DES OBERELSASS

Das Unterlindenmuseum mit dem Isenheimer Altar, ein verträumtes Gerberviertel am Flüsschen Lauch, Weinstuben, aus denen es nach Flammkuchen und Fasswein riecht, Einkaufsstraßen mit Schaufenstern voller kulinarischer Schmankerl: Colmar ist der Inbegriff elsässischer Lebensart.

Schatzinsel im Rebenmeer

Elsass-Atlas: S. 236/37, C/D 2/3
Zwischen Straßburg und Basel inmitten von Weingärten gelegen, versammelt Colmar innerhalb seiner Grenzen all das, was den Reiz des kleinstädtischen Elsass ausmacht: Häuserzeilen mit Fachwerkfassaden, holprige Gassen mit abgewetztem Kopfsteinpflaster, herrschaftliche Patrizierhäuser, schmiedeeiserne Wirtshausschilder und überbordende Blumenkästen. Trotz aller optischen Verführungen ist die drittgrößte Stadt der Region nicht nur ein romantisches Freilichtmuseum, sondern auch eine prall gefüllte Truhe mit Kunstschätzen und Baudenkmälern. Und ein sympathischer Hort elsässischer Lebensart.

Wechselvolle Geschichte

Im Jahr 823 wurde Colmar erstmals als fränkischer Königshof namens ›Columbarium‹ erwähnt. Rund 400 Jahre später erhob Kaiser Friedrich Barbarossa den inzwischen gewachsenen Ort zur freien Reichsstadt – sechs Jahre, nachdem der Reichsschultheiß Wölfelin die erste Stadtmauer um Colmar hatte errichten lassen. Der prosperierende Ort stieg zum bedeutendsten Handels- und Kulturzentrum nach Straßburg auf und musste sich in Auseinandersetzungen mit dem Bischof von Straßburg ebenso behaupten wie mit dem elsässischen Landadel. Die Parteinahme des Ortes für Rudolf von Habsburg wurde 1278 mit der Gewährung des Stadtrechts belohnt. Schon zu Beginn des 14. Jh. spielte der Weinhandel eine bedeutende Rolle. Bis ins Baltikum verschickten die Winzer ihre bauchigen Fässer. Um Wohlstand und Unabhängigkeit von den Bischöfen Straßburgs zu erhalten, schloss man sich 1354 dem Zehnstädtebund an.

Seit dem ausgehenden Mittelalter bildete Colmar neben Straßburg ein Zentrum des Humanismus und der Reformation. Nach dem Dreißigjährigen

Atlas: S. 236/37

Sehenswürdigkeiten

1 Musée d'Unterlinden (›Isenheimer Altar‹)
2 Eglise des Dominicains (›Madonna im Rosenhag‹)
3 Hôtel de Ville (Rathaus)
4 Eglise St-Mathieu
5 Maison des Arcades
6 Ancienne Douane (Koifhus)
7 Musée d'Histoire Naturelle
8 Aussichtspunkt Lauch-Brücke
9 Maison des Chevaliers de St-Jean
10 Maison Pfister
11 Maison à la Viole und Huselin zum Schwan
12 Maison Adolphe
13 Ancien Corps de Garde
14 Eglise St-Martin
15 Musée Bartholdi/Musée de l'Histoire de Colmar
16 Mückekastelle
17 Maison Sorg

Übernachten

18 Le Maréchal
19 Amiral
20 Rapp Hôtel
21 Beauséjour
22 Hôtel Turenne

Essen und Trinken

23 Au Fer Rouge
24 Maison des Têtes
25 Garbo
26 Winstub Brenner
27 JY's
28 Le Croissant Doré

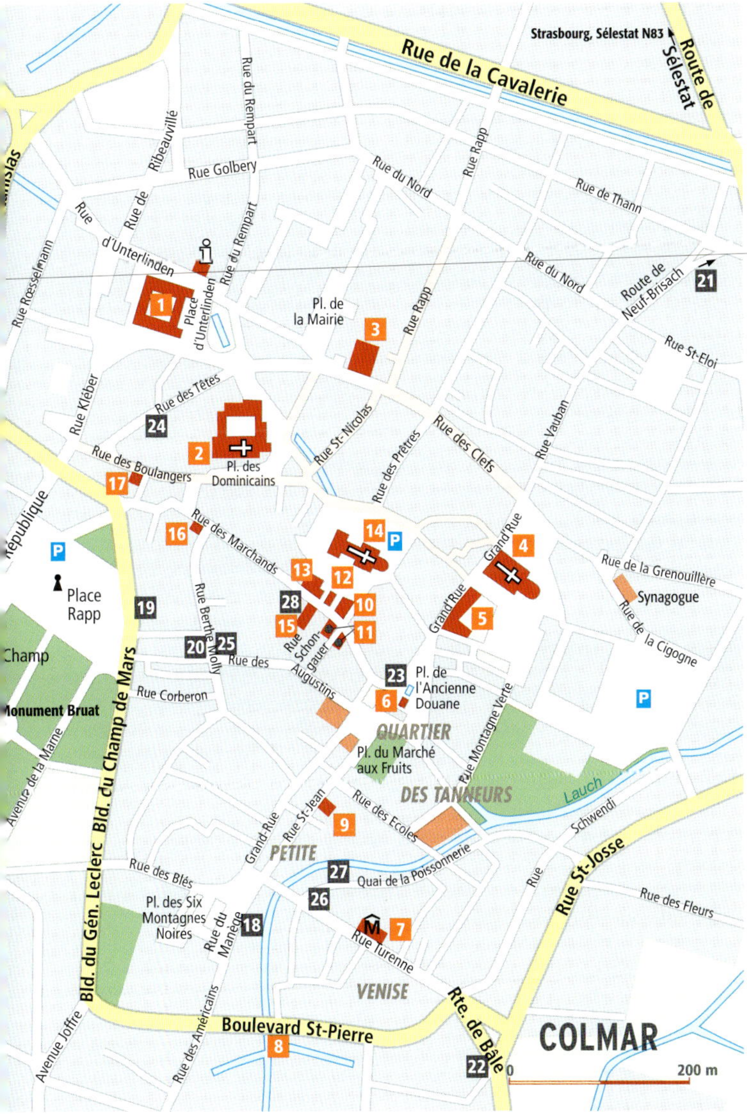
Strasbourg, Sélestat N83
Route de Sélestat
Rue de la Cavalerie
Rue du Rempart
Rue Golbery
Rue de Ribeauvillé
Rue d'Unterlinden
Place d'Unterlinden
Rue du Nord
Rue Rapp
Rue de Thann
Route de Neuf-Brisach
Rue St-Eloi
Pl. de la Mairie
Rue Roesselmann
Rue Kléber
Rue des Têtes
Rue des Boulangers
Pl. des Dominicains
Rue St-Nicolas
Rue des Prêtres
Rue des Clefs
Rue Vauban
République
Place Rapp
Champ
Monument Bruat
Rue des Marchands
Grand'Rue
Rue de la Grenouillère
Synagogue
Rue de la Cigogne
Rue Berthe Molly
Rue des Augustins
Rue Schongauer
Pl. de l'Ancienne Douane
Rue Corberon
Avenue de la Marne
Bld. du Champ de Mars
Bld. du Gén. Leclerc
QUARTIER DES TANNEURS
Pl. du Marché aux Fruits
Rue Montagne Verte
Lauch
Rue Schwendi
Rue St-Jean
Rue des Ecoles
PETITE VENISE
Quai de la Poissonnerie
Rue St-Josse
Rue des Blés
Pl. des Six Montagnes Noires
Rue du Manège
Rue Turenne
Rue des Fleurs
Avenue Joffre
Rue des Américains
Boulevard St-Pierre
Rte. de Bâle
COLMAR
0
200 m
1
2
3
4
5
6
7
8
9
10
11
12
13
14
15
16
17
18
19
20
21
22
23
24
25
26
27
28

Krieg sollte die Stadt wie das übrige Elsass dem französischen Staat einverleibt werden, doch wehrten sich die Stadtherren samt Bevölkerung nach besten Kräften gegen die Loslösung vom Reich. Der Anschluss an Frankreich wurde erst 1678 nach Beendigung des Holländischen Krieges im Frieden von Nimwegen vollzogen. Danach entwickelte sich Colmar zu einem Verwaltungszentrum, wurde Sitz der Präfektur des Départements Haut-Rhin und des elsässischen Oberlandesgerichts. Zwischen 1820 und 1900 wuchs die Bevölkerung von 14 300 auf 36 800 an. Auch als Industriestandort begann die Stadt eine immer größere Rolle zu spielen. Über alle politischen, wirtschaftlichen und kulturellen Ereignisse hinweg blieb der mittelalterliche Stadtkern im Großen und Ganzen unverfälscht erhalten.

Musée d'Unterlinden

Das **Musée d'Unterlinden** 1, ein säkularisiertes Dominikanerinnen-Kloster aus dem 13. Jh. mit einem Kreuzgang aus Sandsteinbögen, zählt zu den bedeutendsten Sehenswürdigkeiten des Elsass. Grund dafür ist nicht die historische Architektur des Gebäudes, sondern der Reichtum an Kunstschätzen. Sie präsentieren sich dem Besucher, sobald er an dem reich ornamentierten Brunnen aus der Renaissancezeit vorbei den Eingang passiert hat.

Nach seiner Auflösung während der Französischen Revolution diente das Kloster als Soldatenlager, ehe es Mitte des 19. Jh. in ein Museum umfunktioniert wurde. Die 1847 gegründete Schongauer-Gesellschaft trug seit damals die Kunstwerke zusammen, die heute den weit über die Grenzen der Region hinaus gehenden Ruf des Museums ausmachen.

Weltruhm erlangte es vor allem durch die Altarbilder, die Mathias Grünewald vermutlich in den Jahren 1512–16 für das nicht mehr existierende Antoniterkloster im heutigen Issenheim malte. Der **›Isenheimer Altar‹,** aus riesigen, wie Bibelseiten aufgeschlagenen Bildtafeln und doppelseitig bemalten, aufklappbaren Flügeln bestehend, ist in der Klosterkapelle aufgestellt. Dort kann man auch den Passionsaltar von Martin Schongauer bewundern, einem Maler und Kupferstecher, der um die Mitte des 15. Jh. in Colmar zur Welt kam, in den Niederlanden lernte und dort von Rogier van der Weyden beeinflusst wurde. Im Museum sind jene Werke ausgestellt, die Schongauer für die örtliche Dominikanerkirche schuf.

Abgesehen von diesen Publikumsmagneten sind im Unterlindenmuseum Gemälde, Skulpturen und Kunstgewerbe des Mittelalters, der Renaissance und der jüngeren Vergangenheit ausgestellt, darunter Werke von Cranach, Holbein, Picasso, Renoir und Dubuffet, Goldschmiedearbeiten und Mobiliar, Waffen und Rüstungen, Fayencen und Porzellanarbeiten, Gegenstände aus Zinn, Grafiken des 15. und 16. Jh. sowie viele auserlesene Exponate der Kirchenkunst. Typisches Lokalkolorit vermittelt ein historischer Winzerkeller. Im Untergeschoss ist

HIMMELHOCH UND HÖLLENTIEF – DER ISENHEIMER ALTAR

Colmar verdankt seine Reputation als Stadt der Kunst und Kultur in erster Linie einem Meister des 15. und 16. Jh.: Mathis Gothart-Neithart, genannt Mathias Grünewald, wird eines der bedeutendsten mittelalterlichen Kunstwerke zugeschrieben – der Isenheimer Altar.

Mehr, als dass der große Künstler ein Zeitgenosse Albrecht Dürers war, lässt sich über Grünewald kaum sagen. Wahrscheinlich kam er zwischen 1470 und 1480 in Würzburg zur Welt und starb im Jahre 1528 in Halle an der Saale, wo er zuletzt als ›Wasserkunstmeister‹ arbeitete, nachdem er drei Jahre zuvor aus den Diensten des Erzbischofs von Mainz entlassen worden war. Grünewalds Monogramm besteht aus drei mit Punkten und Schnörkeln verzierten Buchstaben: Über den ineinander verschlungenen Buchstaben ›M‹ und ›G‹ steht ein ›N‹ zu lesen.

Zahlreiche Werke Grünewalds sind vermutlich verloren gegangen. Neben dem Isenheimer Altar, der zu den wertvollsten Ausstellungsstücken des Colmarer Unterlindenmuseums gehört, gibt es kaum mehr als ein Dutzend weiterer Bildtafeln sowie eine Reihe von Zeichnungen.

Der Isenheimer Altar ist schon von seinem Aufbau her ein Kunstwerk ganz besonderer Art. Er besitzt doppelte Flügeltüren und einen geschnitzten Schrein. Die großen Bildtafeln sind auf der Vorder- wie auf der Rückseite bemalt und konnten je nachdem, wie sie aufgeklappt wurden, in ein zum Gang des Kirchenjahres passendes Bildwerk verwandelt werden. Sind die Seitenflügel geschlossen, sieht man im Zentrum die Kreuzigung Christi, einen vom Todeskampf gekennzeichneten, geschundenen Körper mit abgeknickten Füßen und zur Seite gefallenem Haupt sowie in schmerzvoller Erstarrung gespreizten und gekrümmten Fingern – ein Bild des Leidens.

Halb geöffnet, zeigt der Altar die Verkündigung an Maria, ein Engelskonzert, die Geburt Christi und schließlich dessen triumphale Auferstehung: Von der Christuserscheinung geblendet, fallen die mit Schwertern, Helmen und Kettenhemden bewehrten Grabwächter übereinander, während sich Jesus – die erhobenen stigmatisierten Handflächen dem Betrachter zugewandt – von seinem Grabtuch löst und ins Licht erhebt.

Wird auch noch das innere Flügelpaar des Altars geöffnet, erscheint ein drittes Bildwerk, nämlich der Besuch des heiligen Antonius beim heiligen Paulus. Auf den drei mittleren Tafeln sind die Heiligen Augustinus, Antonius und Hieronymus zu sehen. Auf dem äußeren rechten Flügel ist die Versuchung des heiligen Antonius dargestellt: Der von Monstern umgebene Heilige liegt am Boden, eine gehörnte Bestie zerrt an seinen Haaren, während ihn Vogel- und Höllenwesen mit erhobenen Schlagstöcken, gebleckten Zähnen und weit aufgerissenen Rachen bedrohen.

Die zweite Schauseite des Isenheimer Altars mit der triumphalen ›Auferstehung‹

eine archäologische Sammlung sowie zeitgenössische Kunst untergebracht (Tel. 03 89 20 15 50, www.musee-unterlinden.com, Mai–Okt. tägl. 9–18 Uhr, Nov.–April tägl. außer Di 9–12 und 14–17 Uhr; Führungen in deutscher Sprache nach Voranmeldung im Office de Tourisme).

Rundgang durch die Altstadt

Jenseits der historischen Mauern, die das Unterlindenmuseum beherbergen, liegt das stimmungsvolle Labyrinth der gewundenen Altstadtgassen und Fachwerkpaläste, zwischen denen nur hie und da eine Boutique oder ein Videoverleih mit schrillfarbenen Werbeplakaten ganz unprosaisch an die Gegenwart erinnert.

Madonna im Rosenhag

Gleich neben dem Museum befindet sich das **Office de Tourisme,** wo man einen detaillierten Stadtplan bekommt. Südlich davon steht die im Innern sehenswerte, aber äußerlich schmucklose **Eglise des Dominicains** 2. Den Grundstein dieses zum Dominikanerorden gehörenden Gotteshauses legte im Jahr 1283 kein Geringerer als König Rudolf von Habsburg. Bei einem Feuer im Jahre 1458 wurden das Dach, der Lettner und wahrscheinlich auch der Hochaltar in Mitleidenschaft gezogen.

Auch im Innern zeigt sich die ›Handschrift‹ des Bettelordens der Dominikaner in der schlichten Ausgestaltung des wuchtigen Hallenbaus mit 35 m langem Schiff und fast ebenso langem Chor. Wunderschöne Glasfenster aus dem 14./15. Jh. stellen Szenen aus dem Leben Jesu bzw. verschiedener Apostel dar. Die Glasgemälde in den zehn Chorfenstern sind den Geheimnissen des Rosenkranzes gewidmet. Das bedeutendste Kunstwerk der Kirche ist vor dem Chor aufgestellt: die berühmte, 1473 geschaffene **›Madonna im Rosenhag‹** von Martin Schongauer (s. S. 36; Mitte März–Ende Dez. tägl. 10–13 und 15–18 Uhr).

Kirchen und Bürgerpaläste

Über die Rue des Clefs, eine Einkaufsstraße mit dem 1778 bis 1782 erbauten **Rathaus** [3], gelangt man auf die **Place Jeanne d'Arc,** einen unregelmäßigen, von Fachwerkhäusern gesäumten Platz. Als erstes lohnt sich ein Blick hinter die **Eglise St-Mathieu** [4] in die Rue du Chasseur, in der sich Alt-Colmar von seiner malerischen Seite zeigt. Die Eglise St-Mathieu selbst, früher Kirche des Franziskanerklosters, wurde nach dem Vorbild der Dominikanerkirche zwischen 1290 und 1340 erbaut. Bei Restaurierungsarbeiten seit den 1980er Jahren konnte die Bemalung der Holzdecke aus der Renaissance freigelegt werden, die ebenso eine elsässische Rarität darstellt wie der Lettner zwischen Langhaus und Chor. Die Gemeindemitglieder sind stolz, in ihrem Gotteshaus eines von insgesamt 34 Instrumenten des berühmten Orgelbauers Andreas Silbermann aus dem Jahre 1732 zu haben.

Nicht weit der Eglise St-Mathieu entfernt steht in der Grand' Rue Nr. 15 die **Maison des Arcades** [5], ein beeindruckender Renaissancebau aus dem Jahr 1606. Im weiteren Verlauf weitet sich die Grand' Rue zur schönen, von prachtvollen Fachwerkbauten umgebenen **Place de l'Ancienne Douane.** Das malerische Ensemble strahlt eine mitreißende mittelalterliche Atmosphäre aus. Den Platz ziert der achteckige, dem Feldherrn Lazarus von Schwendi (1522–84) gewidmete Brunnen. Der Feldobrist Karls V. kämpfte in Ungarn gegen die Türken und soll die heute im Elsass weitverbreitete Tokayer-Rebe mitgebracht haben. Die von Patina überzogene Statue des bärtigen Offiziers wurde vom Colmarer Bildhauer Frédéric Auguste Bartholdi (1834–1904) geschaffen, den vor allem der Entwurf für die New Yorker Freiheitsstatue bekannt machte (s. S. 90).

Ancienne Douane

Auffällig auf dem Platz ist die aus zwei verbundenen Gebäudeteilen bestehende **Ancienne Douane,** auch **Koifhus** [6] genannt. Von den Sakralbauten abgesehen, ist dieser frühere Sitz des Magistrats das größte Bauwerk der Stadt. Im Erdgeschoss stapelten Kaufleute ihre Schätze. Der französische Name ›Alter Zoll‹ erinnert daran, dass auf die hier gelagerten Waren Einfuhrzoll erhoben wurde. Der gotische Haupttrakt stammt aus dem Jahr 1480. Der Anbau kam im 16. Jh. zur Zeit der Renaissance hinzu. Der Prunksaal in der oberen Etage ist größtenteils mit den früher üblichen Butzenscheiben ausgestattet. Gläserne

Wappen in den Fenstern erinnern an die Zeit des Zehnstädtebundes zwischen 1354 und 1788, als hier regelmäßig Versammlungen der Vertreter der Dekapolis-Städte und Gerichtsverhandlungen stattfanden.

In südöstlicher Richtung biegt von der Place de l'Ancienne Douane die Rue des Tanneurs ab, die durch das **Quartier des Tanneurs,** das restaurierte ehemalige Gerberviertel der Stadt, führt. Man kann sich vorstellen, wie in dem kleinen Nebenarm des in den Vogesen entspringenden Flüsschens Lauch die Handwerker ihre Felle und Häute wässerten. Noch heute strahlt dieser Stadtteil bürgerlich-romantische Beschaulichkeit aus.

Malerisches ›Klein-Venedig‹

Vom Quai de la Poissonnerie gelangt man in die dem Flusslauf folgende Rue de la Poissonnerie. Die in unterschiedlichen Farben getünchten, putzigen Fachwerkhäuser an der Südseite geben ein hübsches Bild ab. Nun befindet man sich bereits in **Petite Venise,** einem alten Stadtviertel. Es scheint fast, als hätten hier die Baumeister auf Wasserwaage und Senkblei verzichtet. Diesem architektonischen und städteplanerischen Nonkonformismus verdankt ›Klein-Venedig‹ seinen Reiz.

An der kleinen Lauch-Brücke überquert man die Rue Turenne, die beinahe wie ein lang gestreckter schmaler Platz wirkt und ebenfalls reizvoll bebaut ist. Den Einheimischen ist diese Straße auch unter dem Namen Krutenau (Krautenau) bekannt, weil dort früher die Bauern aus dem Umland ihr Gemüse an die Städter verkauften. Das 1859 gegründete **Musée d'Histoire Naturelle** [7] beschäftigt sich hier nicht nur mit elsässischer Naturgeschichte, sondern auch mit der Völkerkunde Ägyptens und der Marquesas-Inseln (Febr.–Dez. 10–12 und 14–17, So 14–18 Uhr, Di Ruhetag).

Von der Rue Turenne biegt die schmale Rue de la Herse ab, die sich durch das Viertel windet und direkt ans Ufer der von alten Häusern und bepflanzten Hintergärten gesäumten Lauch führt. Über eine Treppe gelangt man zum Boulevard St-Pierre hinauf. Die **Lauch-Brücke** [8] ist einer der besten Aussichtspunkte auf das Viertel Petite Venise, das von oben aussieht wie ein großer, von der modernen Zeit vergessener Hinterhof mit kleinen Gärten, verwinkelten Bauten, mit unregelmäßigen Ziegeldächern und blumengeschmückten Veranden. Gelegentlich sieht man auf der Lauch noch alte Holzkähne, wie sie früher in diesem

Stadtrundfahrt für Bequeme

Von Ostern bis Allerheiligen fährt die Touristenbahn **Petit Train** auf einer 7 km langen, auch in deutscher Sprache kommentierten Runde durch die Altstadt. An der Strecke liegen alle bedeutenden Sehenswürdigkeiten (Abfahrt ab Quai de la Sinne beim Unterlindenmuseum, Dauer 35 Minuten, tägl. 9–18 Uhr).

Petite Venise

Markt- und Schifferviertel benutzt wurden.

An der Rue St-Jean fällt die **Maison des Chevaliers de St-Jean** 9 (Johanniterhaus) auf, die in den Jahren 1608/09 im Stil eines venezianischen Palazzos mit zweigeschossiger Loggia erbaut wurde. Die Rue St-Jean mündet in die **Place du Marché aux Fruits,** wo die Maison Kern mit einem Volutengiebel und das klassizistische Gebäude des Tribunal Civil stehen.

Rue Mercière

Zurück auf der Place de l'Ancienne Douane geht es in die Rue des Marchands, die am meisten fotografierte Straße Colmars. In ihr steht das prächtigste Bürgerhaus der Altstadt, die 450 Jahre alte **Maison Pfister** 10 an der Ecke zur Rue Mercière. Diesen Bau machte sich der aus Besançon stammende Hutmacher Ludwig Scherer im Jahr 1537 selbst zum Geschenk. Das Eckhaus ziert ein zweigeschossiger Erker mit steilem Ziegeldach. Die Fassade des ersten Obergeschosses bemalte Christian Bockstorffer im Jahr 1567 mit sakralen Motiven. Auch der Erker ist mit Fresken und geschnitzten Medaillons der Kaiser Maximilian, Karl und Ferdinand geschmückt. Die überdachte Holzgalerie im zweiten Obergeschoss wird von geschwungenen Sockeln abgestützt. In die oberen Stockwerke gelangt man durch einen Treppenturm mit einem Fachwerkgeschoss. Das Dach sieht einem Hut übrigens nicht unähnlich.

An der Kreuzung vor der Maison Pfister stehen weitere sehenswerte Häuser: In der **Maison à la Viole** 11 aus dem 15. Jh. lebte die Familie Martin Schongauers. Das **Huselin zum Schwan** soll in der zweiten Hälfte des 15. Jh. Domizil des großen Malers und Kupferstechers gewesen sein.

Rund um die Eglise St-Martin

Auf der Place de la Cathédrale befindet sich an der Südseite die 1350 erbaute **Maison Adolphe** 12, Colmars ältestes Wohnhaus. Es besitzt gotische Maßwerkfenster, aber viele Details stammen von Restaurierungen in der Zeit der Renaissance. Die 1575 errichtete ehemalige Stadtwache **Ancien Corps de Garde** 13 fällt vor allem wegen des Erkers über dem Renaissance-Portal auf.

Beherrscht wird der Platz von der **Eglise St-Martin** 14, von den Einheimischen meist als *cathédrale* bezeichnet. Über 150 Jahre lang waren Architekten und Baumeister mit diesem frühgotischen Wahrzeichen von Colmar beschäftigt. Lang- und Querhaus gehen auf das 13., der Chor auf das 14. Jh. zurück. Eigentlich sollte St-Martin zwei Türme bekommen, aber nur ein 72 m hoher wurde fertig gestellt. Eine helmförmige Dachkonstruktion ersetzte in der Renaissance die abgebrannte gotische Turmspitze. Die Kirche imponiert schon allein aufgrund ihrer Dimensionen. Der Bau ist 80 m lang und besitzt ein Querschiff von 34 m Breite und 20 m Höhe. Einige Buntglasfenster stammen noch aus dem beginnenden 13. Jh., andere wurden erst im 15. und 16. Jh. geschaffen. Alte Fundamente belegen, dass an Ort und Stelle um die Jahrtausendwende eine ottonische Pfeilerbasilika gestanden hat.

Gralshüter des Geschmacks

Foie gras, Trüffel, Käse aus der Normandie, geräucherter Lachs, gebratenes Bresse-Huhn, Wildbret, Fasan oder *rillette d'oie* (Schmalzfleisch von der Gans): Im noblen Delikatessengeschäft **›La Ferme‹** des Traiteurs Bernard Voinot gibt es an Gaumenfreuden so ziemlich alles, was gut und teuer ist (34, rue des Têtes, Tel. 03 89 23 36 36).

Westlich von St-Martin

Bevor man zum Ausgangspunkt des Rundgangs durch die Stadt zurückkehrt, bietet sich einen Schlenker durch den westlich der Martinskirche gelegenen Stadtteil an. In der Rue des Marchands Nr. 30 befindet sich das Geburtshaus von Frédéric Auguste Bartholdi, in dem heute das **Musée Bartholdi/Musée de l'Histoire de Colmar** 15 mit Ausstellungen zum Werk des Bildhauers und zur Stadtgeschichte eingerichtet ist (März–Ende Dez. tägl. außer Di 10–12 und 14–18 Uhr). Weitere sehenswerte Häuser sind die **Mückekastelle** 16 an der Place de l'Ecole und die **Maison Sorg** 17 an der Südseite der Rue des Boulangers. Schließlich sollte man Colmar nicht den Rücken kehren, ohne einen Gang durch die Rue des Têtes unternommen zu haben. Die dortige **Maison des Têtes,** ein im Jahr 1609 errichteter Renaissance-Bau mit Innenhof, der mit mehr als 100 Köpfen, Masken und Figuren eindrucksvoll dekoriert ist und heute das gleichnamige Nobelrestaurant beherbergt (s. u.).

Office de Tourisme: 4, rue d'Unterlinden, Tel. 03 89 20 68 92, www.ot-colmar.fr, Mo–Sa 9–12 und 14–18 Uhr; April–Juni und Sept./Okt. Mo–Sa 9–18, So 10–14 Uhr; Juli/Aug. 9–19 Uhr, sonn- und feiertags 9.30–14 Uhr.
Stadtführungen: Zwischen Juni und Sept. veranstaltet das lokale Tourismusbüro geführte Rundgänge durch Colmar (Anmeldung im Office de Tourisme).

Le Maréchal 18: pl. des Six Montagnes Noires, Tel. 03 89 41 60 32, Fax 03 89 24 59 40, www.hotel-le-marechal.com. Das ruhige Romantikhotel passt in Colmars Romantikwinkel ›Klein-Venedig‹. Einige Zimmer öffnen sich zum Lauch-Flüsschen hin, wo Bäume ihre Äste im Wasser baden. Die 30 Zimmer sind im vornehmen Nostalgie-Look mit Brokatvorhängen und Antikmöbeln ausgestattet. DZ ab 95 €.
Hotel Amiral 19: 11a, bld. du Champ-de-Mars, Tel. 03 89 23 26 25, Fax 03 89 23 83 64, hotelamiralcolmar@wanadoo.fr. Die Gäste kommen in einer zentral gelegenen, zum Hotel umgebauten Fabrik in modernen, gut ausgestatteten Zimmern unter, können im Schwimmbad plantschen oder sich im Fitness-Studio stählen. DZ 49 €.
Rapp Hôtel 20: 1–5, rue Weinemer, Tel. 03 89 41 62 10, Fax 03 89 24 13 58, www.rapp-hotel.com. Zimmer ohne besonderen Komfort, dafür aber Sauna und Schwimmbad. DZ mit Bad oder Dusche 76 €.
Beauséjour 21: 25, rue du Ladhof, Tel. 03 89 20 66 66, Fax 03 89 20 66 00, www.beausejour.fr. Etwa 10 Minuten zu Fuß vom Stadtkern entferntes Hotel mit annehmbaren Zimmern. DZ 70 €.
Hôtel Turenne 22: 10, route de Bâle, Tel. 03 89 21 58 58, www.turenne.com. Eine der wenigen preisgünstigen Unterkünfte, die zum Frühstück ein richtiges Buffet anbieten. DZ ab 59 €.

Jugendherberge:
Auberge de Jeunesse: 2, rue Pasteur, Mittelharth, Tel. 03 89 80 57 39, Fax 03 89 80 76 16.

Au Fer Rouge 23: 52, Grand' Rue, Tel. 03 89 41 37 24, www.au-fer-rouge.com, So/Mo Ruhetag. Patrick Fulgraff gehört zur Kochmützen tragenden Elite. Speisen wie mit Gänsefleisch und Leber gefüllte Ravioli auf Reis, Entenleberterrine, Hechtklößchen, Jakobsmuscheln oder Tintenfisch nach Art des Hauses sind seine überzeugendsten Argumente. Menü ab 69 €.
Maison des Têtes 24: 19, rue des Têtes, Tel. 03 89 24 43 43, les-tetes@calixo.net, So abend und Mo Ruhetag. Das stilvolle Restaurant in diesem Renaissancebau ist eine Augenweide. Die schmackhaften Regionalgerichte lässt man sich im Sommer am besten im weinbelaubten Innenhof servieren. Menü ab 30 €.

Das Restaurant ›Au Fer Rouge‹ in der Altstadt von Colmar

Garbo 25: 15, rue Berthe Molly, Tel. 03 89 24 48 55, garbo@restaurantgarbo.com, Sa mittag und So Ruhetag. Küchenchef Roger Bollecker erlernte sein Handwerk in einigen berühmten Restaurants. Die Gerichte beweisen es. Sein von außen pinkfarbenes Lokal ist unübersehbar. Menü ab 45 €.
Winstub Brenner 26: 1, rue Turenne, Tel. 03 89 41 42 33, Di und Mi Ruhetag. Die richtige Adresse für Liebhaber elsässischer Leibgerichte. Nach einem Menü bloß nicht auf einen süßen Traum als Nachtisch verzichten! Menü ab 27 €.
JY's 27: 7, rue de la Poissonnerie, Tel. 03 89 21 53 60, So und Mo Mittag Ruhetag. Das im Colmarer Idyllwinkel ›Klein-Venedig‹ gelegene Lokal zählt mit zu den besten Küchen des Elsass. Menü ca. 35 €.
Le Croissant Doré 28: 28, rue des Marchands, Tel. 03 89 23 70 81. Hübsches Café mit einer alten, rosafarbenen Holzfassade. Obstkuchen, Salate, kleine Speisen. Ab 2,50 €.

La Péniche: 5, rue d'Ill, Tel. 03 89 41 25 36, Di–Sa ab 22 Uhr. Seit Jahren ist die auf einem ausrangierten Frachtkahn eingerichtete Disko ein populärer Treffpunkt für Tanzwütige.

Antiquités Brocante Pfeiffer: 5, rue des Marchands, Tel. 03 89 23 62 08. Tand und Trödel von goldenen Bilderrahmen, Messingleuchtern und verstaubtem Mobiliar bis zu putzigem französischem Porzellan.
Von zahlreichen **Delikatessengeschäften** in der Altstadt abgesehen befindet sich am Stadtausgang Richtung Straßburg ein großes **Einkaufszentrum** mit mehreren Shoppingmärkten und dem Supermarkt Cora mit einem ausgezeichneten Lebensmittelangebot.

Im **Théâtre Municipal** (3, rue d'Unterlinden, Tel. 03 89 20 29 02) gastiert von Zeit zu Zeit die Opéra du Rhin mit unterschiedlichen Musik-, Theater- oder Ballettaufführungen. In den **Kirchen St-Martin und St-Pierre-du-Lycée** (Bartholdi) finden regelmäßig Konzerte statt.

Züge: Der Bahnhof (pl. de la Gare, Tel. 08 89 20 85 50) liegt an der Hauptlinie Straßburg–Basel sowie an der Nebenstrecke Colmar–Metzeral durch das Munstertal.
Busse: Regionalbusse fahren an der Place de la Gare ab. Busausflüge in viele Orte bucht man über das örtliche Office de Tourisme (s.o.).

MULHOUSE – STADT MIT EIGENSCHAFTEN

Verkehrsdrehscheibe im Dreiländereck mit dem größten Flughafen der Region, Standort für Lehre, Forschung und Industrie, Arbeiterrevier. Aber Mulhouse bietet mehr: eine facettenreiche Museumslandschaft, historische Plätze, ausgezeichnete Spezialitätengeschäfte, Märkte und Musentempel.

Elsass-Atlas: S. 239, D 2

Place de la Réunion im Herzen von Mulhouse: Kinder toben um einen alten Brunnen. Die Eltern sitzen vor der bemalten Fassade des Rathauses unter schneeweißen Markisen beim Wein und lassen den Blick über den gepflasterten Platz schweifen. Hie und da gaukelt ein Blumenkübel mit gefiederten Palmen mediterranes Flair vor. Bunt getünchte, mit geometrischen Motiven oder alten Schriftzügen geschmückte Fassaden schmaler Bürgerhäuser, jedes in einer anderen Farbe. Wer käme schon auf die Idee, dieses Mulhouse einen Industriestandort zu nennen!

Tatsächlich spielt der süd-elsässische Großraum mit fast 250 000 Einwohnern als zweitgrößtes urbanes Zentrum der Region für den Tourismus eine Nebenrolle. Der Grund: Mulhouse besitzt weder den Charme des alten Colmar noch die sichtbar dokumentierte 2000-jährige Geschichte Straßburgs. Aber im Zentrum gibt es neben modernen Architekturzeugnissen auch reizvolle Straßenzüge und beschauliche Plätze mit typisch elsässischem Lokalkolorit, Ladenpassagen und Schaufenster, die einen Bummel zu einem kurzweiligen Vergnügen machen. Und falls das Wetter wirklich einmal zu feucht wird: Ein Dutzend Museen retten jeden Urlaub.

Aus der Geschichte

Schon im 9. Jh. soll zwischen den Armen der Ill eine Mühle gestanden haben, um die herum sich nach und nach ein Dorf entwickelte. Der Name der Stadt erinnert daran. Zu Beginn des 13. Jh. wurde die Ortschaft befestigt. Mit staufischer Unterstützung und später auch mit Hilfe des Grafen Rudolf von Habsburg gelang es den Mulhousern, sich aus der Herrschaft des Bischofs von Straßburg zu befreien und im Jahr 1268 freie Reichsstadt zu werden. Sie blieb jedoch ein im Grunde genommen bescheidenes Gemeinwesen, dessen Entwicklung lange Zeit durch die regionale Dominanz Basels gebremst wurde. Andererseits

Sehenswürdigkeiten

1 Place de la Réunion
2 Eglise St-Etienne
3 Musée Historique (ehem. Hôtel de Ville)
4 Maison Mieg/Pharmacie Au Lys
5 Tour de l'Europe
6 Tour du Bollwerk
7 Tour du Diable
8 Tour Nessel
9 Chapelle de St-Jean (Musée Lapidaire)
10 Musée des Beaux-Arts
11 Musée de l'Impression sur Etoffes
12 Musée de l'Automobile
13 Cité du Train / Musée des Sapeurs-Pompiers
14 Musée Electropolis

Übernachten

15 Hôtel du Parc
16 Hôtel de la Bourse
17 Hôtel de Bâle
18 Auberge de la Jeunesse

Essen und Trinken

19 La Poste Kieny
20 Aux Caves du Vieux Couvent
21 Zum Saüwadala

hatten die Mulhouser in den Eidgenossen starke Verbündete, mit deren Unterstützung sie sich gegen die Ansprüche der Habsburger zur Wehr setzen konnten.

Seit 1792 ließ Frankreichs Politik gegenüber Mulhouse Annexionsabsichten erkennen. Wirtschaftlicher Druck brachte die Stadt schließlich dazu, sich 1798 Frankreich anzuschließen. Sie entwickelte sich in der Folgezeit zu ei-

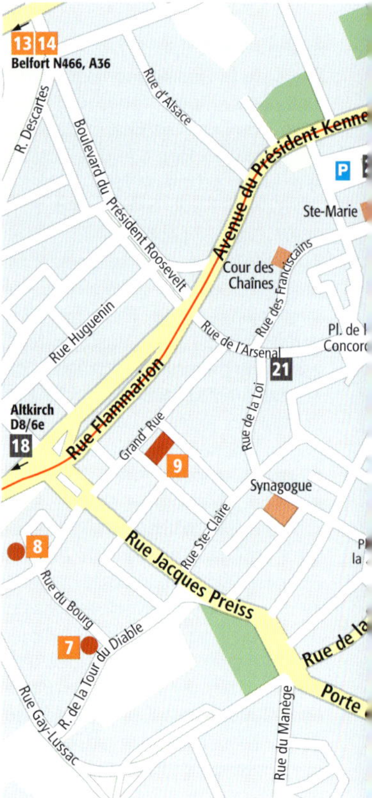

nem Zentrum der Textilherstellung und hatte zu Beginn des 19. Jh. den Ruf eines bedeutenden Industriestandortes.

Rund um die Place de la Réunion

Im Zentrum von Mulhouse, oberhalb des Rhein-Rhône-Kanals, liegt mit der **Place de la Réunion** 1 der historische Kern der ehemaligen freien Reichsstadt. 1992 wurde der Platz einer umfassenden ›Schönheitsoperation‹ unterzogen, durch die er seine ursprüngliche Funktion als Marktplatz zurückerhielt.

Beherrscht wird er von der neugotischen **Eglise St-Etienne** 2, erbaut 1866. Sehenswert sind hier zehn über 650 Jahre alte Fenster, die aus einer früheren Kirche stammen. An der Ost-

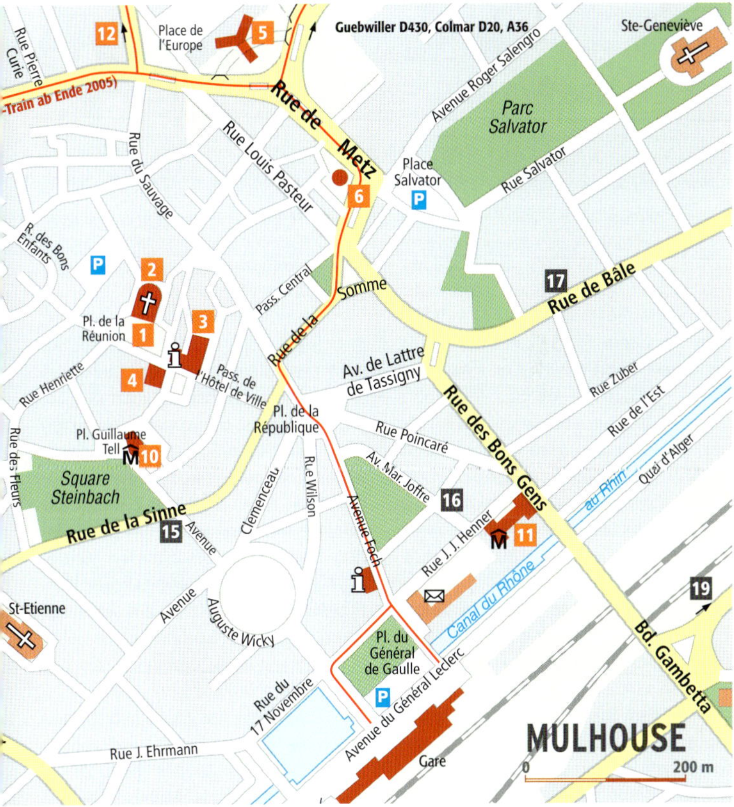

Die Südseite der Place de la Réunion mit der Pharmacie au Lys

seite des Platzes steht das 1552 im rheinischen Renaissancestil errichtete ehemalige **Hôtel de Ville** 3 mit geschwungenem Giebel und der 1699 von Jean Gabriel bemalten Fassade, deren Farben seit damals mehrfach aufgefrischt wurden. Hier ist neben einer Touristeninformation auch das **Musée Historique** untergebracht. Seine Exponate dokumentieren die Stadtgeschichte bis in die Gegenwart (Mi–Mo 10–12 und 14–18 Uhr, Eintritt frei).

Eine überdachte, doppelläufige Treppe führt zum reich geschmückten Portal im ersten Geschoss. In der Balustrade vor dem Portal halten zwei Löwen das Stadtwappen: ein rotes Mühlrad auf weißem Grund. Im zweiten Geschoss sind zwischen den zweiteiligen Fenstern Darstellungen der Tugenden Gerechtigkeit, Kraft, Stolz und Genügsamkeit zu sehen.

An der rechten Giebelseite erinnert in sicherer Höhe die Kopie einer 12 kg schweren steinernen Gesichtsmaske an einen ›juristischen‹ Brauch des 16. Jh.: Einwohner, die wegen Streitereien oder übler Nachrede verurteilt worden waren, prangerte man öffentlich an, indem man sie an Markttagen mit dieser ›Klapperstein‹ genannten Maske um den Hals durch die Straßen führte. Dort, wo sie heute an einer dicken Kette befestigt ist, kann man auf der Hauswand folgenden Spruch lesen: »Zum Klapperstein bin ich genannt, den bösen Mäulern wohlbekannt, wer Lust zu Zank und Hader hat, muss mich tragen durch die Stadt.«

An der Südseite der Place de la Réunion steht mit der **Maison Mieg** 4 ein weiteres sehenswertes Renaissancegebäude. Seit 1756 bewohnte die Familie des damaligen Stadtchronisten dieses ursprünglich ›Haus zur Sunnen‹ genannte Anwesen mit dem hübschen Giebelturm, der in einem graziösen Spitzdach endet.

Man kann von der Place de la Réunion in die Rue Henriette einbiegen, eine Fußgängerzone mit vielen kleineren Geschäften und einigen alten Häusern, und dann über die parallel verlaufende Rue des Boulangers zurückkehren. An der Ecke zum Platz befindet sich mit der **Pharmacie Au Lys** 4 eine seit 1649 bestehende Apotheke.

Alte und neue Türme

Die **Place de l'Europe** markiert das neue Stadtzentrum von Mulhouse mit einem Schachbrettbelag aus hellen und dunklen Marmorplatten und mit den Wappen europäischer Städte. Als Krone trägt die 100 m hohe **Tour de l'Europe** 5 ein Drehrestaurant, von dem sich ein Panoramablick über Mulhouse und Umgebung auftut. Uber die Rue de Metz gelangt man zur **Tour du Bollwerk** 6, dem einzigen verbliebenen Stadtmauertor aus dem 14. Jh. Zwei weitere historische Türme stehen etwas außerhalb des Zentrums: die **Tour du Diable** 7, deren Name auf ihre ehemalige Funktion als Hexengefängnis hinweist, und die **Tour Nessel** 8 an der Grand' Rue. Beide Bauten gehörten ehemals zum Schloss der Fürstbischöfe von Straßburg. In der Nähe erhebt sich die **Chapelle de St-Jean** 9 der Ritter des Johanniterordens, die in den Jahren 1268/69 erbaut wurde und vor allem wegen ihrer zwar unvollendeten, aber sehenswerten Wandmalereien aus dem 16. Jh. einen Besuch lohnt.

Die bedeutendsten Museen

Musée des Beaux-Arts 10: 4, place Guillaume Tell, Tel. 03 89 33 78 11, Sept.–Juni 10–12 und 14–18 Uhr, im Hochsommer bis 18.30 Uhr, Di Ruhetag. Das in der im 18. Jh. erbauten Villa Steinbach untergebrachte Museum zeigt vorwiegend Gemälde vom Mittelalter bis ins 20. Jh., darunter Werke von Lucas Cranach und Pieter Brueghel d.J.

Musée de l'Impression sur Etoffes 11: 14, rue Jean-Jaques Henner, Tel.

Gaumenparadiese

In der Stadtmitte befindet sich im historischen ›Haus Butterblume‹ – nomen est omen – eine typisch elsässische Einrichtung: die schon mehrfach prämiierte **Crèmerie ›Au Bouton d'Or‹** (5, pl. de la Réunion, Tel. 03 89 45 50 17). Was dieses Geschäft für Käseliebhaber bedeutet, das ist die berühmte **Pâtisserie-Confiserie Jacques** (1, place de la Réunion) für Schokoladensüchtige, Torten-Freaks und Plätzchenfanatiker.

03 89 46 83 00, Di–So 10–12 und 14–18 Uhr. Das 1996 aufwendig restaurierte Stoffdruckmuseum aus dem Jahre 1858 zeigt an die drei Millionen unterschiedlicher Muster und Dessins, die Colmar zu einem bedeutenden Textildruckzentrum machten.

Musée National de l'Automobile 12: 192, ave. de Colmar, Tel. 03 89 33 23 23, 3. Jan.–2. Febr. Mo–Fr 13–17, Sa/So 10–17 Uhr, 4. Febr.–Ende März und Nov./Dez. tägl. 10–17, April–Okt. 10–18 Uhr.

Eines der renommiertesten Automobilmuseen der Welt. Seine Bestände umfassen über 400 Fahrzeuge knapp 100 unterschiedlicher Marken und gehen auf den Sammler Fritz Schlumpf zurück. Das teuerste und bekannteste Auto ist der Bugatti Royale .

Cité du Train 13: 2, rue Alfred-de-Glehn, Tel. 03 89 42 83 33, April– Sept. 10–18 Uhr, sonst bis 17 Uhr. In einer großen Halle zeigt das Eisenbahnmuseum sorgfältig hergerichtete Lokomotiven und Salonwagen aus den Beständen der französischen Eisenbahngesellschaft.

Nebenan im **Musée des Sapeurs-Pompiers** dreht sich alles um die Feuerwehr (selbe Öffnungszeiten).

Musée Electropolis 14: 55, rue du Paturage, Tel. 03 89 32 48 60, Juli/Aug. tägl. 10–18 Uhr, sonst Di–So 10–18 Uhr. Wissenswertes über Elektrizität, Informatik und Kommunikation.

Office de Tourisme: 9, ave.Foch, Tel. 03 89 35 48 48, Fax 03 89 45 66 16, www.ot.ville-mulhouse.fr, Mo–Fr 9–19 Uhr; im Sommer auch Sa 9–18, So 10–13, im Winter Sa 9–17 Uhr.

Hôtel du Parc 15: 26, rue la la Sinne, Tel. 03 89 66 12 22, Fax 03 89 66 42 44, www.hotelduparc-mulhouse.com. Zentral gelegene, luxuriöse Herberge für Anspruchsvolle. Komplett im Stil der Belle Epoque renoviert, bietet das Haus eine sehr angenehme Atmosphäre. DZ ab 112 €.

Schönheiten aus Blech und Lack im Musée National de l'Automobile

Hôtel de la Bourse 16: 14, rue de la Bourse, Tel. 03 89 56 18 44, Fax 03 89 56 60 51, bourse.hotel@wanadoo.fr. Gut geführte Unterkunft mit modern eingerichteten, freundlichen Zimmern in Bahnhofsnähe. DZ 60–128 €.
Hôtel Ibis Gare Centrale 17: 53, rue Bale, Tel. 03 89 46 41 41, Fax 03 89 56 24 26. Sauberes Kettenhotel in zentraler Lage. DZ ab €.
Zahlreiche preisgünstige **Motels** finden sich an der Autobahn A 36 Neuenburg–Belfort (Ausfahrt Ile Napoléon) in der Nähe des Einkaufszentrums Carrefour.

Jugendherberge: Auberge de Jeunesse 18: 37, rue de l'Illberg, Tel. 03 89 42 63 28, mulhouse@fuaj.org.

La Poste Kieny 19: 7, rue de Gaulle, Riedisheim, Tel. 03 89 44 07 71, So abend bis Di mittag Ruhetag. Von außen gibt das eher bescheiden wirkende Lokal seine wahren Werte nicht preis. Aber Küchenchef Jean-Marc Kieny macht seinen berühmten Lehrmeistern alle Ehre. Menüs ab 37 €.
Aux Caves du Vieux Couvent 20: 23, rue du Couvent, Tel. 03 89 46 28 79, Sa mittag bis Mo mittag geschl. In den beiden geräumigen Speisesälen entwickelt sich bei Hochbetrieb schon mal Kneipenstimmung, wenn das Servicepersonal mit duftendem Zwiebelkuchen und dampfenden Sauerkrautplatten jongliert. Menüs ab 10 €.
Zum Saüwadala 21: 13, rue de l'Arsenal, Tel. 03 89 45 18 19, So und Mo Mittag geschl. Das Traditionslokal wirbt mit einem in elsässische Tracht gewandeten Schweinepärchen. Aus gutem Grund. Die Küche ist für Fleischesser der Himmel, für Vegetarier die Hölle. Menüs 9–22 €.

Bei einigen exotischen Antiquitätenhändlern in der **Rue de l'Arsenal** duftet es zwischen Kunstgewerbe aus Indien, leuchtenden Seidenkimonos und Porzellan aus Fernost nach Sandelholz und Räucherstäbchen (Kathmandu, 10, rue de l'Arsenal; Artisans du Monde, 8, rue de l'Arsenal).

Ein richtiges Einkaufsvergnügen beschert der Markt Canal Couvert (Di, Do und Sa 6–18 Uhr) mit Bergen von Obst, Gemüse, Fleisch sowie Klamotten und nordafrikanischen Stoffen.

Im **Théâtre de la Sinne** (39, rue de la Sinne, Tel. 03 89 33 78 00) finden Opern, Symphoniekonzerte, Schauspiele und Kabarettabende statt. Das gilt auch für das 1200 Plätze große Kulturzentrum **La Filature** (20, allée N. Katz, Tel. 03 89 36 28 28).

Bei Teens und Twens voll im Trend: **Le Noumatrouff** (57, rue de la Mertzau, Tel. 03 89 32 94 10, tägl. außer Mo ab 20 Uhr) mit 1000 Personen fassendem Konzertsaal, Disko, Bars und Cafés sowie das noch größere **Club Caesar** (192, rue Vauban, Stadtteil Illzach, Tel. 03 89 46 27 88, tägl. außer Mo und Di 22–4 Uhr) mit drei Diskos, fünf Bars und dem Restaurant ›La Sequoia‹.

Flughafen: Internationaler Flughafen Basel-Mulhouse, www.euroairport.com, ca. 20 km südlich von Mulhouse an der Grenze zur Schweiz. Busse zum Flughafen ab Gare Routière.
Züge: Der SNCF-Bahnhof (10, ave. du Général-Leclerc, Tel. 08 92 35 35 35) liegt an den Strecken Saarbrücken–Straßburg–Mailand und Zürich–Basel–Paris.
Busse: Regionalbusse (Cartrans 68) fahren an der Gare Routière de Mulhouse ab (1, pl. du Général Leclerc, Tel. 03 89 66 77 77).
Straßenbahn: Das neue Netz soll bis 2010 fertig gestellt sein.

NOSTALGISCHES BILDERBUCHDORF – DAS ECOMUSEE DE HAUTE-ALSACE

Elsass-Atlas: S. 238, C 1

Eine Stippvisite in der Vergangenheit lässt sich im Elsass auch ohne Zeitmaschine arrangieren. Das ›Ecomusée‹ in Ungersheim nördlich von Mulhouse macht's möglich. Dort wurden seit Beginn der 1980er Jahre rund 60 typisch elsässische Gebäude, vor allem aus dem Sundgau, ›zusammengetragen‹ und wieder aufgebaut. So entstand ein Bilderbuchdorf aus Fachwerkbauten, in dem es zugeht wie in der guten, alten Zeit. In einer Mühle wird Öl gepresst. Wagner, Schmied und Holzschuhschnitzer lassen sich bei der Arbeit über die Schulter schauen. Verglichen mit der von Wasser getriebenen Vogesen-Sägemühle nimmt sich die große Dampfmaschine schon richtig fortschrittlich aus.

Alte Häuser und Gehöfte werden vielerorts im Elsass durch Neubauten ersetzt, vor allem im ländlichen Sundgau. Denn Bauernhöfe und Scheunen aus der Zeit der Dreifelderwirtschaft sind für moderne Maschinen zu klein, zu unbequem und nicht mehr funktional genug. Sind die Fachwerkgebäude erst einmal baufällig, ist ihr Abbruch meistens die logische Folge. Zu Beginn der 1970er Jahre fasste der damalige Völkerkundestudent Marc Grodwohl den Entschluss, etwas gegen das Verschwinden der historischen Architektur zu unternehmen. Heute ist er Direktor des Ecomusée und Präsident seines Trägervereins ›Maisons paysannes d'Alsace‹, der sich die Restaurierung bedrohter alter Häuser im oberen Sundgau zum Ziel gesetzt hat.

Dass dem allgemeinen Erneuerungstrend grundsätzlich nichts entgegenzusetzen war, wurde Marc Grodwohl bald klar. Er spürte daher Erhaltenswertes auf, um es in einem Freilichtmuseum vor dem Verschwinden zu retten. Als neue Heimat der Gebäude fand man ein ausgedehntes Gelände 12 km nördlich von Mulhouse, das landwirtschaftlich nicht nutzbar war. Bis heute ist dort ein elsässisches Schmuckstück entstanden, eine auch von kleinen Gästen viel besuchte Attraktion. Für sie ist z.B. die ›Disko‹ vom Ende der Belle Epoque besonders interessant – ein Salon-Karussell mit lackierten Holzpferden, aber auch eine Tanzfläche, eine Bar und Logensitze aus Plüsch und Leder gehören dazu.

Stetig hat sich das Ecomusée seit den frühen 1980er Jahren mit Projekten wie einer Hausbrauerei und einer Schokoladenfabrik fortentwickelt. Überhaupt ist die Konservierung alter Techniken ein wichtiges Anliegen. So verkehrt zwischen der im Jahr 2000 wieder aufgebauten Gare de Bollwiller im Ökodorf und der geschlossenen Kali-Mine ›Rudolphe‹, wo Maschinen aus dem 19. Jh. ausgestellt sind, eine historische Eisenbahn (Ecomusée de Haute-Alsace, Chemin Grosswald, Ungersheim, Tel. 03 89 74 44 74, tägl. 9–18 Uhr, im Sommer bis 19 Uhr. Vor Ort kann man in zehn Fachwerkhäuschen übernachten).

Herbe Höhepunkte: Südvogesen

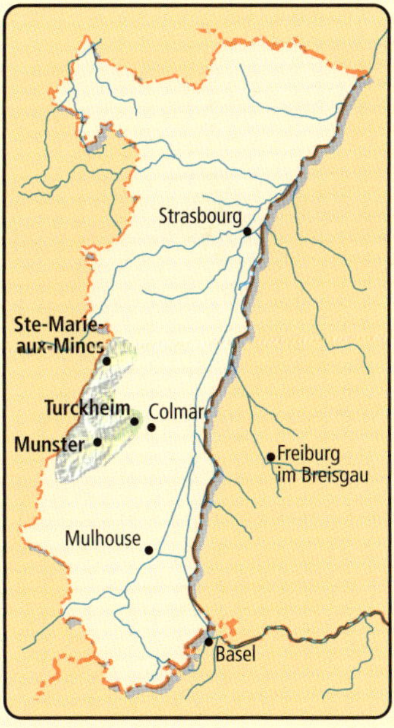

Am Petit Ballon

Elsass-Atlas S. 236

MUNSTERTAL UND UMGEBUNG

Von der romantischen Weinhochburg Turckheim geht es vorbei an duftenden Käsekellern auf die Vogesenhöhen. Dort liegen stimmungsvolle Fermes-Auberges, die Mountain-Biker ebenso willkommen heißen wie Wanderer und Autotouristen. Im Winter tobt rund ums weiß gepuderte Munstertal der Skizirkus.

Turckheim

Elsass-Atlas: S. 236, C 2/3

Abend für Abend verwandelt sich Turckheim in eine romantische Kulisse, wie man sie in einem alten Musketierfilm erwarten würde. Aus den Gasthausfenstern fällt matter Lichtschein in ausgetretene Pflastergassen. Fachwerkfassaden ducken sich unter altersschweren Ziegeldächern. Wuchtige Stadttore bewachen die Zufahrtsstraßen. Selbst der Nachtwächter fehlt nicht. Mit Hellebarde und Laterne zieht er an Sommerabenden seine Runden, als habe er das 21. Jh. verschlafen.

Wein und Wirtschaft

Das Weindorf liegt am Eingang des landschaftlich reizvollen Munstertals, das als eines von zahlreichen Quertälern von der Rheinebene in die Vogesen führt. Die sonnenwarmen Weinberge in der Umgebung gehören zu den besten Lagen des Elsass, so dass das Geschäft mit den guten Tropfen im Ort traditionell von großer Bedeutung ist. Dokumente aus dem 15. Jh. belegen, dass die Gemeinde schon damals in die Schweiz lieferte. Die Winzer machten dabei so gute Geschäfte, dass sie sich prächtige Häuser bauen lassen konnten. Indem die Stadt nicht allein auf den Wein setzte, sondern seit dem 19. Jh. eine Papier-, Farb- und chemische Industrie aufbaute, sicherte sie ihr Überleben auch in einer Zeit, als die Winzerei durch Rebenkrankheiten und Kriegseinwirkungen in die Krise geriet.

Romantisches Ortsbild

Überquert man von Colmar kommend in der Nähe des Bahnhofs die Brücke über die Fecht, gelangt man zur wuchtigen **Porte de France,** einem von drei noch vorhandenen Stadttoren aus dem 14. Jh. Dahinter fühlt man sich unwillkürlich ins Mittelalter versetzt. Den Platz vor der früheren Hauptwache **Ancien Corps de Garde** aus dem Jahr 1567, die eine Zeit lang als Rathaus diente

Fachwerkidyll an der Place Turenne in Turckheim

und heute die Touristeninformation beherbergt, ziert der 1725 errichtete **Stockbrunnen** mit einer Mittelsäule samt Marienfigur. Geradewegs führt die Rue du Conseil auf das 1620 erbaute Rathaus mit geschweiftem Giebel zu. Das im selben Jahr errichtete **Hôtel des Deux Clefs** an der linken Straßenseite fällt mit seinem schönen Fachwerk und prächtigen Schnitzereien am dreigeschossigen Erker ins Auge.

Hinter dem Rathaus erhebt sich auf romanischen Fundamenten der Glockenturm der **Eglise Ste-Anne.** Die Kirche selbst ist ein klassizistischer Bau aus den Jahren 1837 bis 1839, der an die Stelle einer dreischiffigen Basilika trat. Von hier gelangt man über die Rue de la Grenouillère, die den Verlauf der ehemaligen Stadtmauer nachzeichnet, zur **Porte du Brand.** Hinter dem Stadttor zieht sich die Rue de Vogel unterhalb der Weinberge entlang und bietet eine Panorama-Aussicht über das Dächermosaik von Turckheim. Von der Hauptstraße, die als Route des Vins durch die Weinberge nach Niedermorschwihr führt (s. S. 134), reicht der Blick an einigen Stellen bis nach Colmar.

Der Rundgang durch die Stadt führt im weiteren Verlauf in der Rue des Vignerons am sehenswerten Haus Nr. 85 vorbei. Am dritten Stadttor, der **Porte du Munster**, wurden im 16. und 17. Jh. Todesurteile vollstreckt. Viele der dort Hingerichteten waren der Hexerei bezichtigte Frauen.

Hauptgeschäftsstraße von Turckheim ist die **Grand' Rue,** die zum Ausgangspunkt des kleinen Stadtrundgangs zurückführt. Das Haus Nr. 71 hat eine besonders schön geschnitzte Fachwerkfassade. Das **Restaurant ›A l'Homme Sauvage‹** (Nr. 19), bis 1626 in Stadtbesitz, ist das älteste Lokal Turckheims (s.u.).

Office de Tourisme, pl. Turenne, Tel. 03 89 27 38 44, Fax 03 89 80 83 22, www.turckheim-alsace.com; Juli/Aug. Mo–Sa 9–12 u. 13.30–18, So 10–12 Uhr, sonst Mo–Sa 10–12 u. 13.30–18 Uhr.

Hôtel des Deux Clefs: 3, rue du Conseil, Tel. 03 89 27 06 01, www.hotel-turckheim.com. Das äußerlich sehr ansprechende Fachwerkhotel hält auch im Innern, was es verspricht: wohnlich ausgestattete Zimmer in munteren Farben mit zum Teil antikisierendem Mobiliar. DZ ab 69 €.
Berceau du Vigneron: 10, pl. Turenne, Tel. 03 89 27 23 55, Fax 03 89 30 01 33, im Winter geschl. Bequeme Zimmer ohne großen Komfort in einem Anwesen an der alten Stadtmauer. DZ ab 42 €.

Camping Municipal: an der D 11, Tel. 03 89 27 02 00, März–Okt.

Auberge Winstub du Veilleur: 12, pl. Turenne, Tel. 03 89 27 32 22, Mo/Di Ruhetag. Ausgezeichnete Gerichte wie Kaninchen, Kalbskopf oder Speisen, zubereitet mit Munsterkäse. Menü ab ca. 30 €.
A l'Homme Sauvage: 19, Grand' Rue, Tel. 03 89 27 56 15, So abend und Mi Ruhetag. Das ältestes Lokal der Stadt besitzt eine hübsche, rustikale Gaststube, in der Gerichte wie die Melkermahlzeit (s. S. 110) oder Kassler mit ›Roigabrageldi‹ (eine Art Kartoffelauflauf) serviert werden, wie sie auf den Bergalmen in den Vogesen Tradition sind. Menü ab 16 €.

Caveau au Turenne: 14, rue de la Grenouillère, Tel. 03 89 27 25 81, Mo/Di Ruhetag. Nach einem Zanderfilet auf Sauerkraut und einem Apfelstrudel zum Nachtisch sieht die Welt ganz anders aus. Menü ca. 32 €.

Das untere Munstertal ist ein ideales Revier für Radler. Drahtesel kann man ausleihen bei **Grosshenny Cycles** (84, Grand' Rue, Tel. und Fax 03 89 27 06 36).

Turckheim liegt an der Bahnlinie von Colmar nach Metzeral.

Auf Umwegen nach Munster

Elsass-Atlas: S. 236, B/C 3
Westlich von Turckheim gelangt man durch das Tal des Flüsschens Fecht in das 27 km lange Vallée de Munster. Bis zum Anschluss an die Eisenbahn im 19. Jh. führten die dortigen 16 Gemeinden ein isoliertes Dasein. Käsereien produzieren wie eh und je den berühmten Munsterkäse, und auf den Hochweiden und Bergflanken um das malerische Tal liegen mehr als ein Dutzend noch bewirtschafteter Fermes-Auberges. Seit einigen Jahren gibt es die so genannte **›Käsestraße‹ (Route du Fromage),** die bis in die höchsten Lagen der Vogesen hinaufführt, wo die vierbeinigen Milchproduzenten im Sommer auf den saftigen Wiesen stehen und sich die Käsereien wie Duftnoten in einer Gaumenschmauspartitur aneinander reihen.

WENN DER KÄS' DAS LAUFEN LERNT ...

Das Elsass gehört nicht nur zu den bekanntesten Weinregionen Frankreichs. Hier wird auch ein berühmter, kräftiger Weichkäse produziert: der Munster Géromé. Die runden, flachen Laibe haben eine feuchte, orangerote bis gelbgraue Rinde. Die gelbe Käsemasse verändert je nach Reifegrad ihre Konsistenz bis zum vollreifen Zustand, wenn der Käse zu fließen beginnt. Gerne wird er mit Kümmel gegessen, und wer den Gaumenschmaus auf die Spitze treiben will, gönnt sich dazu einen Gewürztraminer oder einen trockenen Riesling.

Seit wann in den elsässischen Vogesen Käse produziert wird, lässt sich nicht mit Bestimmtheit sagen. Die ersten Sennereibetriebe mögen im Zuge von Klostergründungen östlich der Vogesen schon im 8. oder 9. Jh. entstanden sein. Im Munstertal belegt eine Urkunde von 1417 die Produktion. Danach mussten die Munsterer den Stiftsherren von Lautenbach als Wiedergutmachung für die unberechtigte Nutzung einer Weide drei Jahre lang 60 Käse liefern. Der an der Universität Basel lehrende Theologe und Kosmograph Sebastian Münster (1489–1552) schwärmte 1544 von der Vorzüglichkeit des Munstertaler Milchproduktes. Der ›kleine Stinker kam damals in erster Linie in Straßburg auf den Markt. Weniger beliebt war der Colmarer Markt, weil die ›Käsleut‹ dort Abgaben entrichten mussten.

Ziegenbock auf einer Ferme Auberge. Der echte Munsterkäse besteht aber aus Kuhmilch

Hauptroute durch das untere Munstertal ist die stark befahrene D 417. Die viel reizvollere Nebenstrecke D 10 führt auf der gegenüber liegenden Seite an der Fecht entlang. In Wihr-au-Val überquert man den Fluss und die D 417, um einen südlichen Bogen um das eigentliche Tal zu schlagen.

Ab **Soultzbach-les-Bains,** einem Dorf mit Mineralquellen, steigt die Straße an bis hinauf nach **Wasserbourg,** das nur aus einigen zwischen den Bergflanken eingebetteten Häusern besteht. Über eine *route forestière,* von der sich reizvolle Ausblicke auf Wasserbourg bieten, erreicht man den bewaldeten Höhenrücken. In westlicher Richtung ist der Vogesenkamm zu sehen. Hält man sich beim Restaurant ›Du Ried‹ links, kann man auf der geteerten Straße zum 1267 m hohen **Petit Ballon** weiterfahren. An dieser Bergstrecke liegen zahlreiche Fermes-Auberges. An einer kleinen Wegkreuzung unterhalb des Petit Ballon passiert man zunächst die **Ferme-Auberge Buchwald** (Tel. 03 89 77 37 08, Mitte Mai–Mitte Okt., Restaurant mit elsässischen Gerichten, Melkermahlzeit 14 €; keine Übernachtungsmöglichkeit), die am Wanderweg Sentier Emile Herzog liegt und gleichzeitig zur Route du Fromage gehört. Als Ziele für Wanderer bieten sich **Strohberg** (etwa 20 Min.), der **Col de Bœnlesgrab** (1 Std., 20 Min.) und **Lautenbach** (2 Std. 30 Min.) an. Auf dem weiteren Weg zum Petit Ballon, durch die typische baumlose, herbe Hochweidenlandschaft der Vogesen, kommt man zur **Ferme-Auberge Kahlenwasen** (Tel. 03 89 77 32 49, Ostern–Nov., Mi geschl., Munsterkäse aus eigener Herstellung, Melkermahlzeit 14,50 €; elf Zimmer, DZ mit Frühstück 21 €). Dieser nach dem Ersten Weltkrieg wieder aufgebaute große Betrieb ist recht ursprünglich geblieben.

Vom Petit Ballon hat man eine wunderbare Rundumsicht. Weit im Westen liegt der teilweise bis ins Frühjahr eine weiße Schneekappe tragende Vogesenkamm. Im Osten gibt sich das Rheintal nur an klaren Tagen zu erkennen, doch ragen über den Dunstschleier oft die Höhen des Schwarzwaldes oder die Alpengipfel hinaus. Von der Serpentinenstraße hinab nach Sondernach führen Abzweige zu bekannten Fermes-Auberges, wie **Rothenbrunnen** (Tel. 03 89 77 33 08, 1.–20. Dez. geschl., Mo Ruhetag, Übernachtungsmöglichkeit in zwei Schlafsälen bzw. einigen Zimmern, Melkermahlzeit 14, DZ mit Halbpension 31 € p.P.) und **Landersen** (Tel. 03 89 77 60 70, Dez. –Mitte Jan. geschl., Fr Ruhetag, Melkermahlzeit 12,50 €).

Berggasthöfe und Panoramaaussichten

Vor dem Ortseingang von **Sondernach,** das sich als Ausgangspunkt für Wander- oder Autotouren in die Umgebung anbietet, stößt man auf die Straße D 27, der man in Richtung Le Markstein folgt. Auf der Serpentinenstraße durch dichten Wald gewinnt man schnell an Höhe. Eine Stichstraße nach rechts führt zum bekannten Wintersportort **Schnepfenried** (1km), wo die auf 1030 m Höhe gelegene **Ferme-Auberge du Schnepfenried** ihren Gästen nicht nur leibliche Stärkung, sondern zugleich einen schönen weit reichenden Blick hinüber zum Hohneck und auf das tief eingeschnittene Fechttal bietet (Tel. 03 89 77 61 61, ganzjährig; gemütliche Gaststube mit deftigen Speisen aus eigener Produktion, Melkermahlzeit 13 €; keine Übernachtung).

Über den Col du Platzerwasel geht es weiter Richtung Le Markstein. Abseits der Straße liegen die **Ferme-Auberge Uff Rain** (Tel. 03 89 77 67 68, Juni bis Mitte Okt., Di Ruhetag, hausgemachter Heidelbeerkuchen, Butter und Käse, Melkermahlzeit 13,50 €; keine Übernachtung) und die **Ferme-Auberge Salzbach** (Tel. 03 89 77 63 66, Juni–Mitte Okt., Melkermahlzeit mit Dessert 14 €; keine Übernachtung).

Etwa 3 km vor Le Markstein stößt die D 27 auf die Route des Crêtes (s. S. 113ff.), der man nach rechts bis zum Col de la Schlucht folgt, wo die D 417 Richtung Munstertal abbiegt. Diese Strecke über **Soultzeren** nach Munster ist die kürzeste Verbindung. Wer einen Umweg nicht scheut, sollte vor Soultzeren nach links zum 882 m hohen Col du Wettstein abbiegen. Zwischen diesem Pass und dem Berg Le Linge erinnern ein Soldatenfriedhof und ein Monument an den verbissenen Stellungskrieg, der hier während des Ersten Weltkrieges stattfand. Auf der Straße D 5/B 1 passiert man den Luftkurort **Hohrod,** wo man die Aussicht über die schöne Umgebung genießt, ehe die Strecke in die D 417 mündet.

Ein riskanter Job

In der Gemeinde **Muhlbach** hinter Munster erzählt das kleine Musée de la Schlitte (Juli/Aug. tägl. 10–12 und 15–18 Uhr, Tel. Rathaus 03 89 77 61 08) die Geschichte, wie Waldarbeiter früher in der kalten Jahreszeit auf großen Schlitten das eingeschlagene Holz ins Tal transportierten – ein Höllentrip, bei dem manch einer sein Leben ließ.

LEBEN WIE GOTT IN FRANKREICH - FERMES-AUBERGES

Fluchtpunkte stressgeschädigter Städter, die in der Abgeschiedenheit der Vogesenhöhen ihre Arbeitskraft wiederherstellen wollen; Ferienburgen für Familien, deren Kinder abseits dröhnender Straßen umhertollen können; Anlaufstationen für Wanderer, die den Genuss einer deftigen Melkermahlzeit suchen: Die Rede ist von den rund 70 Fermes-Auberges, Bergbauernhöfen, die seit mehr als 100 Jahren zu den beliebtesten Gastronomie-Oasen des Elsass zählen.

Meistens liegen die Fermes inmitten von saftigen Wiesen. Hier weiden im Sommer die Kühe, aus deren Milch Käsereimeister ihren Käse herstellen, der in den Fermes auf den Tisch kommt. Die Aufsichtsbehörde achtet streng darauf, dass in den Berggasthöfen mindestens 70% der angebotenen Produkte aus dem eigenen Betrieb stammen, falls sie keine reguläre Gaststättenlizenz besitzen.

Die Zeit ist – wie könnte es anders sein – auch an den Fermes-Auberges nicht spurlos vorübergegangen. Vor 100 Jahren waren viele dieser Höfe nur zu Fuß über teils steile Pfade erreichbar. Heute gibt es asphaltierte Zufahrten und bequeme Parkmöglichkeiten. Und längst hat die Elektrizität Einzug gehalten und mit ihr viele Bequemlichkeiten des städtischen Lebens, die den Bauern ihre Existenz erleichtern, aber zum Leidwesen nostalgischer Ferme-Besucher den Verlust von bäuerlicher Atmosphäre und ›Stallgeruch‹ bewirkt haben. Gelegentlich – das muss man sagen – hat das Kommerzdenken hier wie anderswo zu rustikalen Auswüchsen geführt, doch gibt es auch noch jene ›echten‹ Fermes-Auberges, die trotz moderner Küchengeräte Tradition und Landverbundenheit nicht vermissen lassen.

Wer in eine Ferme-Auberge einkehrt, findet auf der Speisekarte häufig *le repas marcaire,* die Melkermahlzeit. Ursprünglich bestand sie aus Frischkäse und Brot. Doch hat sich daraus im Laufe der Zeit – wohl auch, um den Touristenwünschen gerecht zu werden – ein umfangreicheres Menü entwickelt. Den Auftakt bildet in der Regel eine Terrine Suppe. Als Hauptgang kommen gekochtes Rindfleisch mit Salat und *roigabrageldi,* die typisch elsässischen rohgebratenen Kartoffeln, auf den Tisch. Dazu trinkt man normalerweise einen Riesling. Zum Nachtisch wird häufig eine Heidelbeertorte, ein Gugelhupf oder eine Käsetorte au Kirsch serviert – ein Stück nicht ganz ausgereifter Munsterkäse, mit Kirschwasser übergossen.

Die Krönung eines Aufenthalts in einer zünftigen Ferme-Auberge ist die Übernachtung in einem bäuerlichen Zimmer oder im Schlafsaal. Hier wirkt nicht selten die Hüttenatmosphäre nach, selbst wenn man heute statt in duftendem Heu in der Regel unter einer Daunendecke schläft. Wird man in der frischen Morgenluft durch das Muhen der Kühe geweckt und zieht der Geruch von gebratenen Spiegeleiern durch die Türritzen, ist der Traum vom Leben in der Natur Realität geworden – bis die ersten aufbrechenden Gäste die Automotoren anlassen.

Panorama: 3, rte. du Linge, Tel. 03 89 77 36 53, Fax 03 89 77 03 93, hotel.panorama@libertysurf.fr. Auf 750 m Höhe gelegenes älteres Ferienhotel der populären Logis de France-Kette mit modernem Anbau und Schwimmbad. DZ 49–69 €.
Hôtel Roess: 16, route du Linge, Tel. 03 89 77 36 00, Fax 03 89 77 01 95, info@hotel-roess.fr. Rustikale Bergatmosphäre prägt das als Familienbetrieb geführte Haus mit 38 Zimmern und berückendem Panoramablick. DZ 44–54 €.

Camping:
Ferme-Auberge Grand Hêtre, Schnepfenried, Tel. 03 89 77 61 95, Mai–Sept.
Camping Municipal du Langenwasen, Mittlach, an der D 10, Tel. 03 89 77 63 77, Mai–Sept.

Käsereibesichtigung: Auf der Ferme WALSA in Breitenbach (Ferme du Saesserie, Tel. 03 89 77 49 46) können Interessierte einen Blick auf die Käseherstellung und in die Reifekeller werfen.

Munster

Elsass-Atlas: S. 236, B 3
Munster war im Ersten Weltkrieg besonders stark von Zerstörungen betroffen, da die Frontlinie mitten durch die Ortschaft führte. Auffallendstes Bauwerk ist an der Place du Marché die 1867–73 erbaute neuromanische evangelische Kirche, die nach dem Ersten Weltkrieg restauriert werden musste. Wenige Schritte nördlich des Marktplatzes steht das 1550 errichtete **Hôtel de Ville** mit denkmalgeschützter Fassade. Über dem Eingang prangt das Munsterer Wappen. An der Durchgangsstraße Grand' Rue fällt Haus Nr. 11 mit einer im Trompe-l'œil-Stil bemalten Fassade auf. Am Giebelfenster unter dem Dach hängt die Figur eines Bäckers, der einen Gugelhupf in Händen hält.

An der Südseite des mit einem **Löwenbrunnen** aus dem Jahr 1576 geschmückten Marktplatzes sind die Überreste der ehemaligen **Abtei St-Gregorius** zu sehen, die von 660 bis 1791 Bestand hatte und eine der größten Benediktinerabteien des Elsass war. Die Stadt verdankt ihr den von ›Monasterium‹ (*lat.* Kloster) abgeleiteten Namen. Viele Jahrhunderte lang war der Abt des Klosters Herr über die Einwohner des Munstertales, das einst Gregoriental hieß. Er ernannte die Beamten, war oberster Richter, erhob den Zehnten und legte die Steuern fest. 1235 wurde St-Gregorius Reichsabtei

Abstecher ins obere Munstertal

Wer einen Ausflug ins obere Munstertal unternehmen möchte, fährt auf der D 10 nach Luttenbach (von dort gibt es eine direkte Straßenverbindung zum Petit Ballon) und über Muhlbach nach Metzeral, das sich als Ausgangspunkt für Wanderungen zum Lac de Fischbœdle oder zum Lac de Schiessrothried anbietet. In einigem Abstand zur D 10 gibt es ab Munster einen für Autos gesperrten Radweg.

des Heiligen Römischen Reiches Deutscher Nation. Bis zum 18. Jh. entwickelte sich das Kloster zu einem wirtschaftlichen und geistigen Zentrum, wurde im Zuge der Säkularisierung während der Französischen Revolution 1791 aber geschlossen.

Office de Tourisme: 1, rue du Couvent, Munster, Tel. 03 89 77 31 80, Fax 03 89 77 07 17, www.la-vallee-de-munster.com, Mo–Fr 9.30–12.30 und 14–18 Uhr, Sa 10–12 und 14–16 Uhr, So geschl.

Grand Hôtel: 1, rue de la Gare, Tel. 03 89 77 30 37, Fax: 03 89 77 30 06, grandhotel68@free.fr. Gleich am Bahnhof gelegene, aus zwei Gebäuden bestehende Unterkunft mit einfacheren, aber komfortablen Zimmern. Das Kantinenflair des Restaurants täuscht: Man isst dort gut. DZ 60 € (Hochsaison).
Aux Deux Sapins, 48, rue du 9eme-Zouaves, Tel. 03 89 77 33 96, Fax 03 89 77 03 90. Das ordentliche Hotel bietet 19 Gästezimmer mit Bad oder Dusche, Telefon und Kabel-TV und ein gutes Restaurant mit vorwiegend leichten Speisen. DZ 36–46 €.
Hôtel/Bar des Vosges, 58, Grand' Rue, Tel. 03 89 77 31 41, Fax 03 89 77 59 86. Das an der Durchgangsstraße liegende Hotel mit Standardzimmern nimmt auch gerne Gäste auf, die mit Fahrrädern unterwegs sind. DZ ab 47 €.
Camping Municipal: an der Straße D 10, Tel. 03 89 77 31 08, Mitte April–Ende Sept.

Verte Vallée: 10, rue Alfred Hartmann, Tel. 03 89 77 15 15, in der 2. Januarhälfte geschl. Im farbenfrohen Hotelrestaurant lässt der Küchenchef frisch zubereitete, elsässische Gerichte servieren und bietet eine Weinkarte der gehobenen Kategorie an. Menü ab 20 €.
Nouvelle Auberge, rte. de Colmar (Wihr-au-Val), Tel. 03 89 71 07 70, Mo/Di Ruhetag. Die Küche von Martine und Bernard Leray gehört zu den drei Dutzend besten in der ganzen Region. Menü ab 29 €.
Ferme-Auberge du Geisbach, Luttenbach, 4 km von Breitenbach entfernt, Tel. 03 89 77 32 63, im Hochsommer tägl. geöffnet (fünf Zimmer für Übernachtungsgäste). Es gibt meist nur ein Menü, womit in der Regel jeder Gast zufrieden ist. Menü ab 13,50 €.

Mountain Biking: In und um das Munstertal gibt es ein 250 km langes Netz von ausgebauten, zum Teil sehr anspruchsvollen Mountain-Bike-Pfaden. Das Centre VTT Munster (20, rue Sébastopol, Tel. 03 89 77 29 41, Fax 03 89 77 44 83, http://hometown.aol.com/agcactus/VTT.HTML) vermietet Mountain Bikes, organisiert Touren (mit Führung und Gepäcktransport zur Unterkunft) und informiert über Strecken.

Klettern: Die ca. 1 km nördlich von Hohneck gelegene, 120 m hohe Martinswand gehört in der Munstertal-Region zu den bekanntesten Klettergebieten – eine schroffe, aus Granit bestehende Vertikale mit Schwierigkeitsgraden 3b bis 7c (Mai–Okt.)

Paragliding: Gleitschirm- und Drachenflieger können bei Centre Ecole de Markstein Kurse absolvieren (Chalet le Point, 68610 Markstein, Tel. 03 89 82 68 54, www.centreecolemarkstein.com).

Züge: täglich mehrere Verbindungen von/nach Colmar.

AUTOBUMMEL AUF DEM VOGESENKAMM

Abenteuer Panoramastraße Route des Crêtes, mittelalterliche Silberbergwerke, kristallklare Bergseen, Wanderungen durch Blumenwiesen, Bilderbuchpanoramen bis in die Schweizer Alpen, Meere von Wildnarzissen im Frühjahr, Farbenrausch der Wälder und blaurote Hänge voller Heidekraut und Heidelbeeren im Herbst.

Hoch hinaus auf der Route des Crêtes

Elsass-Atlas: S. 236, A/B 1–3
Neben der elsässischen Weinstraße ist die Route des Crêtes auf dem zwar rauen, aber malerischen Vogesenkamm die bekannteste Ferienroute im Elsass. Von Ste-Marie-aux-Mines im Norden mäandert sie in vielen Windungen über die Wind und Wetter geprüften Hochlagen des Mittelgebirges bis ins 150 km entfernte Cernay im Süden. Höchster Punkt und höchste Erhebung des Elsass ist der magische, von den Kelten verehrte Grand Ballon (1424 m). Im Winter machen meterdicke Schneeschichten die Route des Crêtes unpassierbar. Sie entstand im Ersten Weltkrieg, um für die französischen Truppen eine Verbindung zwischen ihren Bastionen am Vieil Armand und am Brézouard herzustellen.

Eine Spazierfahrt auf dieser Bergstrecke lohnt sich wegen der Ausblicke ins Rheintal und nach Lothringen, vor allem aber wegen der reizvollen Vogesenlandschaft. Typisch für die südlichen Vogesen sind unbewaldete, aus der Entfernung fast vegetationslos wirkende Bergkuppen, die wie die Bergseen eine Hinterlassenschaft eiszeitlicher Gletscher sind. Ein weiterer landschaftlicher Akzent sind Hochmoore vor allem um den Col de la Schlucht.

Ste-Marie-aux-Mines

Elsass-Atlas: S. 236, B 1
Von Sélestat aus ist **Ste-Marie-aux-Mines** als nördlicher Ausgangspunkt für die Route des Crêtes leicht durch das Tal des Flüsschens Lièpvrette zu erreichen. Der Name des in einem schmalen Vogeseneinschnitt gelegenen Ortes mit rund 6500 Einwohnern erinnert an die einstige Bedeutung des Bergbaus. Vom Mittelalter bis ins 20. Jh. wurden Kupfer,

Markt der bunten Steine

Jahr für Jahr treffen sich im Sommer Mineraliensammler und Edelsteinjäger aus 40 Ländern, darunter über 500 Aussteller, in Ste-Marie-aux-Mines zu einer der größen Mineralienbörsen Europas. Die Straßen der Stadt sind während dieser Veranstaltung voll von weißen Zelten und Pavillons, in denen die bunten und zum Teil wertvollen ›Stars‹ wie Steine, Mineralien und Fossilien zu sehen sind und verkauft werden.

Blei und Silber gefördert, woran das aus dem 16. Jh. stammende Besucherbergwerk St-Barthélemy erinnert. Auch im örtlichen Maison de Pays ist die lokale Geschichte des Bergbaus u.a. mit vielen mineralogischen Exponaten dokumentiert. Dem Bergbauboom folgte der Textilboom, und noch heute lebt der Ort in erster Linie von diesem Industriezweig. Ein 6,8 km langer Tunnel durch die Vogesenkette stellt eine Verbindung Richtung St-Dié her.

Office de Tourisme: 8, rue Wilson, Tel. 03 89 58 80 50, Fax 03 89 58 67 92, www.cestdanslavalee.com, Hauptsaison Mo–Sa 9–12.30 und 14–18 Uhr.

Hôtel-Restaurant Belle Vue: 2, rte. du Col, Tel. 03 89 58 72 39. Kleine Herberge mit 9 ruhigen Standard-Zimmern, eigenes Restaurant. DZ ab 42 €.

Ferme-Auberge de la Lièpvrette: 13, La Petite Lièpvre, Tel. 03 89 58 68 24. In zwei Schlafsälen kommen 8 Pers. unter. Fürs leibliche Wohl sorgen Almenklassiker wie Melkermahlzeit und Münsterkäse. Melkermahlzeit 13,50, Schlafplatz 9 € p. P.
Ferme-Auberge Le Petit-Haut: Ortsteil Petit-Haut, Tel. 03 89 58 72 15. Nach einer mächtigen Elsass-Spezialität und einigen Verdauungsschnäpsen in einem 650 m hoch gelegenen Anwesen übernachten... DZ 39 €, typisches Regionalgericht 14,50 €.

Camping: Les Reflets du Val d'Argent: 20, rue Untergrombach, Tel. 03 89 58 64 83, ganzjährig; **Camping du Fenarupt:** 3, ld. Fenarupt, Tel. 03 89 58 54 80, Mai–Sept.

École d'Équitation: 2, vallée du Frarupt, 68660 Lièpvre, Tel. und Fax 03 89 58 95 50, pharo@wanadoo.fr. Bauernhof mit ca. 35 Pferden, Ponys und Kleintieren. Man kann dort auch wohnen. 10-tägiger Reitkurs inkl. Verpflegung und Übernachtung ca. 336 €.

Besucherbergwerke: Mine d'Argent St-Barthélemy: nach Anmeldung, Tel. 03 89 58 72 28, Fax 03 89 58 68 07, Dauer 1–2 Stunden.
Mine d'Argent St-Louis-Eisenthür, Centre du Patrimoine Minier, 4, rue Weisgerber, nur für Gruppen von mind. 10 Personen und nach Absprache, Tel. 03 89 58 62 11, Fax 03 89 58 68 97, Dauer 3–4 Stunden, davon 1 Stunde unterirdisch.
Mine Gabe-Gottes, Maison du Pays, Juni–Sept., Besichtigungen tägl. um 11, 14.30 und 16 Uhr, Tel. 03 89 58 56 67, Dauer bis zu 3 Std.

Busse: tägl. mehrere Verbindungen Ste-Marie-aux-Mines–Sélestat.

DAS ELSÄSSISCHE EL DORADO – STE-MARIE-AUX-MINES

Wer von Sélestat das Tal des Flüsschens Lièpvrette hinauffährt, tut dies meist aus Gründen der Zeitersparnis. Der 6872 m lange Tunnel am Ende des Tales stellt die bequemste und schnellste Verbindung zur Westseite der Vogesen her (bis Anfang 2007 wg. Instandsetzung geschl.). Auf der Fahrt zum Tunnel kommt man durch Ste-Marie-aux-Mines, das zwischen dem 15. und 18. Jh. das El Dorado des ostfranzösischen Bergbaus war: Pro Jahr wurden neben rund drei Dutzend unterschiedlicher Erze auch 2–3,5 t Silber zutage gefördert. Zur Blütezeit waren hier über 25 000 Berg- und Hüttenleute damit beschäftigt, Silber-, Kupfer-, Blei- und Antimonerze, die auf Gängen im Gneis vorkamen, mit kleinen Loren zu fördern und danach zu waschen, zu verlesen und in Barren zu gießen. Manchmal blieb die Suche nach Silber jahrelang erfolglos, ehe wieder eine lohnende Ader entdeckt wurde.

Der Silberbergbau im Tal der Lièpvrette spielte damals eine wichtige Rolle. Denn dieses wertvolle Metall kam in den elsässischen Bergstollen, die teils schon im 10. Jh. von Mönchen des Klosters Echery ausgebeutet worden waren, in sehr konzentrierter Form vor. Einen geradezu legendären Fund machten die Arbeiter der Mine ›Zur Treue‹ in La Petite-Lièpvre im Jahre 1581, als sie einen Block aus dem Berg herausbrachen, der sage und schreibe 592 kg des Edelmetalls enthielt.

Die meisten Bergleute, die seit dem 15. Jh. um Ste-Marie-aux-Mines rund 700 km Stollen in die Vogesenberge trieben, stammten nicht aus dem Elsass, sondern waren ›Gastarbeiter‹ aus dem Harz, aus Thüringen, Sachsen und Böhmen, also aus traditionellen Bergbaugebieten. Im Tal entstanden Herbergen und Häuser, um die rund 3000 ausländischen Kumpels unterbringen zu können, die im Sinne des Wortes Knochenarbeit erledigten. Mit einfachen Werkzeugen gruben sie sich in den teils nicht einmal 1 m hohen und breiten Minengängen wie Maulwürfe vor – binnen eines Zwölfstundentages um kaum mehr als 2 bis 3 cm. Die Arbeitsbedingungen waren menschenunwürdig. Die flackernden Öllampen, die in den Minen für das nötige Licht sorgten, qualmten häufig so stark, dass die Qualität der Atemluft zur Zumutung wurde. Kinderarbeit war im 16. und 17. Jh. noch durchaus üblich. Die Kleinen hielten etwa die Feuer am Leben, mit denen in den Stollen die Felswände erwärmt wurden, um dann durch die Abschreckung mit kaltem Wasser eine Art Sprengwirkung zu erzielen.

Seit Beginn des 17. Jh. wurde die Ausbeute in den Bergwerken immer geringer, während die neu entdeckten riesigen Lagerstätten in Amerika die Aufmerksamkeit auf sich zogen. 1897 beschäftigten die Minen jedoch noch immer etwa 1500 Kumpels, die jedes Jahr etwa 36 t Blei, 43 t Kupfer und 18,5 t Arsen aus dem Gestein ergruben, bis auch diese Produktionsstätten 1907 stillgelegt wurden.

Um die Vogesenseen

Elsass-Atlas: S. 236, B 2
Vom knapp 400 m hoch gelegenen Ste-Marie-aux-Mines führt die D 48 das Tal der Lièpvrette weiter aufwärts und erreicht am Col des Bagenelles den eigentlichen Beginn der Route des Crêtes. Wer den Gipfel des 1229 m hohen Brézouard wegen der fabelhaften Aussicht besteigen will, kann sein Auto auf einem Parkplatz am Fuß des Berges stehen lassen. Der 949 m hoch gelegene **Col du Bonhomme** (7 km weiter) bildet die Nahtstelle zwischen dem Weiss- und Béhine-Tal an der Ostseite sowie dem Meurthe-Tal an der Westseite der Vogesen.

Auf der ebenen Kammlinie verläuft die Straße bis zum **Col du Louchbach** und steigt auf den folgenden Kilometern auf 1215 m zum **Col du Calvaire** an. Dieser Pass ist nicht nur Straßenkreuzung, sondern auch Schnittpunkt mehrerer Wanderwege. Von dort kann man etwa auf dem Fernwanderweg GR 5 zur nordöstlich gelegenen **Tête des Faux** (1220 m) gehen. Von den erbitterten Kämpfen, die dort im Ersten Weltkrieg stattfanden, zeugt der französische Soldatenfriedhof Duchesne zwischen Tête des Faux und Tête des Immerlins.

Am Col du Calvaire bietet sich ein kleiner Abstecher von der Route des Crêtes zu zwei Bergseen an. Georg Büchner besuchte sie während seiner Straßburger Studienzeit. Ihn müssen damals ungute Gefühle beschlichen haben, denn er beschrieb sie als »finstere Lachen in tiefer Schlucht, unter etwa 500 Fuß hohen Felswänden«.

Zum ›Schlechten Hans‹

Auf der D 48 talwärts, kommt man zunächst zum **Lac Blanc,** mit einer Fläche von knapp 30 ha der größte Gletschersee auf der elsässischen Seite des Vogesenkamms. Der helle Quarzsand auf dem Boden des Sees bewirkt bei entsprechender Sonneneinstrahlung trotz der 70 m Tiefe des Gewässers eigenartig helle Reflektionen – daher der Name ›Weißer See‹. Zur Bergseite ist er von schroffen Felswänden umgeben. An seiner Südflanke ragt mit dem **Rocher Château Hans** ein legendärer Felsen auf: Der Sage nach stand hier einst das Schloss des Bösewichts Hans von Felsenstein, das wegen der Schlechtigkeit seines Besitzers von der Erde verschlungen worden sein soll.

Nur etwa 3 km weiter talwärts liegt der durch einen Damm aufgestaute **Lac Noir**, um dessen Ufer ein Pfad führt. Die beiden Seen, zwischen denen ein 5 km langer Fußweg besteht, sind durch eine Wasserpipeline miteinander verbunden, die eine Turbine zur Stromerzeugung antreibt.

Zurück auf der Route des Crêtes, setzt man die Fahrt durch eine plateauartige Hochweidenlandschaft fort. Der 1303 m hohe, östlich der Straße liegende **Gazon du Faing** bietet sich für einen weiteren Spaziergang an. Der von Gletschern rund geschliffene Gipfel ist ein hervorragender Aussichtspunkt auf den unterhalb gelegenen

Stilles Idyll: Lac Noir

Weiher **Etang des Truites.** Und der nächste See an der Kammstraße, der von Hochmooren umgebene **Lac Vert,** liegt nur wenige Kilometer weiter südlich. Seinen Namen verdankt er der Ansammlung von Algen, die ihm in der warmen Jahreszeit eine grüne Farbe verleihen. Von einem Aussichtspunkt abseits der Straße kann man den See gut sehen.

Hôtel-Restaurant La Poste: 102, rue du 3e-Spahis-Algériens, Col du Bonhomme, Tel. 03 89 47 51 10, Fax 03 89 47 23 85. Auf knapp 700 m Höhe gelegenes Haus der Logis de France-Kette mit Pool und Sauna. DZ ab 55 €.
Relais Vosges-Alsace: Col du Bonhomme, Tel. 03 29 50 32 61, Fax 03 29 50 46 38, Mitte Nov.–Anf. Dez. geschl. Ausflugslokal auf der Passhöhe mit zwei Terrassen zum Draußensitzen und Panorama-Restaurant. Die Zimmer sind in Ordnung. DZ ab 26 €.
Auberge du Col du Bonhomme: 1, Col du Bonhomme, Tel. 03 29 50 32 25, Mitte Nov.–Mitte Dez. geschl. Einfache Zimmer. DZ ab 27 €.

Auf dem ›Dach des Elsass‹

Elsass-Atlas: S. 236, A/B 3
Wichtigster Pass an der Route des Crêtes ist der **Col de la Schlucht** (1139 m), über den auf Betreiben von Napoleon III. zwischen 1842 und 1869 eine Straßenverbindung zwischen Colmar und Gérardmer hergestellt wurde. Wenig später ent-

Ferme-Auberge Firstmiss

stand auf dem Vogesenkamm das international renommierte Hôtel Altenberg, der erste Übernachtungsbetrieb auf dem ›Dach des Elsass‹ überhaupt, der im Ersten Weltkrieg zerstört und später als Diätklinik wieder errichtet wurde.

Ein botanisches Raritätenkabinett

Etwa 2 km südlich des Col de la Schlucht passiert man **Le Jardin d'Altitude du Haut-Chitelet,** ein botanisches Raritätenkabinett in rund 1300 m Höhe. In diesem 10 ha großen Gebirgsgarten sind Pflanzen aus unterschiedlichen Höhenregionen Europas, Asiens und Nordamerikas zusammengestellt – fast 3000 Spezies. Zudem findet man hier ein Hochmoor sowie die Quelle des nach Lothringen fließenden Flüsschens Vologne (Tel. 03 29 63 31 46, Mitte Juni–Anf. Sept. 10–12 und 14–18 Uhr, Juli/Aug. durchgehend).

Dem Garten gegenüber biegt ein Weg zur **Ferme-Auberge des Trois-Fours** ab (Tel. 03 89 77 31 14, 15. Mai–15. Okt., Mo Ruhetag; Melkermahlzeiten, selbst gemachter Munsterkäse, Speckomelette, 6 Zimmer; DZ mit Halbpension 31 € p.P., Melkermahlzeit 13 €).

Die Vogesenregion zwischen Col de la Schlucht im Norden und Col du Herrenberg im Süden bildet mit ihren über 1300 m hohen Kämmen die am höchsten gelegene Berglandschaft des Elsass. Die Landschaft nimmt deutlich erkennbar alpinen Charakter an, und in der Vegetation finden sich botanische Raritäten, deren Ursprung auf kältere Zeitalter verweist. Diese Gegend um das 1362 m hohe Hohneck-Massiv, das sich in östlicher Richtung erstreckt und von dem man das überwältigende Panorama der Vogesen- und Schwarzwaldberge genießen kann, zählt zu den populärsten Stellen an der Route des Crêtes. Selbst im Winter herrscht dort Hochbetrieb, seit das größte Skizentrum der Vogesen, **La Bresse,** eingerichtet wurde.

Ungefähr 5 km südlich von Col de la Schlucht befindet sich in der Nähe des Kastelbergs (1350 m) ein weiterer Bergbauernhof, die **Ferme-Auberge Breitzhousen** (Tel. 03 29 63 22 92, 15. Mai–15. Okt.; Käse aus eigener Produktion, 20 Übernachtungsplätze im Schlafsaal 30 € mit Halbpension, Melkermahlzeit 14 €), die schon auf lothringischem Gebiet liegt.

Auf elsässischen Terrain erreicht man auf einem halbstündigen Spaziergang von der Route des Crêtes aus die **Ferme-Auberge Kastelberg** (Tel. 03 89 77 62 25, Juni–Ende Sept.; typische Bergbauerngerichte, Melkermahlzeit 14 €, keine Übernachtung) mit einer wunderbaren Aussicht auf den Petit Ballon und den Rothenbachkopf.

Ein dritter empfehlenswerter Rastplatz ist die **Ferme-Auberge Firstmiss** zwischen Kastelberg und Rainkopf (Tel. 03 29 63 26 13, 15. Mai–15. Okt.; typische Alm-Mahlzeiten, größere Gerichte wie Sauerkraut nur auf Vorbestellung, Melkermahlzeit 14 €). Von dort erreicht man zu Fuß in jeweils etwa einer halben Stunde den **Lac de Blanchemer** und den **Lac de l'Altenweier.**

In der Nähe des Rainkopfes (1304 m) biegt nach Westen die D 34a ab, die den Beinamen **Route des Américains** (Amerikanerstraße) trägt. Sie wurde 1917 als Versorgungsstraße gebaut, nachdem die USA in den Krieg eingetreten waren. In der Nähe der Abzweigung steht die ehemalige **Ferme-Auberge Rothenbach,** die nach einem Brand im Jahr 1983 unter Mithilfe regionaler Naturschutzorganisationen wieder aufgebaut wurde. Sie wurde schon vor geraumer Zeit zum Centre d'Initiation à la Nature umgewandelt, einem Informationszentrum über die

Narzissenfest in Gérardmer

Elsass-Atlas: S. 236, A 2/3
Jedes Frühjahr verwandeln sich die Flanken der Vogesenberge in ein Blütenmeer. Hauptsächlich westlich des Gebirgskammes beherrscht eine einzige Farbe ganze Täler: gelb. Schon über 40-mal veranstaltete die lothringische Stadt Gérardmer mit der ›**Fête des Jonquilles**‹ einen Blumenkorso, bei dem Dutzende von Festwagen über und über mit Narzissen geschmückt durch die Straßen rollen. Das gelbe Highlight findet meist Mitte April statt (Informationen: Office de Tourisme, Tel. 03 29 27 27 27, www.gerardmer.net).

Web-Cam in Le Markstein

Elsass-Atlas: S. 236, A 4
Im über 1200 m hoch gelegenen Gebiet um Le Markstein entstand schon vor Jahren ein populäres Wintersportzentrum mit Skischule, 13 leichten bis sehr schwierigen Abfahrtspisten und über 50 km Langlaufloipen. Aber auch im Sommer ist die Gegend ein populäres Ausflugsgebiet mit Rad- und Wanderwegen, Startplätzen für Paraglider und einer Sommerbobbahn. Über die Wetterbedingungen vor Ort informiert eine bei der Auberge Steinlebach installierte Web-Cam (www.markstein.net/webcam.asp).

Hochvogesen (Tel. 03 89 82 20 12, im Sommer 9–18 Uhr).

Der nächste Berghof ist **Ferme-Auberge Huss** auf der Höhe der Straße, die weiter zum Herrenberg (1200 m) führt (Tel. 03 89 82 27 20, Mitte Juni–Mitte Okt.; Käse- und Speckmahlzeiten, Suppe, keine Übernachtung, Melkermahlzeit 13,50 €).

Die südliche Route des Crêtes

Elsass-Atlas: S. 236, A/B 4
Vorbei an der **Ferme-Auberge du Hahnenbrunnen** (Tel. 03 89 77 68 99, Juni–Ende Sept.; typische Bauernmahlzeiten, keine Übernachtung, Melkermahlzeit 13 €) kommt man zur Abzweigung der D 27 ins Munstertal und kurz danach zum über 1200 m hoch gelegenen Le Markstein, einem wichtigen Verkehrskreuz. Um den Schnittpunkt der Route des Crêtes mit den Straßen ins Lauchtal bzw. nach Mulhouse und Belfort entstanden Hotels, ein Wintersportzentrum und drei Fermes-Auberges. **Le Markstein** ist für botanisch Interessierte eine wahre Fundgrube seltener Pflanzen. Auf den alten, weniger sauren Sedimentgesteinen gedeihen Steineichen, Kastanien, wilde Geranien, Silberdisteln und Bergnelken, die man sonst auf den Vogesenhöhen selten antrifft.

Rund 7 km weiter geht es am Storkenkopf vorbei (1366 m) zum **Grand Ballon** mit einer Radarstation als Krone, mit 1424 m die höchste Erhebung des Elsass. Die Straße führt bis zum Fuß des Berges. Zum Gipfel braucht man vom Hotel aus etwa 10 Minuten. Der Panoramablick von der runden Kuppe ist vor allem an klaren Herbst- und Wintertagen überwältigend. Das Jahr über zieht es viele Besucher hierher – zu viele, wie Umweltschutzorganisationen meinen, die sich um den Fortbestand der teils seltenen Pflanzen auf und um den Gipfel sorgen.

Nördlich des Grand Ballon liegt rund 400 m unterhalb des Hauptkammes der **Lac du Ballon,** ein für die Hochvogesen typischer Bergsee, der sich in einer von Gletschern ausgehöhlten Mulde bildete. Schon die Mönche des Klosters Murbach legten an diesem

DAS GEHEIMNIS DER DRUIDEN - DIE BELCHENTHEORIE

Von den Geheimnissen aus grauer Vorzeit ist im Dreiländereck das so genannte Belchensystem vielleicht das faszinierendste und rätselhafteste. Schon vor Jahren stellten ein pensionierter Lehrer und ein wissenschaftlicher Assistent aus Baden-Württemberg Messungen und Beobachtungen an, die verblüffende Fakten zutage förderten: eine Beziehung zwischen dem Sonnenstand am kalendarischen Frühlings-, Sommer-, Herbst- und Winteranfang und der geographischen Lage von vier der insgesamt fünf Belchenberge im Dreieckland am Oberrhein.

Nimmt man den 1247 m hohen Ballon d'Alsace (Elsässer Belchen) in den Südvogesen als Zentrum, so geht die Sonne am 21. März bzw. am 23. September genau über dem Schwarzwald-Belchen, am 22. Dezember über dem Jura-Belchen in der Schweiz und am 22. Juni über dem elsässischen Petit Ballon auf. Schließlich spielt in diesem System auch der Grand Ballon (Großer Belchen) eine Rolle. Über seinem Gipfel steigt die Sonne am 1. Mai in den Himmel, an einem alten keltischen Feiertag.

Im Zusammenhang mit dem Belchensystem beschäftigten sich die beiden Freizeitforscher auch mit der Tatsache, dass alle fünf Berge, von denen drei im Elsass, einer in der Schweiz und einer im badischen Schwarzwald liegen, den gleichen Namen tragen. Nach gängiger Meinung leitet sich ›Belchen‹ aus dem Alemannischen ab. Die beiden Belchisten stießen wiederum auf Neuland vor, indem sie als Namensursprung eher die keltischen Bezeichnungen ›Belenus‹ bzw. ›Bel(a)kus‹ für den keltischen Sonnengott vermuteten. Von diesem Ergebnis bis zur Belchentheorie war es fast nur noch ein logischer Schritt: Für die keltischen Druiden waren die Belchengipfel astronomische Beobachtungspunkte, die deshalb nach dem Sonnengott benannt wurden. Sollten die Belchen am Oberrhein eine ähnliche Funktion gehabt haben wie beispielsweise das Sonnenheiligtum im englischen Stonehenge? Dieses diente vermutlich auch als Sonnenheiligtum, in dem am Tag der Sonnenwende die Strahlen der aufgehenden Sonne genau auf den Altarstein fielen.

So reizvoll sich die Belchentheorie auch anhört, wissenschaftlich belegbar ist sie nicht. Unbestritten ist jedoch, dass die Gestirne in längst versunkenen Kulturen als wichtige Orientierungshilfen dienten. Es ist also nicht auszuschließen, dass die Kelten über astronomisches Wissen verfügten und sich die Belchenberge als kalendarische Fixpunkte zunutze machten.Übrigens: Entsprechend den genannten Sonnenbergen gibt es in der Region am Oberrhein auch Mondberge, die den alten Kelten als Merkpunkte für die Mondstände dienten, unter anderem die drei im Schwarzwald und im Jura gelegenen Blauen.

Der Soldatenfriedhof am Vieil Armand

Gewässer im 15. Jh. einen Damm an. Er wurde 1699 von Vauban aufgestockt, um genügend Wasser für einen Kanal zu speichern, über den Baumaterial für die Festung nach Neuf-Brisach transportiert wurde.

Am **Col Amic** weisen Schilder den Weg zur **Ferme-Auberge du Kohlschlag** (Tel. 03 89 82 31 28, 9–19 Uhr, Weihnachten bis Neujahr, 2. Oktoberhälfte und 1. Novemberwoche geschl.; gutes Speisenangebot, keine Übernachtung, Bergbauernmahlzeiten 13,50 –15 €). In dieser Gegend gab es im 17. und 18. Jh. noch Wölfe, aber wegen der Tollwutgefahr setzte das Kloster Murbach Abschussprämien aus. Der letzte Wolf wurde 1908 erlegt. Mit etwas Glück kann man in der Umgebung der Ferme-Auberge Gemsen beobachten, die sich meist nur am frühen Morgen zeigen.

Südlich des Col Amic ragen die Ruinen des **Château de Freundstein** in den Himmel. Diese am höchsten gelegene, erstmals Ende des 13. Jh. erwähnte Burg der Vogesen (948 m) wurde nach einem Brand im Bauernkrieg

(1525) wieder aufgebaut, aber schon wenige Jahre später endgültig zerstört. In der Nähe liegt die **Ferme-Auberge du Freundstein** (Tel. 03 89 82 31 63, ganzjährig; Käse aus eigener Herstellung, Bergbauernmahlzeit 14,50 €).

Schauplätze der Kriegs- und der Filmkunst

Das ehemalige Schlachtfeld und heutige Freilicht-Museum **Vieil Armand** (Hartmannswillerkopf), auf 956 m Höhe in den Vorbergen des Vogesenmassivs gelegen, dokumentiert eindringlicher als jede andere Stätte an der Route des Crêtes die brutale, irrsinnige Schlächterei im Ersten Weltkrieg. Mehr als 30 000 Soldaten auf französischer wie deutscher Seite ließen in dem vier Jahre dauernden Stellungskrieg ihr Leben, wovon heute ganze Wälder aus Kreuzen zeugen. Teilweise lagen die Schützengräben nur wenige Dutzend Meter voneinander entfernt. Vor allem 1915 tobten am Vieil Armand die Kämpfe in aller Schärfe.

Während durch manche Publikationen immer noch das Bild vom Hartmannswillerkopf als strategischer Schlüsselstellung spukt, hat die Geschichtsschreibung längst eine andere Version der Ereignisse bloßgelegt. Demnach war dieses Schlachtfeld, auf dem kein Quadratzentimeter Oberfläche ohne Granateinschlag blieb, ein ›Prestigeobjekt‹ ohne wirkliche militärische Bedeutung, weil sich der große Krieg eher bei Verdun und an der Somme entschied. Vom letzten Stück der Route des Crêtes biegt südlich des Vieil Armand nach rechts eine geteerte Straße zur **Ferme-Auberge du Molkenrain** ab (Tel. 03 89 81 17 66, April–Okt., im Herbst gibt es Schlachtplatte; Übernachtung in zwei Schlafsälen, typisches Berggericht 15 €). Dieser Bergbauernhof ist durch den 1961 von Regisseur François Truffaut gedrehten Film ›Jules et Jim‹ mit Jeanne Moreau bekannt geworden, der hier teilweise spielte. Wenige Kilometer weiter südlich endet die Route des Crêtes in Cernay (s. S. 128).

Unterkunft in Le Markstein:
Hôtel Wolf: Route des Crêtes, Tel. 03 89 82 64 36, Fax 03 89 38 72 06, hotelwolf@aol.com, 10.11.–10.12. geschl. Großes Hotel im Alpenstil mit 21 Zimmern meist mit eigenem Bad, Halb- oder Vollpension möglich. DZ mit Bad/WC 58 €.
Auberge Steinlebach: Route des Crêtes, Tel. 03 89 82 61 87, Fax 03 89 82 11 20, Mitte Nov.–Weihnachten geschl. In der rustikalen Gaststätte dokumentieren von der Decke hängende Kuhglocken und kupferne Eimer das Almleben. Zu den Spezialitäten gehört die berühmte Melkermahlzeit. Übernachten kann man in Schlafsälen mit doppelstöckigen Betten oder in Zimmern. Schlafsaal pro Person 15 €, DZ 25–35 €.
Maison d'Accueil: Route des Crêtes, Tel. 03 89 82 74 98. Dieses neuere Rasthaus bietet einen einfachen Gastraum mit Bewirtung und 20 Betten im Schlafsaal. 9 € pro Person.

Ferme du Markstein: Tel. 03 89 82 61 84, Fax 03 89 82 19 51, Fr Ruhetag. Ganzjährig geöffnetes Ausflugslokal mit regionalen Spezialitäten, bei dem man bei gutem Wetter im Freien sitzen kann. Menü ab ca. 14 €.

Route des Vins

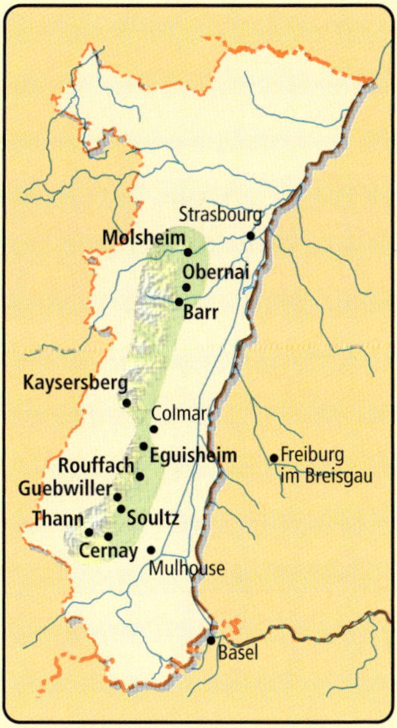

Bezaubernd:
der Weinort Zellenberg

Elsass-Atlas S. 234, 236, 237, 238

DIE SÜDLICHE WEINSTRASSE

Wie ein grüner Teppich überziehen die Rebgärten die runden Vogesenhügel. Aus der Entfernung ähneln die um spitze Kirchtürme gescharten Dörfer putzigen Ortschaften in Spielzeuglandschaften. Die Route des Vins ist die reizvollste Touristenstraße im Elsass. Zwischen Thann im Süden und Marlenheim im Norden verbindet die 210 km lange Strecke malerische Winzergemeinden.

Im Reich von Riesling und Sylvaner

Die Dörfer an der Weinstraße sind allesamt Sinnbilder elsässischer Tradition und Gemütlichkeit. Mit drei Dutzend von Sternen gekrönten Gourmettempeln, Restaurants, Weinstuben und Probierkellern gelten sie gleichzeitig als romantische Winkel für Schlemmer und Bacchanten.

Von der elsässischen Tourismuswerbung erfunden und 1953 eingeweiht, lässt die abwechslungsreiche Route geschichtliche Ursprünge nicht vermissen. Sie folgt einer Römerstraße, die sich schon vor 2000 Jahren an den Vogesen entlangschlängelte. Aber an der Weinstraße geht es nicht nur um gute Tropfen und leckere Speisen. Die Route könnte genauso gut als Kulturpfad apostrophiert werden, auf dem man Land, Leute und die jahrhundertealte Geschichte und Architektur der Region kennen lernen kann.

Münsterstadt Thann

Elsass-Atlas: S. 238, B 1
Lange bevor der moderne Fremdenverkehr den 8000 Einwohner zählenden Ort zum Tor zur Weinstraße machte, war Thann Wallfahrtsort gewesen. Wo seinerzeit ein dem heiligen Theobald geweihter Vorgängerbau stand, hat heute die **Stiftskirche St-Thiébaut** ihren Platz. Fast 200 Jahre waren vergangen, ehe der Anfang des 14. Jh. begonnene Bau mit dem in jüngster Zeit restaurierten gotischen Turm, an dem auch der berühmte Erwin von Steinbach mitgearbeitet haben soll, fertig gestellt war. Unbescheiden vergleichen die Einheimischen ihr Gotteshaus mit anderen Kirchen der Region: Das Straßburger Münster sei zwar höher und der Freiburger Münsterturm größer, das Thanner Münster besitze aber den schönsten Turm. Beeindruckend ist das großartige Hauptportal mit einem reichen Figurenschmuck.

So unberechtigt ist der Thanner Stolz auf die Kirche nicht. Nach dem Münster von Straßburg ist sie das bedeutendste gotische Bauwerk des Elsass, an dem sich die Baugeschichte vom frühgotischen Stil im südlichen Seitenschiff bis zum spätgotischen im nördlichen Seitenschiff ablesen lässt. Als letzter Teil entstand 1629 an der Südseite die Marienkapelle mit der Anfang des 16. Jh. geschnitzten Winzermadonna, die auf die lange Weinbautradition in Thann hinweist. Seit Jahrhunderten gedeiht auf dem so genannten Rangen ein Wein, der zur Zeit der Kaiserin Maria-Theresia offenbar auch in Wien geschätzt wurde.

Das **Thanner Rathaus** neben der Kirche wurde 1780 unter General Kléber gebaut. Der **Hexenturm** mit einem auffallenden Barockdach ist ein Überbleibsel der alten Stadtbefestigung und beherbergt heute einen Weinkeller mit Ausstellungen zum Weinbau.

Über dem Flüsschen Thur erhebt sich im Norden der Stadt das **Château d'Engelbourg** der Grafen von Ferrette. Als dieses Adelsgeschlecht 1324 ausstarb, fiel die Festung den Habsburgern zu. Mit dem Westfälischen Frieden kam sie 1648 in französischen Besitz und wurde 1674 gesprengt. Dabei stürzte der runde Bergfried um und ›blickt‹ seitdem auf die Stadt, was ihm den Namen ›Hexenauge‹ einbrachte.

Das **Musée des Amis de Thann** in einer Kornhalle aus dem frühen 16. Jh. besitzt Exponate zu Stadtgeschichte, Volksbrauchtum und ländlichem Leben sowie eine mineralogische Abteilung (24, rue Thiébaut, Tel. 03 89 37 02 31, Mitte Mai–Mitte Okt. Di–So 10–12 und 14.30–18.30 Uhr).

Das Portal der Stiftskirche St-Thiébaut in Thann

Office de Tourisme: 7, rue de la 1ère Armée, Tel. 03 89 37 96 20, Fax 03 89 37 04 58, office-de-tourisme.thann@wanadoo.fr, Juli/Aug. 9–19, So und feiertags 10–12.30 Uhr, Juni und Sept. tägl. außer So 9–12 und 14–18, sonst bis 17 Uhr.

Hôtel du Parc: 23, rue Kléber, Tel. 03 89 37 37 47, Fax 03 89 37 56 23, hduparc@hrnet.fr. Das in einem Park gelegene, 1998 komplett renovierte Haus verbirgt hinter seiner gelben Fassade ein freundliches Ambiente. Die Küche ist der elsässischen Tradition verbunden. DZ 77–180 €

Hôtel Kléber: 39, rue Kléber, Tel. 03 89 37 13 66, Fax 03 89 37 39 67. Nicht weit vom Zentrum entfernt gelegenes Haus. Die schönsten Zimmer sind mit Balkonen ausgestattet, eigenes Restaurant. DZ 37–58 €.

Moschenross: 43, rue de-Gaulle, Tel. 03 89 37 00 86, Sa Mittag und So Abend Ruhetag. Ob Coq au Riesling, Choucroute garnie oder Forelle blau: Die Gerichte sind schmackhaft zubereitet. Menü 11–45 €.

Nikita Club: 51, rue du Rhin, Tel. 03 89 37 43 01, Mi–Sa ab 20 Uhr. Diskothek mit unterschiedlichen Musikrichtungen beim Supermarkt SuperU.

Cernay

Elsass-Atlas: S. 238, C 1

In der Nähe von **Cernay** brachten Cäsars römische Truppen den Sueben unter ihrem Fürsten Ariovist im Jahr 58 v. Chr. eine entscheidende Niederlage bei. Nach den Zerstörungen im Ersten Weltkrieg blieben an historisch interessanten Gebäuden nur ein Stadttor erhalten. Vom Bahnhof aus nimmt eine historische Eisenbahn mit Diesel- oder Dampflok auf einer 14 km langen Schienenstrecke mit auf einen zweieinhalbstündigen Ausflug ins Doller-Tal (Tel. 03 89 25 88 48, Juni–Sept. So und feiertags, Juli/Aug. Mi–So).

Office de Tourisme: 1, rue Latouche, Tel. 03 89 75 50 35, Fax 03 89 75 49 24, info@cernay.net, Juli/Aug. tägl. 9–19, Sa/So 9–12 und 14–17 Uhr, sonst Mo–Sa 9–12 und 14–18, im Winter bis 17 Uhr.

Hostellerie d'Alsace: 61, rue Poincaré, Tel. 03 89 75 59 81, Fax 03 89 75 70 22, hostellerie.alsace@wanadoo.fr. Hotel im Fachwerkstil mit zehn spartanischen Zimmern mit Bad/WC und TV. Im Restaurant bekommt man Steaks vom Strauß, gebratene Gänseleber oder Rohkostspezialitäten zu essen. DZ ab 50 €, Menüs ab 19 €.

Jugendherberge:
Auberge internationale de Jeunesse, 16, faubourg de Colmar, Tel. 03 89 75 44 59, Fax 03 89 75 87 48, 9 € p.P.

Camping Les Acacias: rue R. Guibert, Tel. 03 89 75 56 97, April–Mitte Okt.

Soultz

Elsass-Atlas: S. 236, C 4

Der Name ›Sulza‹ (›salzige Quelle‹) bürgerte sich schon seit dem 7. Jh. ein. Im Ort steht die im 13. Jh. begonnene **Eglise St-Maurice** auf einem kreuzförmigen Grundriss. West- und Nordportal weisen schöne Verzierungen auf. In der früheren

Kornhalle mit überdachter doppelläufiger Treppe aus dem 17. Jh. ist heute das Rathaus untergebracht. Sehenswert ist auch das hübsche **Haus** mit Erker und Holzgalerie in der **Rue Jean-Jaurès Nr. 59.**

Metzgerstuwa: 69, rue Maréchal de-Lattre de Tassigny, Tel. 03 89 74 89 77, Sa/So Ruhetag. Das Lokalkolorit verströmende Wirtshaus wird seinem Namen mit strammen Fleischgerichten wie gefüllten Schweinsfüßen und Nierchen gerecht. ›Halbe Portionen‹ können ebensolche bestellen. Menü 14,50–23 €.

Wandern ohne Gepäck

Im Elsass lassen sich vielerorts Rundwanderungen durch die Vorberge oder in den Vogesen organisieren, bei denen man weder sein Gepäck schleppen, noch für Hotelübernachtungen sorgen muss. Das übernimmt die Tourismusorganisation Horizons d'Alsace (28, rue du Gén. Dufieux, 68650 Lapoutroie, Tel. 03 89 78 35 20, Fax 03 89 78 35 21, www.horizons-alsace.com).

Guebwiller und Kloster Murbach

Elsass-Atlas: S. 236, B/C 4

Guebwiller liegt im Lauchtal, auch als Florival (Blumental) bekannt. Die Gegend zählt zu den besten Weinlagen der Südvogesen. Die spätromanische **Eglise St-Léger** gehört neben dem Kloster Murbach und der Kirche von Lautenbach zum Dreigestirn der großartigen romanischen Bauwerke im Tal des Flüsschens Lauch. Der Bau von St-Léger, in dessen Spitzbögen sich bereits der Übergang zur Gotik andeutet, begann vermutlich 1182, doch erst rund 100 Jahre später waren auch die beiden Türme fertig gestellt. Als Meisterwerk gilt das unter einer mächtigen Vorhalle gelegene spätromanische Portal, das sowohl burgundische als auch provenzalische Einflüsse erkennen lässt. In der fünfschiffigen Kirche stehen vor dem Altar des heiligen Valentin (im südlichen Seitenschiff) die Sturmleitern, die von den Armagnaken nach ihrer fehlgeschlagenen Belagerung der Stadt im Jahr 1445 zurückgelassen wurden.

Das spätgotische **Hôtel de Ville** mit dekorativem Erker und Wappen der Murbacher Äbte ließ sich ein örtlicher Tuchhändler 1514 erbauen. Vor dem Prachtbau dehnt sich mit Supermarkt, Parkplatz und einigen wenig reizvollen Neubauten der Ortskern aus, ein Beispiel für die Entgleisungen moderner Stadtplanung. Seit 1766 ließ auf der Place Jeanne d'Arc der letzte Fürstabt der Abtei Murbach die frühklassizistische **Eglise Notre-Dame** erbauen. Viel älter ist der aus dem 14. Jh. stammende und als Kulturzentrum genutzte **Ancien Couvent des Dominicains,** in dem häufig Ausstellungen und Konzerte stattfinden.

Ein Abstecher führt in ein kleines Nebental des Flüsschens Lauch, wo zwischen bewaldeten Bergflanken die imponierenden Überreste des um 727 gegründeten **Klosters Murbach** liegen. Neben Speyer gehörte der ehemalige Benediktinerkonvent zu den bedeutendsten romanischen Klosterbauten der ersten Hälfte des 12. Jh. Das ursprüngliche Aussehen der gesamten Anlage lässt sich heute kaum noch erahnen. Chor, Querschiff sowie die beiden Türme blieben stehen, während das Langhaus im 18. Jh. abgebrochen wurde.

Vom Murbacher Kloster gingen einst wichtige architektonische Impulse aus. Dies zeigt sich etwa in der Kirche von **Lautenbach**. Hier wurde bereits im 8. Jh. eine Benediktinerabtei gegründet, von der die um 1100 errichtete Kirche erhalten blieb. Zwar bietet das Innere nach verschiedenen Umbauten ein Sammelsurium an Stilen, doch das Westwerk mit einer Vorhalle und einem skulpturengeschmückten Portal ist romanischen Ursprungs.

Office de Tourisme: Hôtel de Ville, Tel. 03 89 76 10 63, o.t.guebwiller @wanadoo.fr, Mo–Fr 8.30–12 und 14–18.15 Uhr, Sa 9–12 Uhr, April–Okt. auch Sa 9–12 und 14–17 Uhr, Juli/Aug. auch So 9.30–12.30 Uhr.

Château La Prairie: 2, rue des Larrons, Tel. 03 89 74 28 57, Fax 03 89 74 71 88, Restaurant Mo abends geschl. Das renovierte herrschaftliche Gebäude aus dem 19. Jh. versucht heute an alte Glanzzeiten anzuknüpfen. DZ 55–99 €, Suite 89–179 €.
Hôtel d'Alsace: 140, rue de la République, Tel. 03 89 76 83 02, Fax 03 89 76 50 08. Alle Zimmer mit Bad oder Dusche, TV und Telefon, das Restaurant besitzt einen renovierten Speisesaal und mit der Bierstub ein rustikales Lokal. DZ ab 50 €, Menüs ab 25 €.

Domaines Schlumberger: 100, rue Th. Deck, Tel. 03 89 74 27 00, Fax 03 89 74 85 75, Mo, Di, Do 8–18, Mi 8–13 und 14–18, Fr 8–17 Uhr. Im Jahr 1810 gegründeter Groß-Winzerbetrieb, in dem man die Keller mit Eichenfässern besichtigen und Weine probieren kann.

Rouffach

Elsass-Atlas: S. 236, C 4
Mit mehr als 4500 Einwohnern gehört Rouffach zu den größeren Ortschaften an der südlichen Weinstraße. Die zentrale Place de la République wird von der aus gelblichem Stein erbauten **Eglise Notre-Dame-de-l'Assomption** (Liebfrauenkirche) beherrscht, einer der bedeutendsten Kirchen des Elsass. Ihre ältesten Teile wie das Querschiff mit den romanischen Rundbogenfenstern gehen auf das späte 11. Jh. zurück. Hauptschiff und Chor folgten im 13. Jh. Da bis ins 19. Jh. hinein Veränderungen und Erweiterungen vorgenommen wurden, bietet dieser Sakralbau Beispiele unterschiedlicher Architekturstile. Zum Flair des Platzes trägt ein ehemaliger Kornspeicher bei, die 500 Jahre alte **Ancienne Halle au Blé** mit einem Treppengiebel und beidseitig zum Obergeschoss führenden Außentreppen. Das **Hôtel de Ville** an der Südseite des Platzes fällt durch seine geschwungenen Giebel auf.

HOFFNUNGSTRÄGER ADEBAR

In den 1970er Jahren fiel den Elsässern auf, dass ihr Symbolvogel Storch fast völlig von Hausdächern und Kirchtürmen verschwunden war. Hatte man 1945 noch 175 Paare gezählt, so waren es 1974 nur noch neun. Der dramatische Rückgang hatte mehrere Ursachen. Zum einen sind die Vögel während ihrer weiten Reise in die westafrikanischen Überwinterungsgebiete und dort selbst vielen Gefahren ausgesetzt. In Mitteleuropa kamen viele Störche in Hochspannungsleitungen ums Leben. Zudem dezimierte der weit verbreitete Einsatz von Pestiziden und Insektiziden das Nahrungsmittelangebot für die Vögel. Nun gingen die Elsässer mit Energie an die Aufgabe, Meister Adebar wieder zu einem sicheren Lebensraum zu verhelfen.

Der schwarz-weiße elsässische Wappenvogel wird etwa 1 m groß, 3–4 Kilogramm schwer und erreicht eine Flügelspannweite von immerhin 2 m. Die Lebensdauer der mit drei Jahren geschlechtsreifen Vögel beträgt im Durchschnitt 25 Jahre. Auf dem Speisezettel stehen Mäuse, Kartoffelkäfer, Regenwürmer und ähnliches. In den vergangenen Jahren wurden im Elsass zwecks Aufzucht Gehege etwa in Rouffach, Hunawihr, Kintzheim und Cleebourg angelegt. Nachdem die Vögel in den ersten drei Lebensjahren in Volieren den natürlichen Drang zur Wanderung verloren haben, entlässt man sie in die Freiheit, wo sie sich gewöhnlich einen Partner suchen und ein Nest bauen. Da diese Störche den Winter in unseren Breiten verbringen, muss der Mensch ihre Nahrung sichern. Heute kann man im Elsass Dutzende freilebender Störche entdecken, die in Aufzuchtstationen ›flügge‹ gemacht wurden – zweibeinige, klappernde Hoffnungsträger.

Stippvisite im Mittelalter

Elsass-Atlas: S. 236, C 3
Oberhalb von Husseren markieren **›Die drei Egsen‹** die Höhenlinie der Vogesenvorberge. Die Türme der Burgen Weckmund, Wahlenbourg und Dagsbourg gehörten im 12./13. Jh. zu einer mächtigen Verteidigungsanlage der Grafen von Eguisheim-Dagsburg, wurden aber 1466 während der kriegerischen Auseinandersetzungen mit der Stadt Mulhouse schwer beschädigt. Man kann die Besichtigung der ›Drei Egsen‹ mit dem Besuch von zwei weiteren Burganlagen verbinden, nämlich mit der Hohlandsbourg (13. Jh.) und der Pflixbourg, wenn man oberhalb von Husseren der beschilderten **Route des Cinq Châteaux** (Route der fünf Burgen) ins 10 km entfernte Fechttal folgt. Alle Ruinen sind zu Fuß erreichbar.

Von der alten Stadtbefestigung ist die neben dem Rathaus gelegene **Tour des Sorcières** (Hexenturm) erhalten, dessen unterer, runder Teil aus dem 13. Jh. stammt. Jahrelang diente der Bau als Kerker für vermeintliche Hexen. In den Kellergewölben der angrenzenden Bauhütte der Kirche Notre-Dame sollen laut Stadtchronik während der Inquisition im 16. und 17. Jh. die berüchtigten Verhöre der beschuldigten Frauen stattgefunden haben. Die Promenade des Remparts führt an der alten Stadtmauer und einem Storchengehege vorbei.

Ein vom Tourismusbüro herausgegebenes Faltblatt informiert über historische Profanbauten im Ortszentrum.

Restaurant Philippe Bohrer: Hostellerie Ville de Lyon, 1, rue Poincaré, Tel. 03 89 49 62 49, Mitte–Ende März geschl. Chef des Feinschmeckerrestaurants ist der ehemalige Koch des französischen Staatspräsidenten und Schüler von Paul Bocuse. Menüs ab ca. 50 €.

Eguisheim

Elsass-Atlas: S. 236, C 3
Fällt der Besuch nicht gerade auf ein Oster- oder Pfingstwochenende, wenn Busse voller Touristen einfallen, stehen die Chancen gut, auf der Route des Vins spätestens in Eguisheim sein Herz zu verlieren. Zentrum des Bilderbuchortes war vermutlich einmal die im 8. Jh. errichtete Wasserburg der Grafen Eguisheim-Dagsburg. Um sie herum bildete sich eine heute noch existierende Siedlung. Bei einem Rundgang um den ringförmigen **Rempart** kommt man automatisch zum Ausgangspunkt zurück. Außer diesem äußeren Ring gibt es einen inneren, an dem früher Lagerräume und Stallungen lagen. Heute säumen blumengeschmückte Gebäude den Rempart und zeigen die malerische Seite von Eguisheim, wenngleich in den letzten Jahren manche Häuserfront so modernisiert wurde, dass sie nicht mehr ins historische Ortsbild passt.

Archäologische Funde belegen, dass um Eguisheim Jahrtausende vor Beginn der modernen Zeitrechnung Menschen gelebt haben. Bis Mitte des 13. Jh. hatte das Adelsgeschlecht Eguisheim-Dagsburg das Sagen, das in Eguisheim residierte und in Bruno von Eguisheim einen seiner prominentesten Vertreter hatte. Als Papst Leo IX. erwarb er sich im 11. Jh. Verdienste als Neuerer der mittelalterlichen Kirche. Seine Statue ziert den Brunnen vor der **Burg** im Stadtzentrum. Von der ursprünglichen Wehranlage ist nur noch das Fundament einer achteckigen Ringmauer vorhanden. Darüber wurden vor rund 100 Jahren die Papst Leo geweihte Kapelle sowie die heutige Stadtburg errichtet.

Nach dem Aussterben des Geschlechts Eguisheim-Dagsburg bekam das Städtchen mit dem Bischof von Straßburg einen neuen Herrn, der die Siedlung befestigen ließ. So konnten sich die Einwohner 1298 gegen eine Belagerung durch König Adolf von Nassau erfolgreich zur Wehr setzen, doch 1444 vermochten sie dem Sturm der Armagnaken nicht standzuhalten. Was nicht zerstört wurde, fiel 22 Jahre später dem Krieg mit Mulhouse zum Opfer.

Eguisheim gilt als Pionierdorf des elsässischen Weinbaus. Schon im 4. Jh. sollen an den Vogesenhängen um den Ort die ersten Reben kultiviert worden sein. Aber auch die Weinbauern der Nachbargemeinde Wettolsheim nehmen für sich in Anspruch, als erste den Weinbau im Elsass aufgenommen zu haben.

In der Turmhalle der **Pfarrkirche** aus dem 19. Jh. ist das im 12. Jh. geschaffene romanische Säulenportal eines Vorgängerbaus zu sehen. Über dem Türsturz wird der von Petrus und Paulus flankierte Christus als Weltenherrscher dargestellt.

Hostellerie du Pape: 10, Grand-Rue, Tel. 03 89 41 41 21, Fax 03 89 41 41 31, www.hostellerie-pape.com. Großes Hotel mit Zimmern gehobenen Standards und ausgezeichnetem Restaurant von rustikaler Eleganz. Im hübschen Innenhof kann man sich im Sommer Lammrücken mit Thymiansauce oder lauwarme Spanferkelpastete schmecken lassen. DZ 78–95 €, Menü 17–45 €.
Auberge Alsacienne: 12, Grand-Rue, Tel. 03 49 41 50 20, Fax 03 89 23 89 32. 19 freundlich eingerichtete Zimmer in einem Fachwerkhaus. DZ 45–70 €.

Camping Municipal Les Trois-Châteaux: an der N 83, Tel. 03 89 23 19 39, Ostern–Ende Sept.

Pavillon Gourmand: 101, rue Rempart-Sud, Tel. 03 89 24 36 88, Di und Mi Ruhetag. Die unkomplizierte, ausgezeichnete Küchenkunst kreist um typisch Regionales wie Zwiebelkuchen, Lachs auf Sauerkraut und Gougelhupf in Rum. Menü 15–60 €.
Caveau d'Eguisheim: 3, pl. du Château, Tel. 03 89 41 08 89, Mo/Di geschl. Die Spezialitäten reichen vom deftigen Presskopf in Vinaigrette bis zu sautierten Täubchen mit Biergemüse. Menü 29–59 €.
Auberge Alsacienne: (s. o.), So abend/Mo und Di Mittag geschl. Der mit Riesling zubereitete Coq au Vin ist ebenso lecker wie der Baeckeoffe (vorbestellen!). Menü 15–24,50 €.

Edel: 2, pl. du Château St-Léon, Tel. 03 89 41 22 40. Delikatessen-Mekka für Liebhaber von Wurst, Pasteten und Fleisch mit kleinem Lokal nebenan.

HOCHBURGEN DER WEINSTRASSE

Nirgendwo an der ländlichen Weinstraße herrscht größerer Trubel als im touristischen Dreigestirn Kaysersberg, Riquewihr und Ribeauvillé. Die Weinorte sind die herausgeputzten Schaufenster der Route des Vins, Dorfidyllen mit geraniengeschmückten Fachwerkfassaden, romantischen Pflastergassen und stimmungsvollen Winzerhöfen.

Niedermorschwihr und Trois-Epis

Elsass-Atlas: S. 236, B/C 2

Westlich von Colmar (Beschreibung s. S. 81ff.) setzt sich die Route des Vins in **Niedermorschwihr** fort, wo einige Fachwerkhäuser in neuer, teils recht bunter Tünche erstrahlen. Ein Abstecher führt nach **Trois-Epis** (›Drei Ähren‹) 6 km bergan. Der in 650 m Höhe gelegene Luftkurort bietet in reizvoller Umgebung über 50 km Wanderwege. 1991 feierten die Einwohner die 500-jährige Wallfahrtsgeschichte ihres Ortes, die ihren Ursprung in der Legende einer Marienerscheinung am 3. Mai 1491 hat. Wo die Jungfrau Maria, drei Ähren in der Hand haltend, dem Schmied Thierry Schœré erschienen sein soll, wurde eine einfache Kapelle aus Holz geschaffen, die 1493 einem Steinbau und im Jahr 1968 einer neuen, wenig reizvollen Kirche Platz machte. Mit den Wallfahrern kamen im späten 19. Jh. auch immer mehr Erholung Suchende hierher. 1899 nahm hier die erste Bergbahn des Elsass den Betrieb auf, der aber1933 nach der Fertigstellung einer Autostraße eingestellt wurde.

Syndicat d'Initiative: 2, impasse Poincaré, Trois-Epis, Tel. 03 89 49 80 56, Fax 03 89 49 80 68, Saison tägl. 10–12 und 14–18 Uhr, sonst So geschl.

Hôtel de l'Ange: 125, rue Trois-Epis, Niedermorschwihr, Tel. 03 89 27 05 73, Fax 03 89 27 01 44. Gäste können unter 20 ordentlichen Zimmern auswählen. Zum Hotel gehört ein Weingut, das Weinproben anbietet. DZ 45–57 €.

Villa Rosa: 4, rue Schœré, Trois-Epis, Tel. 03 89 49 81 19, Fax 03 89 78 90 45, www.villarosa.fr. Hübsches, von viel Grün umgebenes Logis-de-France-Haus mit Standardzimmern und Restaurant, in dem Fleisch- und Geflügelgerichte serviert werden. DZ 52–56, Menü ab 25 €.

La Croix d'Or: 3, rue Schœré, Trois-Epis, Tel. 03 89 49 83 55, Fax 03 89 49 87 14. Einfaches Hotel mit Zimmern ohne großen Komfort. DZ 32–47 €.

Caveau Morakopf: 8, rue Trois-Epis, Niedermorschwihr, Tel. 03 89 27 05 10, So und Mo mittag geschl., Nov.–Mai nur abends. Traditionelle Weinstube mit schmackhaften elsässischen Gerichten. Ca. 27 €.

Pâtissier-Chocolatier Ferber: 18, rue Trois-Epis, Niedermorschwihr, Tel. 03 89 27 05 69. Christine Ferber ist die Königin der elsässischen Konfitüreherstellung. Sie stellt aus Fruchtsäften Gelee mit Rosenblättern, Süßkirschen mit Minze und Pinot Noir sowie köstliches Zwetschgenmus mit Vanille und Honig her.

Busse: Alle größeren Orte an der mittleren Weinstraße sind von Colmar aus mit Linienbussen erreichbar.

Kaysersberg

Kaysersberg

Elsass-Atlas: S. 236, C 2
Das elsässische Schmuckstück **Kaysersberg,** dessen Geschichte seit 1227 urkundlich bekundet ist, versteckt sich im Tal des Flüsschens Weiss. Als der Ort Mitte des 14. Jh. dem Zehnstädtebund beitrat, muss er schon eine stattliche Größe gehabt haben. Bei schönem Wetter bietet sich an, zunächst zur Ruine der namengebenden **Kaiserburg** im Norden der Stadt hinaufzusteigen, die im 12. Jh. von Friedrich II. von Hohenstaufen errichtet wurde.

Hauptattraktion für Besucher ist die mit Schießscharten versehene, über 450 Jahre alte Weiss-Brücke, die einzige ihrer Art in der Region. Von ihr bietet sich ein Panoramablick auf die Häuser der Stadt.

Kaysersberg besitzt einige sehenswerte Gebäude. Die ab Mitte des 13. Jh. erbaute **Eglise Ste-Croix** besitzt ein schönes Westwerk mit romanischem Portal. Im Innern gelten der Anfang des 16. Jh. vom Colmarer Bildhauer Hans Bongart geschnitzte Altaraufsatz sowie die im Triumphbogen vor dem Chor hängende Kreuzigungsgruppe (um 1500) als herausragende Kunstwerke. Hinter der Kirche befindet sich eine dem Erzengel Michael geweihte, mit Fresken geschmückte Kapelle aus dem 15. Jh., deren Untergeschoss als Beinhaus diente. Das östlich der Kirche gelegene, im Renaissancestil gehaltene **Hôtel de Ville** (Rathaus) entstand zu Beginn des 17. Jh.

Große Söhne

Die knapp 3000 Einwohner von Kaysersberg sind stolz auf einige große Namen, die mit dem Ort verbunden sind: Der hier aufgewachsene Johannes Geiler (1445–1510) gehörte zu den bekanntesten Sittenpredigern des Mittelalters; Matthäus Zell (1477–1548) war erster Reformator Straßburgs und Albert Schweitzer (1875–1965), dessen Geburtshaus heute das örtliche Kulturzentrum beherbergt, wurde durch den Aufbau eines Krankenhauses im zentralafrikanischen Staat Gabun weltbekannt und bekam für seine aktive Entwicklungshilfe 1952 den Friedensnobelpreis.

Office de Tourisme: 39, rue de Gaulle, Tel. 03 89 71 30 11, Fax 03 89 78 27 44, www.kaysersberg.com, Mo–Fr 8.30–18.30, Sa 9–12 und 14–18, So 10–12 und 14–16 Uhr.

Hôtel Chambard: 9–13, rue de Gaulle, Tel. 03 89 47 10 17, Fax 03 89 47 35 03, hotelrestaurantchambard @wannadoo.fr. Ruhig gelegenes Drei-Sterne-Hotel mit komfortabel ausgestatteten Zimmern. Unter Chef Olivier Nasti ist das Restaurant zu einer der besten Küchen des Elsass aufgestiegen. DZ 110–126 €, Menü ab 29 €.
Hôtel Château: 38, rue de Gaulle, Tel. 03 89 78 24 33, Fax 03 89 78 75 50. Kleine, charmante Herberge mit acht eher bescheidenen, aber freundlichen Zimmern. In der gemütlichen Winstub kann man sich zu einem guten Tropfen eine Quiche lorraine, einen Zwiebelkuchen oder ein Wildschweinragout bestellen. DZ 44–50, Menü 15–50 €.

Hôtel Constantin: 10, rue Père Kohlmann, Tel. 03 89 47 19 90, Fax 03 89 47 37 82, reservation@hotel-constantin.com. Drei-Sterne-Haus in zentraler Lage, freundliche Zimmer. DZ 58–68 €.

Camping Municipal, an der D 415, Tel. 03 89 47 14 47, April–Sept.

La Vieille Forge: 1, rue des Ecoles, Tel. 03 89 47 17 51, geöffnet Fr–So, Sept./Okt. auch Mi. Zu den typischen Regionalgerichten gehören Schnecken, Foie gras, Entenbrust auf Birne und in Pinot Noir gegarte Trüsche. Menü 18–34 €.
Au Lion d'Or: 66, rue de Gaulle, Tel. 03 89 47 11 16, Di und Mi geschl. Nach einem Zanderfilet in Rieslingsauce oder einem Choucroute Royale rundet ein hausgemachtes Sorbet eine Mahlzeit ab. Menü 16–28 €.

Ein dekoratives Weingeschäft mit einer großen Auswahl an guten Tropfen ist **A l'Empereur Barberousse** (79, rue de Gaulle, Tel. 03 89 47 14 90). Traditionelle elsässische Keramik und Tonnen von Reisemitbringseln bekommt man bei **Au Vieux Potier** (47, place de l'Eglise, Tel. 03 89 78 26 15).

Einfach tierisch

Mehr als sonst wo im Elsass konzentrieren sich Tierparks um die Ortschaft Kintzheim. Am bekanntesten ist die **Montagne des Singes,** wo über 200 Berberaffen frei in einem 20 ha großen Gelände leben und sich von Besuchern füttern lassen (Tel. 03 88 92 11 09, März–Nov. tägl. 10–12 und 13–18 Uhr, Juli/Aug. durchgehend, 1. Nov.-Hälfte nur Mi, Sa und So 10–12 und 13–17 Uhr). Nur 2 km entfernt liegt die **Volerie des Aigles,** ein Burgenhof mit Vorführungen dressierter Greifvögel (Tel. 03 88 92 84 33, April–Mitte Nov. tägl. 10–12 und 14–18 Uhr).

Im **Parc des Cigognes et des Loutres** in Hunawihr (Elsass-Atlas: S. 236, C 2) werden Störche und Fischotter hochgezogen (Tel. 03 89 73 72 62, www.cigogne-loutre.com, April–Nov. tägl. 10–12 und 14–17, Juli/Aug. bis 19 Uhr); der **Jardin des Papillons** zeigt Schmetterlinge aus Afrika, Asien und Amerika (Hunawihr, Tel. 03 89 73 33 33, www.jardindespapillons.fr, April–Okt. tägl. 10–17 Uhr, im Hochsommer länger).

Kientzheim

Elsass-Atlas: S. 237, D 1
An der Porte Basse steht das im 16. Jh. vom kaiserlichen Vogt Lazarus von Schwendi ausgebaute Schloss, dessen Kern auf das frühe 15. Jh. zurückgeht. Heute ist dort das Musée du Vignoble et des Vins d'Alsace (Tel. 03 89 78 21 36) eingerichtet. Auch die Oberkirche mit ihrem über 500 Jahre alte gotischen Turm hat die Zerstörungen des Zweiten Weltkriegs überlebt. Im Innern sind die Grabplatten des Lazarus von Schwendi und seines Sohnes Hans-Wilhelm zu sehen, die 1584 respektive 1609 starben.

L'Abbaye d'Alspach: 2–4, rue Foch, Tel. 03 89 47 16 00, Fax 03 89 78 29 73. Das ehemalige Klostergebäude aus dem 13. Jh. bietet keine kargen Mönchszellen mehr, sondern 29 gut ausgestattete Gästezimmer und eine behagliche Weinstube. DZ 64–99 €.

Riquewihr

Elsass-Atlas: S. 236, C 2
Für viele Elsass-Besucher ist Riquewihr der schönste Ort der Weinstraße. Andere halten dagegen, das Städtchen habe sich zum touristischen Rummelplatz entwickelt. Beides stimmt. Die 1500 Einwohner zählende Gemeinde ist mit Sicherheit eine Reise wert, weil der mittelalterliche Dorfcharakter weitgehend erhalten blieb. Dem Weinbau verdankt die Gemeinde ihren Wohlstand, der sich in der Architektur des Ortes spiegelt. Die Winzer und Gastronomen, Ladenbesitzer und Hoteliers pflegen die wunderschönen Fachwerkkulissen als zugkräftige Touristenattraktion. An Sommerwochenenden brechen über Riquewihr gewaltige Wogen von Schaulustigen herein. Wer eine ruhigere Atmosphäre schätzt, verlegt den Besuch besser auf einen Wochentag außerhalb der Hauptreisesaison.

Man muss sich Zeit nehmen für einen Bummel, weil es an fast jeder Fassade, in jeder Gasse und in beinahe jedem Hinterhof Interessantes aufzuspüren gibt. Die meisten Besucher schlendern zunächst über die Hauptstraße Rue du Général de Gaulle, die den rechteckig angelegten Ort in Ost-West-Richtung durchschneidet. Die weniger herausgeputzten Seitengassen mit ihren Jahrhunderte alten Hausfassaden strahlen jedoch ein ursprünglicheres Flair aus.

Stadtrundgang

Einen Rundgang beginnt man am besten am klassizistischen **Hôtel de Ville** von 1809, das über dem ehemaligen Untertor in der Stadtmauer errichtet wurde. Dieser Torbogen führt dann in die Rue du Général de Gaulle bzw. in die kopfsteingepflasterte Altstadt.

Der nach links abzweigende Cour du Château öffnet sich zum ehemaligen **Château** in unmittelbarer Nähe der östlichen Stadtmauer. Der Renaissancebau aus dem Jahr 1540 – das Baudatum ist über dem Portal am Fuße des hübschen Eckturmes vermerkt – diente den Herzögen von Württemberg-Montbéliard als Residenz. Seit 1324 gehörte Riquewihr zu den linksrheinischen Besitzungen des Hauses Württemberg, wurde aber 1680 unter französische Verwaltung gestellt und im Jahr 1801 Frankreich angegliedert. Im Sommer weist eine gelbe Postkutsche den Weg zum **Postmuseum,** das im Château untergebracht ist (Musée de la Communication en Alsace, Tel. 03 89 47 93 80, Anf. April–Anf. Nov. tägl. außer Di 10–12 und 14–18 Uhr).

An der Rue du Général de Gaulle Nr. 12 steht die 1606 erbaute **Maison Irion** mit einem prächtigen zweigeschossigen Eckerker. Noch ca. 50 Jahre älter ist das benachbarte Fachwerk-

Immer einen Abstecher wert: Riquewihr

haus **Jung-Selig**. Im Gebäude gegenüber, wo elsässisches Sauerkraut auf kleiner Flamme köchelt, hielten Ende des 15. Jh. Schmiede ihre Eisen im Feuer. Haus Nr. 13 ist die erkergeschmückte **Maison Behrel** aus dem 16. Jh.; das obere Fachwerkgeschoss wurde erst um die Wende vom 17. zum 18. Jh. aufgebaut.

Restaurierte Fachwerkfassaden säumen auch die Rue Kilian. Vorbei an der Rue de la Couronne, geht es zur Rue des Trois-Eglises, in die man nach rechts zur evangelischen **Kirche** abbiegt. Das klassizistische Gotteshaus entstand um die Mitte des 19. Jh. Man mag sich wundern, auf dem Platz der drei Kirchen nur ein Gotteshaus vorzufinden. Die beiden restlichen wurden in Wohnhäuser umfunktioniert.

Zurück auf der Hauptstraße, stößt man auf die **Touristeninformation,** deren Eingang sich in der Rue de la Couronne befindet. Das Eckhaus Rue du Général de Gaulle Nr. 21, ein großer Fachwerkbau aus dem Jahr 1522, beherbergt heute das Restaurant **›Relais des Moines‹.** Eine Straße weiter steht in der Rue 1ère-Armée an der Ecke das 1954 wieder aufgebaute Doppelhaus **Au Käslaiblin** aus dem 16./17. Jh. Am Eckpfosten des Fachwerks im ersten Stock weist es eine schöne Schnitzerei auf. Ein geschnitzter Eckbalken schmückt auch das benachbarte **Haus Berschy** aus dem Jahr 1545.

Auf der rechten Seite der Rue du Général de Gaulle liegt der **Truchsesshof,** auch Berckheimerhof genannt. Das Gebäude an der Nordseite des Innenhofs, erkennbar an einem Fassadentürmchen mit Spitzdach, stammt aus dem Jahr 1550. Nebenan steht die **Maison Press-Zimmer** von 1686, ein ehemaliger Gasthof mit geschnitztem Fachwerk an den Fenstern.

Dolder und Diebesturm

Am oberen Ende der Rue du Général de Gaulle erhebt sich der **Dolder,** ein wehrhafter Turm aus dem 13. Jh. mit Fachwerkeinsätzen aus dem 16. Jh. Im **Musée du Dolder** sind Waffen, Werkzeuge, Hausgerät und andere heimatgeschichtliche Exponate ausgestellt (Juni–Sept. tägl. 10–12.30 und 14–18.30, Ostern–Mai und Okt. Sa/So 10–12 und 13.30–18.15 Uhr). Den Brunnen vor dem Turm ziert ein auf den Hinterbeinen stehender Löwe mit zwei Wappen.

Vor dem Turm biegt die Rue des Juifs nun zum kleinen 1509 angelegten Judenplatz ab. Eine schmale Holztreppe führt zur **Tour des Voleurs** (Diebesturm) mit einer Folterkammer. Durch das Tor im Dolder-Turm gelangt man vor das wehrhafte, über 500 Jahre alte **Obere Tor,** wo noch das alte Fallgitter und die originalen Vorrichtungen für die Zugbrücke vorhanden sind.

Märchenhafte Häuser

Die Rue du Cerf leitet ihren Namen von der ehemaligen **Hostellerie du Cerf et Maison de Gourmet** ab. Das aus dem Jahr 1574 stammende Gebäude wird von einem auf den Hinterbeinen stehenden Hirsch geschmückt.

Schönstes Haus der Rue de la Couronne, vielleicht sogar des ganzen Ortes, ist die **Maison Dissler** aus dem Jahre 1610. Die örtlichen Winzer machten schon vor Jahrhunderten so gute Geschäfte, dass sie herausragende Architekten engagieren konnten. Im Falle der Maison Dissler und der Maison Irion beauftragten sie Heinrich Schickhardt, den Baumeister von Fürst Friedrich I. von Württemberg. Die Wirkung der Maison Dissler beruht auf ihrem 18 m hohen Giebel und dem zweigeschossigen Erker, der mit schönen Masken verziert ist. Der lauschige Innenhof wird von einer hölzernen, von schlanken Steinsäulen gestützten Veranda überschattet.

Office de Tourisme: 2, rue de la 1ère Armée, Tel. 03 89 49 08 40, Fax 03 89 49 08 49, www.ribeauville-riquewihr.com, Mo-Sa 9–12 und 14–18 Uhr, So 10–13 Uhr.

A l'Oriel: 3, rue des Ecuries-Seigneuriales, Tel. 03 89 49 03 13, Fax 03 89 47 92 87, info@hotel-orion.com. In dieser Unterkunft mit 22 Zimmern, allesamt mit Bad und WC ausgestattet, kann der Gast inmitten der geblümten Tapeten dem rustikalen Charme der elsässischen Hotellerie nachspüren. DZ 75 €.
Au Dolder: 52, rue du Géneral de Gaulle, Tel. 03 89 47 92 56, Fax 03 89 47 89 79, reservation@dolder.fr. Gemütliches Haus aus dem 16. Jh. mit modernisierten und renovierten Zimmern und einer zünftigen Gaststube. DZ 41–56 €.
Le Sarment d'Or: 4, rue du Cerf, Tel. 03 89 86 02 86, Fax 03 89 47 99 23, info@riquewihr-sarment-dor.com. Kleines Logis-de-France-Hotel mit neun ruhigen Zimmern. Im Restaurant wird typisch El-

sässisches aufgetischt. DZ 60–80 €, Menü 20–54 €.

Camping Intercommunal: 22, rue du Schlossberg, Zellenberg, Tel. 03 89 47 90 15, Mitte März–Ende Dez.

Auberge du Schœnenbourg: rue de la Piscine, Tel. 03 89 47 92 28. Zur gepflegten, anspruchsvollen Küche passt die ausgezeichnete Auswahl an regionalen und französischen Weinen. Menü 32–78 €.
La Table du Gourmet: 5, rue de la 1ère-Armée, Tel. 03 89 49 09 09, tablegourmet@wanadoo.fr. Außer regionalen Spezialitäten wie Baeckeoffe zaubert der Küchenchef raffinierte Kreationen wie im Tontopf gegarte und karamelisierte Kalbshaxe. Menü 38–90 €.
Au Tire-Bouchon: 29, rue Général de Gaulle, Tel. 03 89 47 91 61, Di/Mi geschl. Populäre Weinstube mit Kellergewölbe und Innenhof, eine gute Adresse für regionale Gaumenfreuden. Menü 15–32 €.
Au Cep de Vigne: 13, rue Géneral de Gaulle, Tel. 03 89 47 92 34, Mo Ruhetag. Das Lokal befindet sich in einem restaurierten Kellergewölbe und bietet neben Flamm- und Zwiebelkuchen auch schmackhafte Fleischspeisen. Menü 21–42 €.

L'Evasion: 9, ave. Méquillet, Tel. 03 89 47 93 95. Disko mit allen angesagten Musikrichtungen zum Abtanzen.

Kellerbesichtigungen und Weinproben Dopff et Irion: cour du Château, Tel. 03 89 47 92 51, Fax 03 89 47 98 90, April–Mitte Nov. tägl. 10–19 Uhr, sonst 10–12 und 14–18 Uhr. Schlosskeller von 1549 mit alten Eichenfässern und einer traditionellen Holzpresse, Führungen auch auf Deutsch.

Dopff Au Moulin: am unteren Stadteingang, Tel. 03 89 86 05 52, Fax 03 89 86 05 53, Mo–Fr 8–12 und 14–18, Sa/So 9–12 und 14–18 Uhr. Große Kellerei mit alten und modernen Kellern, Führungen und Proben auch auf Deutsch.

Hunawihr

Elsass-Atlas: S. 236, C 2

Eingebettet in ein grünes Rebenmeer liegt nördlich von Riquewihr das Dorf Hunawihr. Schon von weitem erkennt man die an exponierter Stelle stehende **Wehrkirche,** die von einem befestigten Friedhof umgeben ist, wie es keinen besser erhaltenen im Elsass gibt.

Der Legende nach geht das trutzig wirkende Gotteshaus auf Ritter Huno zurück, der die Siedlung im 7. Jh. zusammen mit seiner Frau Huna aufgebaut haben soll. Im Mittelalter war Hunawihr ein bekannter Wallfahrtsort mit den Reliquien seiner Schutzpatronin Huna. Erstmals dokumentiert ist die Existenz der Kirche in einer Urkunde von 1114. Die ältesten Teile des heutigen Baus – der massive Glockenturm und einige Abschnitte der Wehrmauer – stammen aus dem 14. Jh. Schießscharten und Wachttürmchen lassen darauf schließen, dass die Anlage den Dörflern bei Angriffen eine sichere Zuflucht bot. Unbeschadet überstand der Bau samt Friedhof die Wirren des Mittelalters. Vor über 100 Jahren entdeckte man in einer Nebenkapelle Fresken aus dem 15. Jh. Ein 1687 von Ludwig XIV. erlassenes Gesetz verfügte das so genannte Simultaneum, wonach neben dem reich verzierten katholischen auch ein schlichter protestantischer Altar installiert wurde. Noch heute nutzen Angehörige beider Glaubensbekenntnisse das Gotteshaus.

Ribeauvillé

Elsass-Atlas: S. 236, C 2
Der im 8. Jh. erstmals erwähnte Ort erhielt 1290 das Stadtrecht, und aus dieser Zeit stammen noch zahlreiche Sehenswürdigkeiten. Ribeauvillé war Sitz des mächtigen Grafengeschlechts Rappoltstein, welches das Reichslehen über Gaukler und Spielleute am Oberrhein innehatte. Darauf geht mit dem **Pfifferdaj** (s. S. 32) eines der größten elsässischen Feste zurück, bei dem die lokalen Winzer zu kostenlosen Weinproben einladen.

Ein Rundgang durch den Ort lässt sich gut am **Jardin de Ville** im Osten der Altstadt beginnen, wo alle größeren Straßen aufeinander treffen. Am Touristenbüro vorbei führt die **Grand' Rue** stadteinwärts zum Marktplatz. Auf dem Weg dorthin liegt die Wein- und Bierstube in Haus Nr. 7 mit einem von Sandsteinsäulen flankierten Eingang und an der rechten Seite Haus Nr. 14 (Pfifferhus), ebenfalls eine Weinstube mit einem besonders dekorativen Erker.

Am Marktplatz steht das **Hôtel de Ville** aus dem 18. Jh., und davor befindet sich einer von insgesamt fünf Brunnen des Ortes. Auf der Mittelsäule hält ein Löwe das Wappen von Wilhelm I. von Ribeaupierre. Im Roten Salon des Rathauses ist eine sehenswerte Sammlung historischer Silberwaren ausgestellt, die an das Geschlecht der Rappoltsteiner erinnert. Auf der rechten Seite des Platzes erhebt sich die **Eglise de l'Ancien Couvent des Augustins** aus dem 15. Jh. Ribeauvillés bekanntestes Bauwerk, gewissermaßen sein Wahrzeichen, ist die **Tour des Bouchers,** der Metzgerturm, der früher die Grenze zwischen Alt- und Neustadt markierte.

Sobald man den Turm hinter sich gelassen und die Oberstadt betreten hat, blickt man über die Dächer hinweg auf das oberhalb von Ribeauvillé gelegene Château St-Ulrich (s. u.). Biegt man von der Grand' Rue in die Rue du Château ab, kommt man zur im 13. Jh. begonnenen **Eglise St-Grégoire-le-Grand** mit einigen bemerkenswerten Statuen.

Mittelalterliche Burgen

Elsass-Atlas: S. 236, C 1
Ähnlich wie in Riquewihr lohnt es sich auch in Ribeauvillé, durch die kleinen Seitenstraßen und Gassen zu schlendern. Auch ein Aufstieg zum **Château St-Ulrich** zahlt sich aus. Die im 14. Jh. fertig gestellte Anlage gehört zu den Meisterleistungen des staufischen Burgenbaus im Elsass. Ältester Teil ist der im Grundriss quadratische Bergfried aus dem 12. Jh. neben dem Eingang. Im Unterschied zu den aus glatten Steinen geschaffenen Kirchen verwendeten die staufischen Baumeister für Wehrburgen häufig Buckelquader, aus denen auch der Bergfried besteht. Von der Plattform

Farbenprächtiges Ribeauvillé

hat man einen wunderbaren Blick über die Umgebung und das ebenfalls im 12. Jh. erbaute **Château Girsberg.** In dessen ehemaligem großem Rittersaal sind die zweigeteilten Fenster mit ihrem schönen Maßwerkschmuck typisch für die romanische Bauweise. In der Romanik entstand auch die dritte und höchstgelegene Burg um Ribeauvillé, **Château du Haut-Ribeaupierre,** dessen Bergfried aus Buckelquadern gut erhalten ist.

Office de Tourisme: 1, Grand' Rue, Tel. 03 89 49 08 40, Fax 03 89 49 08 49, www.ribeauville-riquewihr.com, Mo–Sa 9–12, 14–18 Uhr, So 9.30–13.30 Uhr.

Le Clos Saint-Vincent: rte. de Bergheim, Tel. 03 89 73 67 65, Fax 03 89 73 32 20, clovincent@aol.com. Ribeauvillés Vorzeigeadresse liegt an einer Hügelflanke mit Blick auf die Rheinebene und bietet ein Dutzend sehr komfortabel ausgestattete Zimmer. DZ 100–225 €.
Le Ménestrel: 27, ave. de Gaulle, Tel. 03 89 73 80 52, Fax 03 89 73 32 39, www.menestrel.com. Modernes, mehrstöckiges Hotel mit Sauna, Spa und Zimmern inkl. Bad/WC, Satelliten-TV und Mini-Bar. DZ 73–99 € (mit Balkon).
Au Cheval Blanc: 122, Grand' Rue, Tel. 03 89 73 61 38, Fax 03 89 73 37 03. Im Zentrum gelegenes Zwei-Sterne-Haus der Logis-de-France-Kette mit 25 einfacheren Zimmern, im Restaurant dominiert die elsässische Küche. DZ 36–58 €, Menü 17,50–37,50 €.

Le Haut-Ribeaupierre: 1, rte. de Bergheim, Tel. 03 89 73 87 63. Hervorragende elsässische und französische Gerichte. Menü ab ca. 30 €.

KAISERS LIEBLING: HAUT-KŒNIGSBOURG

Elsass-Atlas: S. 236, C 1

Der kaiserliche Empfang muss, wenn man den Zeitzeugen Glauben schenkt, eine Mischung aus Klamotte, Laienspiel und Staatsakt gewesen sein. Aus Berlin, Jena, Köln und anderen deutschen Städten reisten Amts- und Würdenträger an, um an der Eröffnungsfeier für die wieder aufgebaute ›Hochkönigsburg‹ teilzunehmen, die auf persönliche Veranlassung von Kaiser Wilhelm II. aus dem Ruinendasein in einen Zustand versetzt wurde, der den Glanz deutscher Feudalherrschaft wieder aufleben ließ. Nach acht Jahren Arbeit konnte der junge Architekt Bodo Ebhardt (1865–1965) Winkeleisen und Senkblei aus der Hand legen, um im Verein mit Deutschlands Crème de la Crème zur Einweihung zu schreiten.

Am Tag der Einweihung im Jahre 1908 prasselte heftiger Regen nieder. Wilhelm II. hatte, dem Anlass entsprechend, um ›stilechte‹ mittelalterliche Kleidung nachgesucht. Und da standen sie nun: in Würden ergraute Professoren im Kettenhemd samt Gemahlinnen mit hohem, spitzem Schleierhut; als Landsknechte verkleidete Historiker; Politiker im Nachtwächter-Look und persönliche Referenten, die sich nicht so recht zwischen Robin Hood und Kaiser Rotbart entscheiden mochten. Sie feierten die wieder erstandene Burg, deren Restaurierungskosten im Umfang von 700 000 Reichsmark jene bezahlen durften, die zu gleicher Stunde am Fuß der Vogesenvorberge über einem Stück Brot mit Käse saßen. Aber das Leben machte ja schon immer einen Unterschied zwischen Oben und Unten, und das nicht nur im Elsass …

Bei gutem Wetter sieht man die Haut-Kœnigsbourg, wie die Festungsanlage seit nunmehr über 80 Jahren heißt, schon von weitem auf ihrem 757 m hohen ›Thron‹. 774 schenkte Karl der Große seinem Ratgeber, dem Abt von St-Denis, den Grund und Boden, auf dem dieser später ein Kloster errichten ließ. Um die Mitte des 12. Jh. ist in Dokumenten erstmals von der Existenz einer Burg die Rede, und 1192, zwei Jahre nach dem Tod von Kaiser Friedrich Barbarossa, tauchte der Name Königsburg auf.

In der Folgezeit wechselte die Anlage mehrfach den Besitzer. 1462 stellten die Städte Straßburg, Colmar und Basel gemeinsam ein Heer zusammen, um den Plünderungszügen der Herren von Hochkönigsburg ein Ende zu bereiten. Nach dreijähriger Belagerung wurde die Festung eingenommen und zerstört. Zwischen 1479 und 1519 bauten die Herren von Thierstein auf den alten Fundamenten eine neue Burg, die während des Dreißigjährigen Krieges völlig ausbrannte.

Die Stadt Sélestat übernahm 1865 die Ruinen, ohne eine Vorstellung von deren Zukunft zu haben. Mit Unterstützung des französischen Denkmalschutzamtes wurden Teile der Anlage vor dem weiteren Verfall bewahrt, aber für eine umfassende Instandsetzung fehlte das Geld. Als der deutsche Kaiser Wilhelm II. dem Reichsland Elsass 1899 einen Besuch abstattete und sich sehr angetan von der alten Burgruine zeigte, packten die Stadtväter von Sélestat die Gelegenheit beim Schopf und machten dem Monarchen die Hochkönigsburg zum Geschenk – in der stillen Annahme, dass Berlin in Zukunft für die Restaurierung sorge. Die Elsässer täuschten sich nicht – allerdings machte der Kaiser deutlich, die Baukosten müssten sie schon selbst tragen.

Haut-Kœnigsbourg ist keine restaurierte, sondern eine komplett neu erbaute Burg, deren Ausstattung überwiegend nicht aus dem mittelalterlichen Elsass stammt. Um das Interieur möglichst stilecht zu gestalten, wurde eine 1904 gegründete Gesellschaft mit dem Kauf von Mobiliar, Fenstern, Abbildungen und Waffen beauftragt, die aus Baden, der Schweiz, Tirol und anderen Teilen Europas zusammengetragen wurden. Die teils schönen Objekte stammen aus dem 15. bis 17. Jh.

Fehlt ihr auch historische Authentizität, so ist die Haut-Kœnigsbourg trotz dieses Mankos eine durchaus sehenswerte Anlage. Man betritt sie von der Südseite und gelangt über einen engen Innenhof bzw. einen Treppenturm in die verschiedenen Räume. Vor allem der Festsaal, die Waffenkammer, der Lothringersaal und der Raum mit den Jagdtrophäen Kaiser Wilhelms lohnen einen Besuch. Vom Westbollwerk bietet sich ein wunderbarer Blick über die Rheinebene (Information: Château du Haut-Kœnigsbourg, St-Hippolyte, Tel. 03 88 82 50 60; Öffnungszeiten: März/April und Okt. 9–12 und 13–17.30 Uhr, Mai–Sept. 9–18 Uhr, Jan./Febr. und Nov./Dez. 9.30–12 und 13–16.30 Uhr).

Au Valet de Cœur: 40, route de Ste Marie aux Mines, Tel. 03 89 73 64 14, www.valetdecoeur.fr, tägl. Fabelhafte Küchenkunst mit elsässischem und internationalem Einschlag. Menü 33,50–90 €.
La Flammerie: 9, Grand' Rue, Tel. 03 89 73 61 08, So Abend und Mo Ruhetag. Bodenständiges Lokal u. a. mit opulenten Sauerkrautgerichten wie Choucroute garnie aux cinq viandes, mit fünf unterschiedlichen Fleischsorten. Menü 16,50 –25 €.

Hubert Siedel: 78, Grand' Rue, Tel. 03 89 73 60 23. Ein Mekka für Liebhaber elsässischer Wurst-, Fleisch-, Geflügel- und Käsedelikatessen in einem Fachwerkhaus aus dem 16. Jh.

Schlössertour

Folgt man dem mit informativen Schildern ausgestatteten Forstlehrpfad, der an der Kapelle St-Sébastien in Dambach-la-Ville beginnt und an dem dahinter liegenden Forsthaus vorbeiführt, erreicht man in weniger als einer Stunde die auf 562 m Höhe gelegenen Ruinen der romanischen **Burg Bernstein** aus dem 12. und 13. Jh., ein fabelhafter Aussichtspunkt mit Blick auf die Rheinebene. Wer die Wanderung ausdehnen will, kann über Engelsfelsen und die Burgen Ortenbourg und Ramstein nach Süden gehen und über Dieffenthal nach Dambach zurückkehren (Information: Mairie, place du Marché, Tel. 03 88 92 41 05, mairie@dambach-la-ville.fr).

Im Schatten der Haut-Kœnigsbourg

Elsass-Atlas: S. 237, D 1
Nordöstlich von Ribeauvillé versteckt sich hinter einer Stadtmauer das Winzerdorf **Bergheim.** Als es Anfang des 14. Jh. zur Stadt erhoben wurde, pflanzte man beim Obertor eine Linde, die heute noch im Sommer Schatten spendet. Am Marktplatz steht das Rathaus aus dem 18. Jh.

Am Fuße der berühmten **Haut-Kœnigsbourg** (s. S. 144f.) liegt zwischen Weinbergen **St-Hippolyte.** Reizvoll ist der Ort vor allem im Sommer, wenn die teils aus dem 16. und 17. Jh. stammenden Winzerhäuser prächtig mit Blumen geschmückt sind.

Châtenois besitzt zwei sehenswerte Bauwerke. Die Eglise St-Georges aus dem 12. Jh. hat einen romanischen Turm mit Rundbogenfenstern. Das spitze Dach wurde in der Barockzeit mit vier hölzernen Ecktürmchen geschmückt. Im Innern lohnen die von Hans Bongart aus Colmar geschaffenen Seitenaltäre. In der Nähe steht der gedrungene Hexenturm, ein ehemaliges Stadttor aus dem 15. Jh., dessen Obergeschoss in Fachwerkbauweise errichtet ist. Das Rathaus von Châtenois an der Durchgangsstraße geht ebenfalls auf das 15. Jh. zurück, hat jedoch durch Renovierung einiges an Reiz eingebüßt.

Office de Tourisme: 2, rue Clemenceau, Châtenois, Tel. 03 88 82 75 00, www.chatenois-scherwiller.com, Juli und Aug. Mo–Fr 9–12 und 14–18.30, Sa 10–12 und 14–16 Uhr, sonst Mo–Fr 9–12 und 14–18 Uhr.

Dontenville: 94, rte. du Maréchal Foch, Châtenois, Tel. 03 88 92 02 54. Einfaches Hotel mit eigenem Restaurant und 13 Standard-Zimmern inkl. TV und Telefon. DZ 35–69 €, Menü 15–25 €.

Auberge de la Forêt: 93, rte. de Ste-Marie-aux-Mines, Val de Villé, Tel. 03 88 82 74 04, Mo geschl. Einfache, aber gute Regionalküche. Menü 9–23 €.

Wistub du Sommelier, 51 Grand' Rue, Bergheim, Tel. 03 89 73 69 99, Di abend und Mi geschl. Beliebt bei Einheimischen und Reisenden, ordentliche, aber nicht außergewöhnliche Küche. Menü 21 €.

Ein Tanz- und Musikerlebnis für junge Leute bietet die Diskothek **JB Club** (89, rue Foch, Tel. 03 88 82 02 79)

Touristenbahn

Auf bequeme Weise können Besuchergruppen von mindestens 20 Personen Dambach-la-Ville mit einer kleinen Touristenbahn kennen lernen, die durch den Ort und zur Chapelle St-Sébastien fährt. Die Rundfahrt lässt sich mit einer Kellerbesichtigung und einer Weinprobe mit sieben örtlichen Weinen verbinden (Anmeldung für Bahn und Kellerbesichtigung: Domaine Ruhlmann, 34, rue Foch, 67650 Dambach-la-Ville, Tel. 03 88 92 41 86, Fax 03 88 92 61 81, ruhlmann-schutz@wanadoo.fr).

Dambach-la-Ville

Elsass-Atlas: S. 234, C 4

In den mittelalterlichen Ort führt ein wuchtiges **Stadttor** mit flachem Ziegeldach, eines von drei noch vorhandenen Toren der um 1340 erbauten Stadtmauer. Dahinter zeigt sich das alte Ortsbild mit erkergeschmückten, eng aneinander gedrängten Häusern. Winzerbetriebe mit Innenhöfen laden zu Weinproben ein.

Man sollte von der zum oberen Tor führenden Durchgangsstraße nach links zum **Marktplatz** abbiegen, wo das an seinem Stufengiebel erkennbare **Rathaus** aus der Mitte des 16. Jh. steht. Der verwitterte Bär mit Weinkrug auf dem achteckigen Brunnen vor dem Rathaus erinnert daran, dass Dambach an der Weinstraße liegt. Im schönen Fachwerkbau von 1569, der sich rechts an das Rathaus anschließt, bieten sich ein Restaurant und eine Bierstube zur Einkehr an.

Verlässt man die Stadt durch das obere Tor Richtung Norden, gelangt man zu einem ausgeschilderten Abzweig, der zur **Chapelle St-Sébastien** aus dem 12. Jh. führt. Im nüchternen Inneren der Kapelle fällt der barocke, zwischen 1690 und 1692 aus Linden-, Birnbaum- und Eichenholz geschnitzte Hochaltar auf. Die spätgotische Muttergottesstatue des linken Seitenaltars zeigt den Einfluss des Bildhauers Riemenschneider. Außerhalb des Kirchleins befindet sich an der Nordseite des Chors ein Beinhaus mit den Skeletten jener Bauern, die 1525 von den Landsknechten des Herzogs Anton von Lothringen bei Scherwiller erschlagen wurden. In Deutsch und Französisch steht auf einer Tafel der wenig tröstliche Satz: »Was Ihr seid, sind wir gewesen; was wir sind, werdet Ihr sein.« Von der Kapelle bietet sich ein schöner Blick auf Dambach.

Au Raisin d'Or: 28bis, rue Clemenceau, Tel. 03 88 92 48 66, Fax 03 88 92 61 42, www.visit-alsace.com/raisin-or. Kleines Haus mit eigenem Restaurant und acht ordentlichen Zimmern. DZ 42–46 €, Menü ab 9 €.

Aux Deux Clefs: 1, rue de Dieffenthal, Tel. 03 88 92 40 11, Di abend und Mi geschl. Behagliche, seit über 100 Jahren in Familienbesitz befindliche Weinstube mit Holztäfelung. Der Wirt serviert Elsässer Küche. Menü 8–46 €.

Andlau

Elsass-Atlas: S. 234, C 3
Über Blienschwiller, Nothalten und Itterswiller verläuft die Route des Vins an Epfig vorbei nach Andlau. Etwas außerhalb von **Epfig** steht auf einem Friedhof die Chapelle de Ste-Marguerite aus dem 11. Jh. mit einem massiven Turm.

Andlau im Tal des gleichnamigen Flüsschens geht auf ein Kloster zurück, das die später heilig gesprochene Richardis um 880 gründete. Sie wurde 862 mit Karl III., einem Urenkel Karls des Großen, vermählt. Rund 19 Jahre später nahm das Paar in Rom aus der Hand des Papstes die Kaiserkrone entgegen. Seit damals ist die Abtei Andlau dem Vatikan unterstellt. Nachdem jedoch Richardis von Karl verstoßen worden war, traf sie – so will es die Legende – in den Vorbergen der Vogesen auf eine Bärin, die ihr Ort und Stelle für eine Klostergründung zeigte. Deshalb begegnet man in Andlau so häufig dem Bärensymbol, etwa auf dem Brunnen der Stadt oder vor der **Abteikirche Ste-Richarde.** Diese romanische Kirche wurde seit dem 12. Jh. errichtet, aber später im barocken Stil erneuert. Kunsthistorisch interessant ist ein etwa 60 cm hoher Bilderreigen, der über die gesamte Breite der Westfassade läuft und die Nordseite schmückt. Tier- und Menschenfiguren, Fabelwesen, mit Lanzen gewappnete Ritter beim Reiterspiel und humorvolle Szenen wie ein Bauer bei der Verfolgung des Fuchses, der ihm die Gans gestohlen hat, machen den Dekor zu einem steinernen Comic. In der Kirche befindet sich eine Hallenkrypta aus dem 11. Jh. mit Statuen und andere Kunstschätzen. Über die Jahrhunderte wurde die Kirche mehrfach erneuert, unschwer zu erkennen an den gotischen Fenstern oder dem barocken Langhaus und dem Westturm.

Neben dem in der Renaissance erbauten Haus der Herren von Andlau auf der Place de la Mairie besitzt der 1800 Einwohner zählende Ort eine Reihe weiterer sehenswerter Gebäude. Außerhalb liegen auf den benachbarten Höhen die Ruinen alter Burgen wie des **Château du Haut-Andlau** aus der Mitte des 14. Jh. und des um 1250 errichteten **Château Spesbourg,** das im 16. Jh. einem Brand zum Opfer fiel.

Zinck: 11, rue de la Marne, Tel. 03 88 08 27 30, Fax 03 88 08 42 50, www.zinckhotel.com. Das ausgefallene

Hotel bietet 18 von Japanisch über Barock bis Tausendundeine Nacht eingerichtete Zimmer. DZ 45–92 €.
Au Canon: 2, rue Remparts, Tel. 03 88 08 95 08, Fax 03 88 08 90 82, aucanon @aol.com. Zehn Zimmer der einfachen Kategorie. DZ 33–49 €.

Camping: auf dem Bauernhof beim ›Relais du Sorbier‹ an der D 425, Tel. 03 88 08 33 38, Mai–Sept.

Au Bœuf Rouge: 6, rue Docteur Stoltz, Tel. 03 88 08 96 26, au boeufrouge@wanadoo.fr, Mi abend und Do geschl. Geschmackvoll eingerichtetes Lokal mit Leckerbissen von Presskopf in Vinaigrette bis Sauerkraut, von Kalbsnieren in Madeira bis zu mariniertem Lachs. Menü 15–35 €.

Sommerwanderung

Von Andlau führt ein mit einem roten Kreis markierter Wanderpfad Richtung Mittelbergheim. Über den Crax-Pass geht es auf dem Weg mit dem blauen Dreieck zum Ste-Richarde-Felsen, einem schönen Aussichtspunkt. Nach dem Erreichen der Burg Haut-Andlau legt man in der Waldgaststätte ›Hungerplatz‹ am besten eine Rast ein, um über die Spesbourg nach Andlau zurückzukehren (Gesamtstrecke 8,5 km).

Barr

Elsass-Atlas: S. 234, C 3
Das 6000 Einwohner zählende Barr am Ausgang des Kirnecktals sieht sich gern als Weinmetropole des Départements Bas-Rhin. Der Ort gibt sich in seinem historischen Kern besucherfreundlich: An vielen Gebäuden wurden Holztafeln mit Erklärungen angebracht. Das Zentrum bildet der umschlossene Marktplatz mit dem 1640 errichteten, mit einem hübschen Uhrengiebel geschmückten **Hôtel de Ville.** Durch ein Tor gelangt man in den Innenhof mit einer doppelläufigen Treppe.

An der Rue Docteur Sulzer liegt ein 1760–63 für den Advokaten Sulzer erbautes Haus, in dem sich ein **Museum** mit elsässischem Mobiliar aus verschiedenen Epochen befindet (Musée de la Folie Marco, Anf. Juli–Ende Sept. tägl. außer Di 10–12 und 14–18 Uhr, Juni und Okt. nur Sa/So).

Syndicat d'Initiative: Hôtel de Ville, Tel. 03 88 08 66 65, Fax 03 88 08 66 51, www.pays-de-barr.com, Mo–Sa 9–12, 14–18 Uhr.

Le Brochet: 9, pl. de Ville, Tel. 03 88 08 92 42, Fax 03 88 08 48 15, hotel @brochet.com. Alle Gästezimmer in diesem Fachwerkhaus sind mit Dusche bzw. Bad und WC, Telefon und TV ausgestattet, der Parkplatz ist gratis. DZ 46–69 €.
Le Manoir: 11, rue St-Marc, Tel. 03 88 08 03 40, Fax 03 88 08 53 71, info@ hotel-manoir.com. In den 18 Zimmern dieses herrschaftlichen, von einem Garten umgebenen Anwesens überwiegt antikisierender Stil. DZ 46–79 €.

Camping St-Martin, rue de l'Ile, Tel. 03 88 08 00 45, Juni–Mitte Okt., Platz mit Supermarkt, Restaurant und Sportanlagen.

RÄTSELHAFT UND SAGENUMWOBEN: MONT STE-ODILE

Elsass-Atlas: S. 234, C 3

Der 760 m hohe Mont Ste-Odile gilt mit seiner Klosteranlage als bedeutendste Wallfahrtsstätte des Elsass. In der Hochsaison sucht man Ruhe und innere Einkehr vergeblich, weil sich der ›heilige Berg‹ zu einem beliebten Ausflugsziel entwickelt hat. Vom Kloster reicht der Blick bei klarem Wetter über das Rheintal bis zum Schwarzwald.

Wann die Geschichte vor Ort ihren Anfang nahm, weiß niemand genau. Frühestes steinernes Dokument ist die so genannte **Heidenmauer,** die den Bergrücken auf einer Länge von etwa 10 km umgibt. Die Steinblöcke dieser ursprünglich bis zu 5 m hohen und zwischen 1,70 und 1,80 m tiefen Mauer sind so sauber zusammengesetzt, dass sie auch ohne Mörtel halten. Die 300 000 Quader sind mit so genannten Schwalbenschwanzkerben versehen, in denen wahrscheinlich Holzzapfen steckten, um die Stabilität der Konstruktion zu erhöhen. Auf mehreren hundert Metern wurde die Mauer abgebaut; Burgenbauer benutzten sie im Mittelalter als Steindepot. An anderen Stellen hingegen ist sie gut erhalten.

Die Heidenmauer ist für Archäologen und Historiker bis heute ein Rätsel geblieben. Ihre Bauherren waren zwischen 1000 und 100 v. Chr. vermutlich die Kelten, die sich auf dem Berg eine Fliehburg errichteten. Nach Meinung der Wissenschaftler gibt es Hinweise darauf, dass der gesamte Komplex auch religiöse oder kultische Bedeutung hatte.

An die römische Zeit im Elsass erinnern Reste alter Straßen. Der damals ›Altitone‹ genannte Berg war nicht nur Handelszentrum, sondern hatte angesichts seiner exponierten Lage auch militärstrategische Bedeutung. Im 7. Jh. fasste Herzog Eticho den Entschluss, auf dem Berg ein Kloster zu errichten, um – so berichtet die Legende – eine Schuld zu sühnen. Historisch belegt ist, dass zur Herrschaftszeit Ludwigs des Frommen (814–40) auf dem Berg ein Kloster existierte. Die durch Fehden und Kriegswirren mehrfach zerstörte Anlage ließ Kaiser Friedrich Barbarossa 1150 wieder aufbauen. Unter Äbtissin Herrad von Landsberg (1167–97), die mit dem berühmten ›Hortus deliciarum‹ eine Enzyklopädie der höfischen Kultur während der Stauferzeit verfasste, erlebte das Kloster eine Blütezeit. Während der Religionskriege im 16. Jh. verließen die letzten Nonnen die Abtei. Sie wurde von Prämonstratensermönchen aus Etival übernommen, die sie bis zur Französischen Revolution bewohnten. Über ein halbes Jahrhundert lang standen danach Kirche, Kapellen und Wirtschaftsgebäude leer und verwahrlosten, ehe der Straßburger Bischof das Anwesen zurückkaufte und das Kloster wieder in Stand setzte.

Schaustück der Anlage ist die Terrasse, von der man einen wunderbaren Rundblick hat. Die **Klosterkirche** entstand 1687 auf den Fundamenten eines zerstörten Vorgängerbaus. Als ältester Teil gilt die im 11. oder 12. Jh. errichtete Chapelle de la Croix (Kreuzkapelle) im Ostteil des Odilienhofes. Ein Steinsarg soll die Überreste des Gaugrafen Eticho enthalten. Eine Tür führt in die angrenzende Chapelle Ste-Odile (Odilienkapelle) aus dem 12. Jh., wo in einem Steinsarkophag die Gebeine der Namenspatronin des Klosters ruhen. Zwei weitere Kapellen, deren Ursprung ebenfalls ins 12. Jh. weist, stehen im Nordosten der Klosteranlage.

Wer zu Fuß zur Heidenmauer gehen will, nimmt links neben dem Klosterausgang die Treppe bergab und folgt dem Pfad, auf dem man nach wenigen Minuten die Mauer erreicht. Will man dem steinernen Rätsel auf seiner gesamten Länge folgen, braucht man dazu auf dem gekennzeichneten Waldpfad zwei bis drei Stunden.

Die Ostterrasse des Klosters auf dem Odilienberg

Hôtel du Château d'Andlau: 113, Vallée St-Ulrich, Tel. 03 88 08 96 78, So abend und Mo Ruhetag. Ländliche Gemütlichkeit bestimmt die Atmosphäre in diesem ruhigen Hotel-Restaurant. Der Gast wählt unter 25 freundlich eingerichteten Zimmern und kann im Restaurant die elsässische Küche kennen lernen. DZ 46–61 €, Menü 21–30 €.

Busse: von/nach Straßburg und Colmar u.a.

Obernai

Elsass-Atlas: S. 234, C 2
Das Städtchen zählt zu den touristischen Hochburgen an der Weinstraße – und das aus gutem Grund. Obernai besitzt zahlreiche historische Bauten, ein geschlossenes mittelalterliches Ortsbild und einen der schönsten Marktplätze des Elsass. Dort steht das **Hôtel de Ville** aus dem 15./16. Jh., das durch seine hübsche, wenn auch verwitterte Fassade mit kleinen Erkern und einem von einer Maßwerkbrüstung eingefassten Balkon auffällt. Gleich daneben befinden sich die Überreste der ehemaligen Kapellkirche mit dem 60 m hohen **Beffroi** (Kapellturm), dem Wahrzeichen der Stadt. Der um 1285 errichtete Turm zählt zu den ältesten Bauwerken Obernais.

Die vor einigen Jahren durch einen Brand schwer in Mitleidenschaft gezogene **Ancienne Halle aux Blés,** ein Kornspeicher aus dem 16. Jh., ist mit einem Balkon und einem grazilen Glockentürmchen geschmückt. Die früher offenen Arkaden im Erdgeschoss sind inzwischen durch Fenster verschlossen, hinter denen ein Restaurant mit mittelalterlichem Ambiente eingerichtet wurde.

Ein Abstecher von der Place du Marché in die Rue des Pélerins führt zu der seit 1921 denkmalgeschützten **Maison de la Dime** (Zehnthaus) aus der ersten Hälfte des 13., vielleicht sogar aus dem 12. Jh. Das fensterlose Untergeschoss verleiht dem Bau einen burgartigen Charakter. An der dem Hof zugewandten Giebelseite findet man einige ursprüngliche Kleeblattfenster aus der Stauferzeit. In der **Rue des Juifs** stehen einige Häuser mit Holzgalerien.

Einer der kunstvollsten Renaissancebrunnen der Region ist der **Puits aux Six-Seaux** (Brunnen der Sechs Eimer) am unteren Ende der Rue du Chanoine Gyss. Drei ornamentierte korinthische Säulen tragen eine wuchtige Kuppel, die mit Masken, Bibelsprüchen und einem Posaune blasenden Engel verziert ist, auf dessen Schild der Habsburger Doppeladler zu sehen ist. Die Straße aufwärts kommt man zur neugotischen **Eglise St-Pierre-et-St-Paul** aus dem 19. Jh. Man sollte Obernai nicht den Rücken kehren, ohne der **Place de l'Etoile** mit ihren schönen Fachwerkhäusern und den teils stilecht restaurierten Fassaden einen Besuch abgestattet zu haben.

Office de Tourisme: pl. du Beffroi, Tel. 03 88 95 64 13, Fax 03 88 49 90 84, www.obernai.fr, Mai–Okt. Mo–Sa 9.30–12.30 und 14–19 Uhr, sonst nur bis 17 Uhr.

Le Parc: 169, rte. d'Ottrott, Tel. 03 88 95 50 08, Fax 03 88 95 37 29,

Brunnen in Obernai

www.hotel-du-parc.com. Außer den normalen, wohnlich eingerichteten Zimmern gibt es in diesem Vier-Sterne-Fachwerkhaus neben Sauna, Swimmingpool und Bowlingbahn zwei hübsche Apartments im Dachgeschoss DZ 120–180 €.

La Diligence: 23, pl. de la Mairie, Tel. 03 88 95 55 69, Fax 03 88 95 42 46, hotel-diligence.com. Alle Zimmer des Fachwerkhotels mit Bad/Dusche, WC, Telefon und Kabel-TV. DZ 48–80 €, reichhaltiges Frühstücksbuffet 8,50 €.

Vosges: 5, pl. de la Gare, Tel. 03 88 95 53 78, Fax 03 88 49 92 65. Logis-de-France-Hotel am Bahnhof mit 22 einfachen Zimmern. DZ 55–59 €.

Mont Ste-Odile: Tel. 03 88 95 80 53, Fax 03 88 95 82 96, www.mont-sainte-odile.fr. Über 140 z.T. spartanische Gästezimmer, die Hälfte davon mit Bad/Dusche, WC und Telefon, manche nur mit Waschbecken, Restaurant mit fünf Speisesälen. DZ ab 28 €, Menü 12–39 €.

Camping Le Vallon de l'Ehn: 1, rue de Berlin, Tel. 03 88 95 38 48.

La Fourchette des Ducs: 6, rue de la Gare, Tel. 03 88 48 33 38, tgl. Das Spitzenlokal wurde Anfang 2005 mit einem zweiten Michelin-Stern ausgezeichnet. Menü ab 33 €.

Bistro des Saveurs: 35, rue de Sélestat, Tel. 03 88 49 90 41. Feinste und auch ausgefallene Spezialitäten haben dem Lokal einen Michelin-Stern beschert. Menü ab ca 40 €.

La Halle aux Blés: pl. du Marché, Tel. 03 88 95 56 09, kein Ruhetag. Von den Tischen im Freien kann man den Straßenbetrieb beobachten, Spezialität des beliebten Lokals: Spare Ribs. Menü ab 14 €.

Wer in Obernai tanzen und sich gut unterhalten will, geht in die **Diskothek Byblos** (20, rue du Marché, Tel. 03 88 95 39 30).

DIE NÖRDLICHE WEINSTRASSE

Malerisch wie die südliche Weinstraße unterscheidet sich der nördlichste Abschnitt der Strecke vor allem in einem: Hier gedeihen auf den Vogesenvorbergen die raren elsässischen Rotweine. Auch Rosé-Wein ist am schönen Ende der Route des Vins populärer als im ›weißen‹ Süden.

Ottrott

Elsass-Atlas: S. 234, C 2/3
Von Obernai macht die Route des Vins einen Abstecher in die Vogesenvorberge nach **Ottrott.** Bekannt ist der ›Ottrotter Rote‹, einer der wenigen Rotweine im Elsass. In dem 1300-Einwohner-Ort widmet sich das Parc-Aquarium **Les Naïades** dem Thema Wasser und begleitet z.B. einen Tropfen von seiner Entstehung auf seiner Reise bis ins Meer. Neben einem Korallenriff ist exotische Flora und Fauna wie etwa Piranhas, Haie und Biber zu sehen (30, rte. de Klingenthal, tägl. 10–18.30 Uhr). Wanderungen bieten sich zu den nahen **Château Lutzelbourg** aus dem 12. und **Château Rathsamhausen** aus dem 13. Jh. an, die über den Nachbarort **Klingenthal** zu erreichen sind.

Rosheim

Elsass-Atlas: S. 234, C 2
Über die Ortschaft **Bœrsch** mit drei Stadttoren, einem schönen Rathaus aus dem 16. Jh. und einem Sechseimerbrunnen kommt man nach **Rosheim,** das zu den alten Stadtgründungen an der Weinstraße gehört. Entlang der Durchgangsstraße stehen drei Tore, die den Ort quasi in Teile gliedern. Das untere Tor ist die Porte Basse, ein wehrhafter Turm mit steilem Dach. Danach erreicht man die Porte de l'Ecole, die früher die ältere Mittelstadt von der Unterstadt trennte. Heute ist das Geschoss über dem Torbogen ebenso bewohnt wie die umliegenden ehemaligen Stadtmauerhäuser.

Hinter dem Tor liegt die romanische **Eglise St-Pierre-et-St-Paul.** Die während der Stauferzeit im 12. Jh. errichtete Kirche mit kreuzförmigem Grundriss zeichnet sich durch ihre harmonische Architektur aus. Lediglich der nach einem Brand im Jahr 1385 aufgebaute Vierungsturm wurde in ›unangemessenen‹ Proportionen errichtet. Der plastische Schmuck der Kirche dokumentiert den hohen Stand der Bildhauerkunst zur Stauferzeit: Da fällt etwa der staufische Adler auf, der auf dem Giebel über der Westfassade sitzt und seine Krallen in eine Kugel gräbt. An den Giebeltraufen hocken steinerne Löwen – Symbol der Stauferkaiser –, die Menschengestalten in den Pranken halten. Zum schmuckreichen Äußeren bildet das schlichte Kircheninnere einen starken Kontrast.

Das dritte Stadttor, die Porte du Lion, wird vom barocken **Hôtel de Ville** und einem schmalen Fachwerkgebäude aus dem 16. Jh. flankiert. Der Sechseimerbrunnen auf der Place de la République stammt von 1605.

Rosheims berühmtestes Gebäude neben der Eglise St-Pierre-et-St-Paul ist die **Maison Païenne.** Das trutzig wirkende zweigeschossige ›Heidenhaus‹ aus grob zugeschlagenen Steinen wurde in der zweiten Hälfte des 12. Jh. errichtet und gilt als das älteste Steinhaus im Elsass.

Office de Tourisme: 94, rue du Général de Gaulle, Tel. 03 88 50 75 38, Fax 03 88 50 45 49, www.rosheim.com, in der Hochsaison Mo–Fr 9–12 und 14–18, Sa 9–12 und 15–18, So 9–12, sonst Mo–Fr 9–12 und 14–18 Uhr.

Camping du Fackenthal: zwischen Rosheim und Grendelbruch, Tel. 03 88 97 45 20, April–Okt.

Hostellerie du Rosenmeer: 45 a, ave. de la Gare, Tel. 03 88 50 43 29, Fax 03 88 49 20 57, www.le-rosenmeer.com, Mo, Mi bzw. So abend geschl. Die Gäste können im Restaurant oder in der Winstub die 1-Sterne-Köstlichkeiten von Hubert Maetz genießen. Menü ab ca. 35 €.

Auberge du Cerf: 120, rue de Gaulle, Tel. 03 88 50 40 14, So abend und Mo Ruhetag. Unkomplizierte, gekonnte Küche, Menü 9–32 €.

Sechseimerbrunnen in Bœrsch

André Hopfner: 28, rue Nouvelle, Tel. 03 88 50 22 74, Fax 03 88 50 27 44. Führungen auch in deutscher Sprache durch die Weinberge der Winzerei (Dauer 1,5 Std.), Mo–Sa 9–12 und 14–19 Uhr.

Molsheim

Elsass-Atlas: S. 234, C 2

Das Zentrum der aus gallo-römischer Zeit stammenden und teilweise von einer alten Stadtmauer umgebenen 7000-Seelen-Gemeinde Molsheim ist der Rathausplatz mit einem der sehenswertesten und ältesten Renaissancegebäude der Region. Die so genannte **Metzig** war das 1525 errichtete zweigeschossige Zunftgebäude der örtlichen Schlachterinnung. Die Hauptfassade schmücken eine doppelläufige Treppe, ein Erker mit hübschem Uhrturm aus dem Jahr 1607 und Balkone an den Giebelseiten. Das Untergeschoss des reizvollen Gebäudes besteht aus auf massiven Pfeilern ruhenden Arkaden. Vor dem Gebäude steht ein Brunnen aus dem 16. Jh.

Weitere sehenswerte historische Häuser stehen in der Rue Saverne, der Rue de Strasbourg und der Rue de Jenner. Als ältestes Wohnhaus der Stadt gilt das 1422 errichtete Gebäude Nr. 21 an der Place de l'Hôtel de la Ville.

Ein Bollwerk der Gegenreformation bildete die zwischen 1615 und 1617 errichtete **Jesuitenkirche** (tägl. 10–12 und 14–18 Uhr). Bereits um 1580 hatten sich dort Jesuitenpatres niedergelassen und ein Kolleg gegründet, ehe der Fürstbischof von Straßburg den Auftrag zum Bau der Kirche erteilte. Die kreuzförmige Basilika war früher farbig ausgemalt. Reste dieser Innendekoration wurden im Querschiff entdeckt und erneuert. Den reich verzierten Hochaltar bekrönt der hl. Georg als Drachentöter. Ein Prunkstück ist die berühmte Silbermann-Orgel.

Eine interessante archäologische Sammlung der Stadt, historische Kleider, Bugatti-Oldtimer sowie eine Ausstellung über die Familie des Autokonstrukteurs Ettore Bugatti (1881–1947) sind in der ehemaligen **Kartause** aus dem 16. Jh. untergebracht (Musée de la Chartreuse et de la Fondation Bugatti, 4, cour des Chartreux, Tel. 03 88 38 25 10, Anf. Mai–Mitte Okt. tägl. außer Di 14–17 Uhr.

Diana: 14, rue Ste-Odile, Tel. 03 88 38 51 59, Fax 03 88 38 87 11, www.hotel-diana.com. Modernes Hotel in einem Park, 60 komfortable Zimmer, beheiztes Schwimmbad, Sauna, Fitness-Studio und Weinboutique. Im eleganten Restaurant wird junge, kreative Küche serviert wie Lachsrouladen mit Spargelspitzen oder gegrillte Dorade mit Auberginenschmelz. DZ 79–90 €, Menü 28–48 €.

Hôtel du Centre: 1, rue St-Martin, Tel. 03 88 38 54 50, Fax 03 88 49 82 57, www.hotelrestaurant-centre.com. Gediegenes Haus mit 30 freundlichen Zimmern mit Dusche/ Bad, WC, Kabel-TV, Minibar und Telefon. Das Restaurant befindet sich im ältesten Gemäuer der Stadt, dem St-Martins-Keller, mit Wänden aus behauenen Bruchsteinen DZ 35–55 €, Menü ab 17,50 €.

Camping Municipal: rue des Sports, Tel. 03 88 49 58 58, renseignements@mairie-molsheim.fr, Anf. Mai–Mitte Okt.

Molsheim liegt an der Bahnlinie Straßburg–St-Dié, Busse der Linie Saverne–Molsheim über Avolsheim.

Avolsheim

Elsass-Atlas: S. 234, C 2
Der Ort verdankt den großen Besucherandrang zwei bedeutenden Sakralbauten. Außerhalb des Dorfes steht neben einer tausendjährigen Linde der **Dompeter,** wahrscheinlich die älteste Kirche des Elsass. Der Name des dem Apostel Petrus geweihten Gotteshauses entstand aus einer Verballhornung der lateinischen Bezeichnung ›ad dominum Petrum‹. 1049 wurde der Bau vom ›Eguisheimer‹ Papst Leo IX. eingeweiht. Der Dompeter ist ein dreischiffiger, auf den Fundamenten einer eventuell schon im 7. Jh. errichteten Basilika hochgemauerter und über die Jahrhunderte mehrfach veränderter Bau.

Neben dem elsässischen Oldie ist die früher vermutlich als Taufkapelle benutzte **Chapelle St-Ulrich** kunsthistorisch bedeutsam. Der frühromanische Bau geht auf das 9. Jh. zurück. Im Innern des kleinen Zentralbaus sind Fresken erhalten, die wahrscheinlich um die Mitte des 12. Jh. entstanden und erst vor wenigen Jahren wieder freigelegt wurden. Eine Taufszene könnte Auskunft über die frühere Funktion der Kapelle geben. Andere Darstellungen hat man bis heute nicht schlüssig gedeutet. Äußerlich wurde der neben der heutigen Pfarrkirche stehende Bau in der Vergangenheit mehrfach verändert, Kunsthistoriker sprechen von Verstümmelung.

Marlenheim

Elsass-Atlas: S. 234, C 1
Über den Winzerort **Wangen,** in dem alljährlich im Juli beim Brunnenfest Gratiswein fließt, erreicht man **Marlenheim,** den nördlichen Endpunkt der Route des Vins. Wer sich von der Weinstraße stilecht verabschieden will, tut das mit einem Gläschen Rosé, der in dieser Gegend vorzugsweise angebaut wird, oder mit einem Gang über den Weinlehrpfad, den die örtlichen Winzer angelegt haben.

Le Cerf: 30, rue de Gaulle, Tel. 03 88 87 73 73, Di und Mi Ruhetag, Menü ab 40 €. Der krönende Abschluss der Weinstraße: Küchenchef Michel Husser gehört seit Jahren zum Kreis der elsässischen Star-Köche und tritt den Beweis dafür mit Spezialitäten wie Schneckenfricassé oder eigenen Sauerkraut- und Baeckeoffe-Variationen an. Hotelzimmer gibt es in vier Kategorien von Standard bis Appartement. DZ ab 90 €.

G.A.E.C. Mosbach: 10, pl. Kaufhaus, Tel. 03 88 87 50 13, Fax 03 88 87 71 52, Mo–Sa 8–12 und 13–18, So und feiertags 9–12 Uhr. Deutschsprachige Weinkeller-Besichtigung in einem Anwesen aus dem 16. Jh. mit alten Eichenfässern (Dauer 1,5 Std.).

Grenzland im Dornröschen-schlaf: Der Sundgau

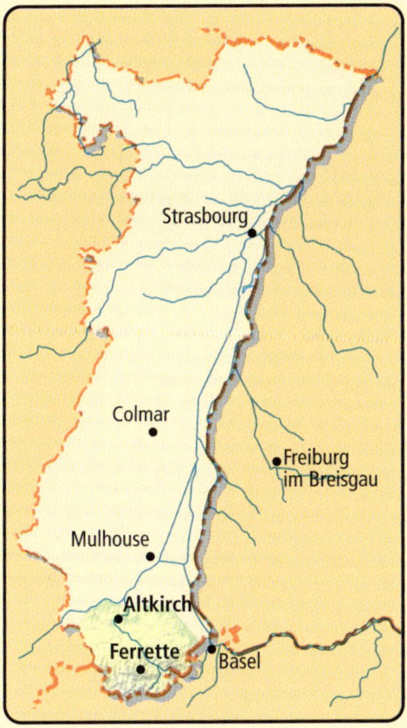

Blick von der Burg auf Ferrette

Elsass-Atlas S. 238, 239

IM STILLEN SUNDGAU

Von Mulhouse durch die süd-elsässische Provinz mit ihren Karpfenteichen, Bächen, Wäldern und Wiesen. Die Dörfer sind hier längst nicht so herausgeputzt wie entlang der Weinstraße. Denn der Sundgau liegt im touristischen Abseits – eine bukolische, urwüchsige Bauernlandschaft, die im Süden über die Schweizer Grenze blickt.

Elsass abseits

Seit Anfang der 1990er Jahre versuchen Regionalplaner, die Entwicklung des elsässischen Südens auf wirtschaftlichem, umweltpolitischem und touristischem Gebiet unter anderem mit Geldern der EU zu befördern. Immer stärker geriet die süd-elsässische Region in den Sog des Industriezentrums Basel, so dass die Zahl der hauptberuflich bewirtschafteten Bauernhöfe drastisch zurückging und der Landstrich in wachsendem Maße die Rolle eines Arbeitskräftereservoirs für die benachbarte Schweiz spielte.

Auf einem anderen Gebiet, dem kulinarischen, braucht der Sundgau keine EU-Nachhilfe. Hauptsächlich entlang der **Route de la Carpe frite** (Straße des gebratenen Karpfens) haben sich gastronomische Betriebe angesiedelt, die sich auf Fischgerichte spezialisiert haben. Die Karpfen- und Forellenzucht hat im Sundgau eine lange Tradition, weil sich der lehmige Boden für die Anlage von Fischteichen anbietet.

Von Mulhouse nach Süden

Elsass-Atlas: S. 239, D 2
Zu einer Rundreise durch den Sundgau verlässt man Mulhouse in südlicher Richtung und besucht zunächst den **Parc Zoologique et Botanique** mit seinen ca. 190 verschiedenen Tierarten (51, rue du Jardin Zoologique, Tel. 03 89 31 85 10, April und Sept. 9–18 Uhr, Mai–Aug. 9–19, Okt./Nov. und März 9–17 Uhr, Dez.–Febr. 10–16 Uhr). Auf der D 21 fährt man über **Bruebach** Richtung **Landser,** ein typisches Sundgaudorf mit einem Kloster.

Hostellerie Paulus: 4, pl. de la Paix, Landser, Tel. 03 89 81 33 30, Sa mittag, So abend und Mo Ruhetag. Küchenchef Hervé Paulus wird zu Recht als gastronomischer Hoffnungsträger der Nach-Haeberlin- und Nach-Westermann-Ära gesehen. Menü ab ca. 35 €.

Folgensbourg und Hagenthal

Elsass-Atlas: S. 239, D/E 2–4
Über **Steinbrunn-le-Bas, Rantzwiller** und **Kœtzingue** erreicht die Straße das 460 hoch gelegene **Folgensbourg.** Von hier reicht der Blick wie von einem Balkon bis in den Großraum Basel. In der Kirche mit einem typisch alemannischen Satteldach verdienen die aus dem früheren Kloster Lucelle übernommenen Altäre sowie eine aus dem 18. Jh. stammende Kanzel Beachtung. Das bekannteste Anwesen von Folgensbourg ist das außerhalb gelegene Hof- und Schlossgut St-Apollinaris, ein prächtiger Bau mit hohem Walmdach aus dem 18. Jh., der sich seit langem in Privatbesitz befindet.

Die D 16 verbindet Folgensbourg mit **Hagenthal.** Sobald man im Ortsteil Hagenthal-le-Bas die Straße D 12 erreicht hat, biegt man nach rechts in die Rue Principale ein. Haus Nr. 8, mit schöner Voranda, stammt laut Inschrift über dem runden Kellerportal aus dem Jahr 1742, vermutlich das Datum eines Umbaus, denn die Architektur des Steingebäudes lässt eher auf eine Bauzeit im 16. Jh. schließen. Das Nachbarhaus von 1730 ist mit Fassadenmalereien geschmückt.

Jenny: 84, rue de Hégenheim, Hagenthal-le-Bas, Tel. 03 89 68 50 09, Fax 03 89 68 58 64, www.hotel-jenny.fr. Am Fluss gelegene freundliche Unterkunft mit Park, Hallenbad, Sauna und über zwei Dutzend eleganten Gästezimmern. DZ 66–130 €.

Auberge à l'Ancienne Forge: 52, rue Principale, Ortsteil Hagenthal-le-Haut, Tel. 03 89 68 56 10, So und Mo Ruhetag. Das stilvolle Restaurant in einer ehemaligen Schmiede in einem üppigen Garten bietet eine hervorragende, mit einem Michelin-Stern ausgezeichnete Küche. Zu den Spezialitäten zählen Risotto mit Kresse-Crème und geschmorte Kalbshaxe. Menü 28,50–64 €.
Jenny: s. o., So abend und Mo Ruhetag. Im gediegenen, geschickt aufgeteilten Restaurant überwiegen traditionell Fischgerichte, während der Jagdsaison im Herbst gibt es aber auch verlockende Wildspezialitäten. Menü 11–87 €.

Nach Ferrette

Elsass-Atlas: S. 238/39, C–E 4
Von Hagenthal-le-Bas bis **Leymen** fährt man über einen bewaldeten Höhenrücken, von dem die über diesem Ort aufragende Ruine von Château Landskron ins Blickfeld gerät. Vom Parkplatz sind es noch ca. 10 Min. Fußweg bis zur Festung, die un-

Radeln im Sundgau

Der Club Amicale des Cyclos Randonneurs Mulhouse (11, rue de Ruelisheim, 68390 Baldersheim, Tel. 03 89 45 52 73, http://membres.lycos.fr/acrm) hat unterschiedliche Radtouren durch den Sundgau mit Längen zwischen 55 und 135 km konzipiert. Informationen über die jeweiligen Strecken bekommt man unter der Klubadresse.

mittelbar an der Schweizer Grenze liegt. Wahrscheinlich wurde sie gegen Ende des 13. Jh. durch den Grafen Thiébaut de Ferrette errichtet. Ältester Teil ist der Bergfried aus dem 13. Jh. Die späteren Besitzer von **Château Landskron** fügten neue Befestigungen hinzu, bis die Anlage während der Napoleonischen Kriege ihren Niedergang erlebte.

In **Oltingue** kann man dem in einem typischen Sundgau-Haus eingerichteten Musée Paysan mit einer Sammlung von Einrichtungs- und Gebrauchsgegenständen sowie Kostümen einen Besuch abstatten (10, rue Principale, Tel. 03 89 40 79 24, Mitte Juni–Ende Sept. Di, Do, Sa 15–18, So 11–12 und 15–18 Uhr; Okt.–Ende Dez. und März –Mitte Juni So 14–17 Uhr).

In **Werentzhouse** hält man sich Richtung Ferrette. Am Ortsausgang steht am Flüsschen Ill eine ehemalige Mühle mit Mühlrad. Von dort sind es nur noch 5 km nach Ferrette. In der Ortschaft selbst gibt es keine großen Sehenswürdigkeiten. Aber für Liebhaber alter Fotos lohnt sich ein Blick in das kleine **Musée des Amoureux** (Tel. 03 89 40 50 47), in dem ein Teil des Gesamtbestandes von über 17 000 Postkarten aus über 70 Sundgaudörfern ausgestellt sind. Die ältesten Aufnahmen stammen von 1895.

Seine Produkte sind gesucht im ganzen Land: ›Käsepapst‹ Bernard Antony

Ferrette und Umgebung

Elsass-Atlas: S. 238/39, C/D 4
Ferrette ist, an einer Flanke der Juraberge gelegen, mit knapp 800 Einwohnern nur noch ein Schatten seiner früheren Größe, als es zwischen 1125 und 1324 Stammsitz der Grafen von Ferrette war. Aber das Städtchen hat Atmosphäre. In der Unterstadt gruppieren sich historische Fachwerkbauten um die **Place de Mazarin.** An der Kirche vorbei führt die Rue du Château hinauf zum **Hôtel de Ville,** einem Renaissancebau von 1570, und in die historische Oberstadt.

Hoch über dem Dorf thront an der Flanke des 613 m hohen Schlossberges die Ruine des **Château de Ferrette.** In etwa 20 Min. kann man vom Rathaus über die im 14. Jh. errichtete Unterburg zur im Kern älteren Oberburg hinaufsteigen und den Blick über die benachbarten Jurahöhen genießen. Auf der oberen Plattform wird die vorzügliche strategische Lage der Festung deutlich.

Vieux-Ferrette

Käsefreunden ist eine Stippvisite im benachbarten **Vieux-Ferrette** zu empfehlen, wo einer der bekanntesten französischen ›Großmeister‹ der Käserei den **Sundgauer Kas Kaller** betreibt. Bernard Antony, dem der Titel ›Maître Fromager et Affineur‹ verliehen wurde, gehört zum erlesenen Kreis französischer Käsespezialisten, deren Produkte nach althergebrachter Tradition aus Rohmilch hergestellt werden und die sich deutlich von Fabrikware aus pasteurisierter Milch unterscheiden (Einkaufsmöglichkeit; 5, rue de la Montagne, Tel. 03 89 40 42 22).

Office de Tourisme du Jura Alsacien: route de Lucelle, Tel. 03 89 08 23 88, www.jura-alsacien.net, Juni–Sept. 9.30–12.30 und 14–18, sonst 14–17 Uhr.

Collin: 4, rue du Château, Tel. 03 89 40 40 72, Fax 03 89 40 38 26. Einfacher Gasthof der bewährten Logis-de-France-Kette mit eigenem Restaurant und 8 Standard-Zimmern mit TV. DZ 48 €, Menü 9–35 €.

Au Raisin: 85, rue des Tilleuls, Moernach, Tel. 03 89 40 80 73, Fax 03 89 08 11 33, Mo/Di Ruhetag. Einfachere, elsässische Küche und sechs zum Teil spartanisch eingerichtete Zimmer. DZ 29–43 €, Menü 8–37 €.
Du Jura: 33, rue du Château, Tel. 03 89 40 32 09, Di abend und Mi geschl. Bodenständige elsässische Gerichte. Menü 12–36 €.

Abstecher nach Feldbach

Von Vieux-Ferrette können kunsthistorisch Interessierte einen Abstecher nach **Feldbach** machen. Die dortige dreischiffige romanische Basilika mit Rundbogenfenstern wurde wahrscheinlich 1145 errichtet, vielleicht aber auch schon früher. Sie gehörte zu einem 1144 vom Grafen von Ferrette gegründeten Kloster, das die Basler um die Mitte des 15. Jh. niederbrannten. Stehengeblieben ist lediglich die Kirche, die nicht nur vom

Kloster, sondern auch von der Gemeinde genutzt wurde. Daran erinnert noch die Mauer, die man zwischen Haupt- und Nebenschiff einzog, um separate Räume zu schaffen. Einer Legende zufolge sollen die Grafen von Ferrette im Kloster Feldbach bestattet worden sein, doch fehlt dafür jeglicher Nachweis.

Nach Altkirch

Elsass-Atlas: S. 238/39, C/D 3/4
Folgt man von der Ferretter Oberstadt der D 23 Richtung Sondersdorf, so erreicht man **Hippoltskirch** im Talgrund das Flüsschen Ill, das nur wenige Kilometer westlich am Fuß des Glaserbergs entspringt und in Straßburg in den Rhein mündet. Bevor man den Wasserlauf überquert, steht links der Straße die **Wallfahrtskapelle St-Martin**. Die im 18. Jh. wieder aufgebaute Kirche ist mit einer schönen Kassettendecke mit Blumenmotiven und der Darstellung einer Szene aus dem Leben des heiligen Ulrich, Bischof von Augsburg, geschmückt. Man sieht ihn zu Pferd im Jahr 955 die Verteidiger seiner Stadt gegen die Ungarn anführen. Die Decke befand sich ursprünglich in der Kirche St-Ulrich in Sondersdorf. Nach deren Zerfall fand sie hier einen neuen Platz, musste jedoch verkleinert werden, um in die Kapelle zu passen (sonn- und feiertags bei gutem Wetter 11–17 Uhr).

Gebratener Karpfen

In zahlreichen Sundgau-Restaurants wird als Spezialität gebratener Karpfen aufgetischt. Die Zubereitungen unterscheiden sich zwar von Küche zu Küche, das Grundrezept ist aber denkbar einfach: Der Fisch wird mit Essig abgewaschen, in Scheiben geschnitten, paniert und in heißem Öl ausgebacken. Das eigentliche Geheimnis der Zubereitungskunst liegt für Experten in der Mischung des Paniermehls, der Ölqualität und der Bratdauer.

Lucelle

Elsass-Atlas: S. 238, C 4
An der französisch-schweizerischen Grenze entlang geht es weiter nach **Lucelle,** einem direkt an der Grenze gelegenen Dorf, das nur aus einigen Häusern und Überresten einer ehemals bedeutenden Zisterzienserabtei besteht. Deren Grundstein wurde 1123 im Beisein von Bernard de Clairvaux (1091–1153), dem Mitbegründer der mittelalterlichen Mystik, gelegt. 1792 verließen die letzten Mönche die Anlage. Die meisten Kunstschätze gelangten in die umliegenden Kirchen.

Nördlich von Lucelle biegt die Straße zum **Petit Kohlberg** ab, der südlichsten Ferme-Auberge des Elsass, bei der sich auch ein Hotel befindet.

Le Petit Kohlberg: Tel. 03 89 40 85 30, Fax 03 89 40 89 40, http://inconnexion2s.online.fr/petitkohl

Karpfenangeln im Largue-Tal

berg, Di Ruhetag. Neuerer Familienbetrieb in ländlicher Umgebung mit 34 Zimmern, alle mit Bad, getrenntem WC, Telefon und TV, einige Zimmer mit Internetanschluss. Im Sommer kann man auf der schattigen Terrasse speisen. DZ ab 54 €, Menü 24 €.

Auf der Karpfenstraße

Elsass-Atlas: S. 238, B/C 3/4

Bei der Ortschaft Winkel zweigt man nach **Oberlarg** ab, wo die Durchgangsstraße von zahlreichen Dorfbrunnen gesäumt wird. Auf einer Anhöhe liegen die Ruinen von **Château Morimont,** eines vermutlich Anfang des 16. Jh. errichteten und 1637 von den Franzosen zerstörten Festungsbaus. Über Levoncourt und Courtavon geht es nach **Pfetterhouse,** wo sich ab 1890 eine Uhrenindustrie herausbildete. 1917 gab es in der kleinen Ortschaft fast drei Dutzend Betriebe, in denen die Handwerker jährlich bis zu 300 000 Uhren herstellten. Der Boom endete nach dem Ersten Weltkrieg.

Fünf Kilometer weiter nördlich liegt **Seppois-le-Haut** im Tal des Flüsschens Largue. Der Doppelort wurde im Ersten Weltkrieg stark zerstört, doch haben eine gotische Kapelle im oberen sowie ein spätbarocker Herrensitz und das Bürgermeisteramt aus der Mitte des 19. Jh. im unteren Ortsteil den Krieg überstanden.

Von Seppois folgt man dem schönen Larguetal auf der durch blaue Schilder mit Teller, Besteck und Karpfenkopf ausgewiesenen **Route de la Carpe frite,** gesäumt von zahlreichen Fischweihern, in denen meistens Karpfen gezogen werden. Einer der Teiche, in denen man gegen eine Gebühr angeln kann, liegt neben der **Ferme-Auberge du Paradis** in Strueth (Tel. 03 89 07 21 46, in der Hochsaison tägl., in der Nebensaison Fr–So ab 9 Uhr; Baeckeoffe, Coq au Riesling).

Abseits der Durchgangsstraße steht in **Strueth** die ursprünglich gotische Chapelle St-André (rue de la Chapelle), die zu Beginn des 16.Jh. von Augustinermönchen erbaut wurde.

Dem Larguetal folgend, kommt man nach **St-Ulrich,** das aus einem schon zu Beginn des 12. Jh. existierenden Kloster der Augustiner-Chorherren hervorging. Von der alten Klosteranlage sind nurmehr Reste vorhanden. Die Eiche in der Dorfmitte soll zur Zeit der Großen Revolution gepflanzt worden sein.

Rhein-Rhône-Kanal

Elsass-Atlas: S. 238/39
Der touristisch interessanteste Wasserweg im Sundgau ist der bei Kembs beginnende und nach Südwesten führende Rhein-Rhône-Kanal (Canal du Rhône au Rhin). Eine größere Schiffsanlegestelle befindet sich in Wolfersdorf bei Dannemarie. Von dort lässt sich per Boot eine kleine Frankreich-Rundfahrt etwa über den Canal de l'Est, den Marne-Kanal, den Rhein und den Rhein-Rhône-Kanal zurück zum Ausgangspunkt unternehmen (Informationen: Mairie, 1, pl. de l'Hôtel de Ville, 68210 Dannemarie, Tel. 03 89 25 00 13).

Altkirch

Elsass-Atlas: S. 238, C 3
Über Altenach und Dannemarie geht es nach Altkirch, der 5500 Einwohner zählenden ›Hauptstadt‹ des Sundgau. Vorbei an einem hässlichen Zementwerk geht es zur Oberstadt hinauf. Wo heute die große, im Innern recht nüchterne neuromanische **Kirche** steht, hatte um die Mitte des 19. Jh. die Ruine einer Burg ihren Platz, die den Grafen von Ferrette gehörte. Um diese Feste, von der aus die Grafen die Burgundische Pforte kontrollierten, bildete sich seit dem 13. Jh. der heutige Ort heraus. Dessen Bedeutung nahm mit dem Aussterben des Grafengeschlechts jedoch schnell ab.

Ein Teil der alten Bausubstanz blieb erhalten. So finden sich vor allem in der Oberstadt zahlreiche sehenswerte Gebäude im spätgotischen, barocken oder spätklassizistischen Stil. Das **Rathaus** an der Place de la République wurde im 18. Jh. nach Plänen von Jean-Baptiste Kléber erbaut, der sich unter Napoléon

Im Musée Sundgauvien in Altkirch

als Heerführer profilierte. Die Mittelsäule des **Brunnens** vor dem Rathaus ist mit einer Muttergottesstatue geschmückt, die aus einer früher hier befindlichen Kirche stammt. Gleich neben dem Rathaus ist in einem Renaissancegebäude das **Musée Sundgauvien** untergebracht, das neben Gemälden einheimischer Künstler Mobiliar aus dem Sundgau, Uniformen, Waffen sowie Altkircher Trachten aus dem 19. Jh. besitzt und außerdem Mineralien, Fossilien und archäologische Funde zeigt. Interessant ist das Modell der Burg, die früher den Platz der neuromanischen Kirche einnahm (Tel. 03 89 40 00 04, Juli/Aug. tägl. außer Mo 14.30–17.30 Uhr, sonst So 14.30–17.30 Uhr).

Office de Tourisme: pl. Jourdain, Tel. 03 89 40 02 90, Fax 03 89 08 86 90, info@ot-altkirch-com, Di–Sa 9–12 und 13–17 Uhr, Mitte Juni–Mitte Sept. tägl., an Feiertagen ganzjährig geschl.

Auberge Sundgovienne: rte. de Belfort, in Carspach, Tel. 03 89 40 97 18, Fax 03 89 40 67 73, www.auberge-sundgovienne.fr, So abend, Mo und Di bis 17 Uhr geschl. Großes Ausflugshotel mit etwas einförmig ausgestatteten, aber sauberen Zimmern. Im Restaurant, in der Winstub und auf der schattigen Terrasse werden wohlschmeckende Gerichte wie Trüschenschnitzel in Riesling serviert. DZ 41–80 €, Menü 13–44 €.

Kuentz: 13, rue d'Altkirch, in Wittersdorf, Tel. 03 89 40 95 01, Fax 03 89 40 21 57. Hotel-Restaurant mit 20 Zimmern ohne viel Komfort. Aus der hauseigenen Küche kommt überwiegend solide Hausmannskost. DZ 50–100 €, Menü 10–36 €.

Diskothek **Le Phare**: Parc d'Activité Nord, Tel. 03 89 40 63 01.

Entlang der ›feuchten‹ Rheingrenze

Port de Plaisance in Kembs

Elsass-Atlas S. 237, 239

DIE RHEINEBENE

Die Rheinebene vom Großraum Basel bis nach Lauterbourg: ein Flickenteppich aus Weißkohl-, Kartoffel- und Gemüseäckern, Mais- und Tabakfeldern, Laubwäldchen und Riedlandschaften, durchschnitten von den großen Verkehrswegen des Elsass und mit Deutschland durch zahlreiche Brücken und Fähren verbunden.

St-Louis

Elsass-Atlas: S. 239, E 3
Längst hat der ausufernde Großraum Basel auch auf elsässischem Gebiet die umliegenden Gemeinden erreicht und in den Stadtteppich integriert. Einzig die Stationen der Zoll- und Passkontrolle machen bei der Fahrt von Basel Richtung Nordwesten darauf aufmerksam, dass man schweizerisches Gebiet verlässt und mit **St-Louis** die südöstlichste Stadt des Elsass erreicht. Viel zu sehen gibt es in der Grenzgemeinde nicht. Von Grand Casino Basel (www.grandcasinobasel.com) gleich hinter der Schweizer Grenze einmal abgesehen. Dort rollen die Roulettekugeln und versammeln sich die Zocker an Stud Poker- und Black Jack-Tischen.

La Maison de Haute-Alsace: 81, rue Vauban, in Village-Neuf am deutsch-elsässischen Grenzübergang, Tel. 03 89 70 04 49, Fax 03 89 67 30 80, ot.saintlouis.huningue@wanadoo.fr, Di–Fr 9–12 und 13.30–18, Mo ab 10 Uhr. Besucherinformation mit praktischem Infomaterial zur Haute-Alsace.

Le Trianon: 46, rue de Mulhouse, Tel. 03 89 67 03 03. Ausgezeichnete Meeresfrüchte-Gerichte etwa mit Jakobsmuscheln, Große Krabben oder Perlhuhnbrust mit Gewürzen – die Gaumenfreuden sind mit Passion zubereitet. Menü 48 €.

Zum Tanzen, Musik hören und Leute-Kennenlernen bieten sich zwei Lokale an: **Cabaret Paris Club** (1, rue de Mulhouse, Tel. 03 89 69 81 55) und **New York Cafe Bar** (33, rue de Huningue, Tel. 03 89 67 18 32).

Naturschutzgebiet Petite Camargue

Elsass-Atlas: S. 239, E 3
Auf dem Weg nach Norden folgt die Route dem Rhein, der sich in den vergangenen 150 Jahren grundlegend verändert hat. Ende des 18. Jh. umspülte er noch Inseln und

Kiesbänke und gebärdete sich als ›ungehobelter Riese‹. Bei der alljährlichen Schneeschmelze oder nach heftigen Gewittern konnten die Wassermassen bedrohlich anschwellen. Die Rhein-Regulierung unter Tulla verringerte nicht nur die Hochwassergefahr, sondern machte zu manchen Zeiten sogar die Schifffahrt unmöglich. Deshalb entstand zwischen Basel und Straßburg ab 1920 der auch für größere Schiffe befahrbare Grand Canal d'Alsace (Rheinseitenkanal), der mit bis zu 140 m Breite sogar berühmte ›Kollegen‹ wie Suez- und Panama-Kanal in den Schatten stellt.

Naturbelassene Uferlandschaften sind seit Tullas Zeiten rar geworden. Aber es gibt sie stellenweise noch. In St-Louis-la-Chaussée biegt der Zugang zum Naturschutzgebiet **Petite Camargue** ab, wo eine 150 ha große Auenlandschaft überlebt hat. Auf drei Wanderwegen (der längste misst 3 km) bekommt man eine Vorstellung davon, wie die Rheinufer vor Tulla aussahen. Alljährlich dient die Petite Camargue 100 000 Zugvögeln als Rastplatz. Hobbybotaniker schätzen die Gegend als kleines Orchideenparadies, in dem 14 von 48 im Elsass vorkommenden Arten gedeihen.

Spuren menschlicher Eingriffe in den Lauf des Rheins zeigen sich auch weiter nördlich in **Kembs-Lœchle,** wo sich vermutlich schon zur Römerzeit ein wichtiger Rheinübergang befand. Zwischen 1928 und 1932 entstand hier das erste von inzwischen zehn elsässischen Wasserkraftwerken. Hinter Kembs kommt man an den 185 m langen und 12 m breiten **Schleusen** des Rhein-Rhône-Kanals vorbei, der dort in den Rhein mündet.

Ottmarsheim

Elsass-Atlas: S. 239, E 1
Für kunsthistorisch Interessierte ist **Ottmarsheim** wegen seiner Kirche, die zu den Perlen der elsässischen Romanik zählt, ein Muss. Der achteckige Grundriss des Hauptraums weist auf karolingische Architektur hin. Als Bauherr des wohl Anfang des 11. Jh. begonnenen Gotteshauses gilt der Habsburger Rudolf von Altenburg, der in Ottmarsheim eine Benediktinerinnenabtei gegründet hatte. Erstmals stellte der Basler

Die Kirche von Ottmarsheim

Kunsthistoriker Jacob Burckhardt Ähnlichkeiten mit der Aachener Pfalzkapelle fest. Alle Maße der Kirche von Ottmarsheim sind durch drei teilbar. Das betrifft die Gesamtlänge von 96 Fuß, den Durchmesser von 66 und die Höhe von 60 Fuß, die Breite des Chors von 12 und schließlich die Mauerdicke von drei Fuß – eine architektonische Umsetzung der christlichen Zahlensymbolik, wie sie in der Dreifaltigkeit zum Ausdruck kommt. 1991 verursachte ein Brand Schäden an der Barockorgel, am Treppenaufgang und dem Dachstuhl des im 15. Jh. errichteten Turms sowie an den Fresken im Innern, die aber mittlerweile behoben worden sind (ganzjährig geöffnet 9–17.30 Uhr).

Als'Hotel: carrefour de la Vierge, Tel. 03 89 26 06 07, Fax 03 89 26 23 12, www.alshotel.com.

Radler-Grenze

Um die Rheinufer zwischen Basel und Straßburg sowohl auf elsässischer wie auf deutscher Seite für Radfahrer besser zugänglich zu machen, wurden spezielle Grenzübergänge angelegt. Auf dem Staudamm von Kembs gibt es ebenso wie auf den Dämmen in Rhinau und Straßburg Rad- und Fußgängerwege, die dem kleinen Grenzverkehr große Umwege über die Autorheinbrücken ersparen.

Neues, modern eingerichtetes Zwei-Sterne-Hotel mit Restaurant und 40 Zimmern mit Bad/WC, Telefon und TV, Frühstücksbuffet. DZ ab 38 €, Menü ab 11 €.
La Couronne: 17, rue de Gaulle, Tel. 03 89 26 05 12, Fax 03 89 26 22 27, Restaurant Fr–So Ruhetag. Einfacher Gasthof mit Zimmern für Gäste ohne große Ansprüche. DZ 23–28 €, Menü 10–15 €.

Neuf-Brisach

Elsass-Atlas: S. 237, E 3
Die Kleinstadt mit etwa 2300 Einwohnern ist wegen der seinerzeit größten französischen **Festung** bekannt, die der Sonnenkönig zwischen 1698 und 1708 von Festungsbaumeister Vauban errichten ließ. Ein 2,5 km langer Fußweg führt um die gesamte Anlage herum.

Aus der Vogelperspektive gibt Neuf-Brisach seinen achteckigen Grundriss deutlich zu erkennen. Nur zwei von den ursprünglich vier Toren blieben erhalten: die **Porte de Colmar** und die **Porte de Belfort.** Letztere ist zugleich die Adresse des **Musée Vauban,** das ein Modell der gesamten Anlage und viele Exponate zur Geschichte und Technik des Festungsbaus zeigt (Tel. 03 89 72 56 66, April–Okt. außer Di 10–12 und 14–17 Uhr).

Den Mittelpunkt der im Schachbrettmuster angelegten Stadt bildet die quadratische Place d'Armes/Place de Gaulle, an deren Nordseite die aus dem 18. Jh. stammende **Eglise St-Louis** steht.

Office de Tourisme: 6, pl. d'Armes, Tel. 03 89 72 56 66, Fax 03 89 72 91

73, www.neuf-brisach.com, Juli/August Mo–Sa 9–12 und 14–18, So 10–13, sonst Mo–Fr 8–12 und 14–18, Sa 9–12 Uhr.

Hostellerie Groff/ Aux Deux Clefs: 50, Grand' Rue, Biesheim, Tel. 03 89 30 30 60, Fax 03 89 72 92 94, www. deux-clefs.com. Ruhiges Haus, 28 z.T. klimatisierte, modern eingerichtete Zimmer mit Bad/Dusche und WC, Telefon und Kabel-TV, gemütliches Restaurant. DZ 76–80 €, Menü 19–55 €.

Aux Deux Roses: 11, rte. de Strasbourg, Tel. 03 89 72 56 03, Fax 03 89 72 90 29, www.aux-deux-roses.com. Die einfachen Zimmer sind mit Bad/Dusche, WC, Farb-TV, Mini-Bar und Telefon ausgestattet. DZ 35–43 €.

Camping Municipal Vauban: an der D 415, Tel. 03 89 72 51 68, ganzjährig.

La Petite Palette: 16, rue de Bâle, Tel. 03 89 72 73 50, So abend, Mo und Di abend geschl. Küchenchef Henri Gagneux hat sich nach Ansicht seiner Gäste große Meriten verdient. Seine raffinierten Kreationen stellen selbst kritische Geister zufrieden. Menü 24–52 €.

Archäologen-Mekka

Schon im 18. Jh. stießen Bauern bei Feldarbeiten nördlich von Neuf-Brisach auf archäologische Fundstücke. Vor einigen Jahren begannen Wissenschaftler bei **Oedenbourg,** 5 km nördlich von Neuf-Brisach, mit Grabungen, die u.a. Nachweise über ein römisches Militärlager und eine zivile Siedlung mit luxuriösen Ausstattungen zutage förderten. Wahrscheinlich handelt es sich dabei um das von Ptolemäus beschriebene Argentovaria, das bisher bei Horbourg in der Nähe von Colmar vermutet wurde. Viele Funde sind im Musée gallo-romain in **Biesheim** ausgestellt (Le Capitol, Tel. 03 89 72 01 58, Mi und Fr 14–17.30, Do 9–12 und 14–17.30, Sa/So 14–17 Uhr).

Humanistenzentrum Sélestat

Elsass-Atlas: S. 237, D 1

Schönster Ort an der Rheintal-Route ist das 18 000 Einwohner große Sélestat mit seinem mittelalterlichen Zentrum. Karl der Große soll 775 in der Stadt geweilt haben, deren Geschichte im 11. Jh. deutlichere Konturen anzunehmen begann. Hildegard von Hohenstaufen ließ um 1087 eine Kirche errichten und gründete wenig später ein Benediktinerkloster, dessen Mönche das Gotteshaus im darauf folgenden Jahrhundert zur **Eglise Ste-Foy** 1 ausbauten. Der romanische Stil zeigt sich insbesondere an der von zwei Türmen flankierten Westfassade mit phantasievoller Bauplastik sowie am Vierungsturm mit dem eigenwilligen steinernen Helm. Später gestaltete man die Kirche nicht immer zu ihrem ästhetischen Vorteil um. Im 19. Jh. fiel einer Restaurierung der von Jesuiten hinzugefügte barocke Dekor zum Opfer, als der romanische Stil wieder zur Geltung gebracht werden sollte. Erhalten blieb die Kanzel von 1733.

Sehenswürdigkeiten

1 Eglise Ste-Foy
2 Eglise St-Georges
3 Kornhalle (Humanistische Bibliothek)
4 Résidence d'Ebersmunster
5 Maison du Pain d'Alsace
6 Maison Billex
7 Maison Ziegler
8 Ancien Arsenal Ste-Barbe
9 Tour de l'Horloge
10 Tour des Sorcières
11 Agence Culturelle de Sélestat

Übernachten

12 Abbaye de la Pommeraie
13 Auberge des Alliés
14 Vaillant

Essen und Trinken

15 Edel
16 Au Bon Pichet
17 Belle Epoque
18 A l'Improviste

In der Nachbarschaft steht die zwischen dem 13. und 15. Jh. in Buntsandstein und Granit errichtete **Eglise St-Georges** [2]. Im schlichten Innern befindet sich unter dem Chor eine von einem mächtigen Mittelpfeiler abgestützte Krypta. Der Chor selbst ist mit Buntglasfenstern aus dem 15. Jh. ausgeschmückt, die 1939 nach Südfrankreich in Sicherheit gebracht wurden. An den Seiten des Chors führen schmale Treppen zu einem einst vorhandenen Obergeschoss, das die berühmte **humanistische Bibliothek** beherbergte.

Zusammen mit einem kleinen Geschichtsmuseum ist diese Bibliothek heute in der mit einem Fassadenmosaik geschmückten ehemaligen **Kornhalle** [3] an der Place Léon Gambetta untergebracht. Als älteste elsässische Bibliothek, einst Bestandteil der berühmten Lateinschule von Sélestat, besitzt sie unschätzbare Werke wie die fast vollständige Privatbibliothek des vor Ort geborenen Humanisten Beatus Rhenanus (1485–1547), Hunderte über 500 Jahre alte Handschriften, mehr als 530 Inkunabeln, 200 Drucke aus dem 16. Jh. sowie das älteste Buch der Region, ein Lektionar, das vermutlich im 8. Jh. entstand (Eingang an der Rue de la Bibliothèque, Mo–Fr 9–12 und 14–18 Uhr, Sa 9–12, Di und So geschl., Gratiseintritt).

Geht man von der Bibliothek über die Rue du Sel in Richtung Ste-Foy, kommt man linker Hand an der reizvollen **Résidence d'Ebersmunster** [4] aus der Mitte des 16. Jh. vorbei. In der früheren Unterkunft der Klosteräbte sind heute verschiedene städtische Einrichtungen untergebracht.

Neueste Sehenswürdigkeit der Stadt ist die **Maison du Pain d'Alsace** [5], ein der regionalen Brotkultur gewidmetes dreigeschossiges Museum mit arbeitender Backstube und kleinem Café (rue du Sel, Tel. 03 88 58 45 90, erste Jan.-Hälfte, Febr.–Juni und Sept. –Nov. Di–Fr 10–12 und 14–18, Sa/So 14–18, Juli/Aug. durchgehend, Ende Nov.–Weihnachten 10–19 Uhr).

Weitere sehenswerte Gebäude sind die **Maison Billex** [6] am Marché aux Choux mit ihrem reich verzierten, doppelgeschossigen Erker (in diesem Haus verbrachte der Sonnenkönig die Nacht vom 14. auf den 15. Oktober 1681), die **Maison Ziegler** [7] aus der ersten Hälfte des 16. Jh. (18, rue de Verdun), in welcher der damalige Stadtbaumeister Stephan Ziegler lebte, der **Ancien Arsenal Ste-Barbe** [8] an der Place de la Victoire, der heute als städtischer Festsaal dient, die **Tour de l'Horloge** [9], Überrest einer staufischen Stadtbefestigung aus dem 14. Jh. (das Dach mit vier Ecktürmchen wurde später aufgesetzt) sowie die **Tour des Sorcières** [10] aus dem Jahr 1300, die ebenfalls Teil der Stadtbefestigung war und deren Obergeschoss im 17. Jh. als Gefängnis für der Hexerei angeklagte Frauen diente. Die erste Stadtmauer wurde 1217 errichtet, doch wuchs Sélestat so schnell, dass sie mehrfach erweitert werden musste.

Die **Agence Culturelle de Sélestat** [11] zeigt in ihrem modernen Glas- und Betongebäude am Illufer wechselnde Kunstausstellungen (1, route de Marckolsheim, Tel. 03 88 58 87 55, www.culture-alsace.org, Ausstellungen Mi–Sa 14–18, So 11–18 Uhr).

Sélestat: Ste-Foy

Ein Ausflug führt nach Ebersmunster zum einzigen bedeutenden Barockbau der Region. Die Abteikirche **Ancienne Abbaye d'Ebersmunster** erbaute zwischen 1719 und 1727 der aus dem Bregenzer Wald stammende Peter Thumb (1681–1766). Bis 1759 waren auch die Deckengemälde und die üppige Innenausstattung mit einer kostbaren Silbermann-Orgel in prächtigem Gehäuse vollendet.

Office de Tourisme: bld. Leclerc, Tel. 03 88 58 87 20, Fax 03 88 92 88 63, www.selestat-tourisme.com, Mai–Okt. Mo–Fr 9.30–12.30 und 13.30–18.45, Sa 9.30–12.30 und 14–17, So 9.30–15 Uhr, sonst wochentags nur bis 17 Uhr. Im Touristenbüro kann man Räder ausleihen.

Abbaye de la Pommeraie 12: 8, ave. Foch, Tel. 03 88 92 07 84, Fax 03 88 92 08 71, www.relaischateaux .com /pommeraie. Ehemals Teil eines Zisterzienserklosters, verbindet das beste Hotel der Stadt ein luxuriöses Ambiente mit dem stilvollen Charme des Gestrigen. Die zehn Gästezimmer und vier Suiten sind elegant und komfortabel ausgestattet. DZ bzw. Suiten von 139–314 €.

Auberge des Alliés 13: 39, rue des Chevaliers, Tel. 03 88 92 09 34, Fax 03 88 92 12 88, auberge.allies@libertysurf.fr. Die Einrichtung erinnert zwar an Omas Zeiten, aber alle Räume sind mit Bad/WC, TV und Minibar ausgerüstet. Urgemütliche Weinstube. DZ 58 €, Menü 15–36 €.

Vaillant 14: pl. de la République, Tel. 03 88 92 09 46, Fax 03 88 82 95 01, www.hotel-vaillant.com. Äußerlich keine Schönheit, bietet das Hotel aber ein gastliches Inneres, 47 schallisolierte Zimmer, große Sauna, Solarium, Bar, Fitness-Studio und Restaurant. DZ 60–70 €, Menü 15–33 €.

Camping: Les Cigognes, an der N 83, Tel. 03 88 92 03 98, Mitte April–Ende Sept.

Edel 15: 7, rue des Serruriers, Tel. 03 88 92 86 55, Di abend, Mi und So abend geschl., Service nur bis 20.30 Uhr. Nomen est omen – in diesem rein äußerlich eher bescheidenen Lokal stimmt nicht nur das Interieur. Für gehobene Preise bietet Küchenchef Jean-Frédéric Edel seinen Gästen harmonische, perfekt aufeinander abgestimmte Gaumenfreuden. Menü 60–116 €.

Au Bon Pichet 16: 10, pl. du Marché-aux-Choux, Tel. 03 88 92 68 00. Der bärenhafte Wirt, der neuerdings auch ein angrenzendes Hotel betreibt, empfiehlt köstliche Gänseleber, Kräuterschnecken und Kalbsnierchen. In einer Stube kommt Flammkuchen auf den Tisch.

Belle Epoque 17: 9, pl. du Marché-aux-Choux, Tel. 03 88 92 15 43. Gerichte wie Rinderfilet mit Pinot Noir und Kalbsnieren auf elsässische Art sind gekonnt zubereitet. Menü 17–32 €.

A l'Improviste 18: 13, bld. Leclerc, Tel. 03 88 82 81 81, So/Di Ruhetag. Im Lokal überwiegen kräftige Provencefarben. Ähnlich bunt gibt sich die Speisekarte etwa mit Ravioli mit Basilikumsauce oder karamellisierten Schweinerippchen. Tellergerichte ab 10 €.

Ferme Riedwasen: rte. de Strasbourg, am nördlichen Stadtausgang, Tel. 03 88 92 03 06, Mo–Sa 8–18 Uhr. Verkauf von Obst, Gemüse, Schinken, Geflügel und Schweinefleisch aus eigener Produktion.

Ferme St-Paul: N 83 zwischen Sélestat und Ebersmunster, Tel. 03 88 85 71 80, tägl. 8–17 Uhr. Spargelverkauf (Saison).

Der Treff für junge Leute: **Bar Pub Le Tigre** (5, rue d'Iéna, Tel. 03 88 92 07 06.

Sport: Von Juli bis September bietet das Office de Tourisme (s.o.) auf der Ill zwischen Sélestat und Illhaeusern ca. dreistündige begleitete Kanutouren inkl. Rücktransport an.

Spitzenküche

Elsass-Atlas: S. 235, E 2/4

Mit **Jean Albrecht** (›Au Vieux Couvent‹, 6, rue des Chanoines, Rhinau, Tel. 03 88 74 61 15, Di und Mi Ruhetag, Menü ab 45 €) und **Philippe Grasser** (›La Table Gourmande‹, 43, rte. de Lyon, Fegersheim, Tel. 03 88 68 53 54, So abend und Mo Ruhetag, Menü 16–97 €) haben sich zwei in der Rheinebene beheimatete Küchenchefs den Zugang zum elsässischen Gourmethimmel geebnet. Beide zelebrieren elsässische Küche auf höchstem Niveau.

Der Norden: Burgen, Schlösser, Herrensitze

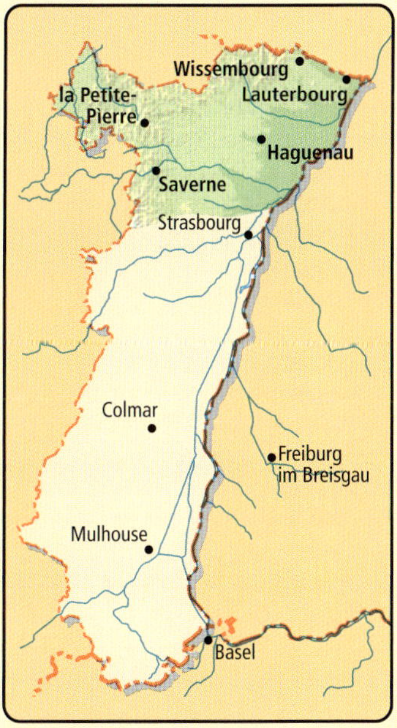

Radlerrast in Wissembourg

Elsass-Atlas S. 232, 233, 234

NACH HAGUENAU UND WISSEMBOURG

Haguenau, Niederbronn, Wissembourg: geschichtsträchtige Kleinode im ehemaligen Reich des mächtigen Staufergeschlechts, malerische Fachwerkdörfer, Hügellandschaften wie geschaffen für Radtouren mit der Familie und einen Abend am Roulette-Tisch im einzigen elsässischen Glücksspieltempel.

Sessenheim

Elsass-Atlas: S. 233, F 3
Die Ortschaft spielte im Leben Goethes eine nicht unwichtige Rolle. Während seiner Zeit in Straßburg 1770/71 verliebte sich der 21-jährige Jurastudent in die zwei Jahre jüngere Tochter des örtlichen Pfarrers, Friederike Brion. Ein kleines, zur napoleonischen Zeit als Wache genutztes Fachwerkhaus mit Giebeldach dient seit 1962 als Gedenkstätte an den Dichter (an der Durchgangsstraße, geöffnet tägl. 9–18 Uhr). Während vom ehemaligen Pfarrhaus der Familie Brion nur noch eine restaurierte Scheune übrig ist, existiert die protestantische Kirche noch, in der Friederike und der junge Goethe den sonntäglichen Predigten lauschten. Die Grabplatten von Friederikes Eltern befinden sich in einer Nische an der südlichen Außenwand der Kirche.

A l'Agneau: 11, rte. de Strasbourg, Tel. 03 88 86 95 55, So abend, Mo und Mi abend geschl. Ausgezeichnetes Restaurant mit Terrasse. Die Küche bietet Köstlichkeiten wie Räucherlachs mit Meerrettich und Lamm auf jungem Gemüse. Menü 30–54 €.
Auberge au Bœuf: 1, rue de l'Eglise, Tel. 03 88 86 97 14, Museum tägl. 9–18 Uhr. Die Kundschaft kommt in dieses Landgasthaus häufig nicht, um fürs leibliche Wohl zu sorgen, sondern um das mit wertvollen Dokumenten ausgestattete private Goethe-Museum zu besichtigen. Menü ab 20 €.

Staufersitz Haguenau

Elsass-Atlas: S. 233, E 3
Ehemalige Lieblingsresidenz des deutschen Kaisers? Frühere Hauptstadt des elsässischen Zehnstädtebundes? Einer nur 30 000 Einwohner großen, verträumten Landgemeinde wie Haguenau traut man eine solche Rolle kaum zu. Oder doch? Hie und da kommt seine bedeutende Vergangenheit zum Vorschein: an romanischen und gotischen Kirchenfassaden, einer jahrhundertealten Mühle, Stadtmauerresten und prächtigen Residenzen aus der Feudalzeit. Ge-

wiss, die großen Zeiten sind dahin. Aber ein sympathischer Provinzflecken mit zahlreichen Sehenswürdigkeiten und typisch elsässischem Flair ist die ehemalige Stauferhochburg allemal geblieben.

Aus der Stadtgeschichte

Die Gegend um Haguenau war seit frühester Zeit besiedelt. Davon zeugen zahlreiche Hügelgräber im Haguenauer Forst. Viele Funde aus diesen Tumuli sind im Musée Historique (s. S. 183) zu sehen. Später galt der Forst als Heiliger Wald, weil dort im Laufe der Zeit zahlreiche Klöster gegründet worden waren.

Die Wurzeln der Stadt reichen bis ins 11. Jh. zurück. Im Jahr 1030 ließ sich der Graf von Eguisheim auf einer vom Flüsschen Moder umgebenen Insel eine Burg errichten. Aus ihr entwickelte sich im 12. Jh. eine Kaiserpfalz der Hohenstaufen, die seit 1139 die Könige und Kaiser im Heiligen Römischen Reich Deutscher Nation stellten.

Da der Haguenauer Forst ein wildreiches Jagdrevier war, gehörte Haguenau zu Kaiser Friedrich Barbarossas Lieblingsresidenzen. 1189 brach Kaiser Rotbart von dort zum dritten Kreuzzug nach Palästina auf. 1193 kaufte sich Richard Löwenherz in Haguenau bei Barbarossas Sohn, Kaiser Heinrich VI., für 100 000 Silbermark frei. Heinrich hatte den legendären König von England und Herzog der Normandie wegen des Verrats der Kreuzritter im Heiligen Land festgesetzt.

Im Jahr 1260 zur Reichsstadt erhoben, stand Haguenau in der zweiten Hälfte des 14. Jh. im Mittelpunkt der Dekapolis. Die in diesem Bundes vereinten zehn elsässischen Städten versuchten im Hundertjährigen Krieg kollektiv, Recht und Frieden zu bewahren. Im 15. Jh. erlebte die Stadt als wirtschaftliches wie geistiges Zentrum einen Aufschwung, verlor später aber seine regionale Bedeutung nicht zuletzt aufgrund der Fehden zwischen Protestanten und Katholiken. Haguenaus dunkelste Stunde schlug während des Holländischen Krieges im Jahr 1677: Auf Befehl des Sonnenkönigs Ludwig XIV. wurde die Stadt zweimal in Brand gesteckt und fast vollständig vernichtet.

Erst nach 1700 ging es wirtschaftlich aufwärts dank des Rohstoffes Holz aus dem Haguenauer Forst. Später kam der Handel mit Tabak und Hopfen hinzu. Gegen Ende des Zweiten Weltkriegs verlief entlang dem Flüsschen

Auf Goethes Spuren

Der elsässische Club Vosgien hat einen nach Goethe benannten Wanderpfad eingerichtet, dem der Dichter mit seiner Geliebten öfters gefolgt sein soll. Der mit einem roten Kreis markierte, 6 km lange Weg führt vom Rathaus in Sessenheim durch die Rue Goethe in Richtung Bois de Sessenheim zur Goethe-Eiche und zurück nach Sessenheim. Für die gesamte Wegstrecke benötigt man ca. eineinhalb Stunden.

Haguenau: Tour des Chevaliers

Moder die Front zwischen deutschen und amerikanischen Truppen, wodurch Haguenau in die Schusslinie geriet und schweren Schaden nahm. Dennoch gilt es neben Straßburg und Colmar als Stadt mit sehenswerten historischen Bauten.

Stadtrundgang

Von der Touristeninformation auf dem Bahnhofsvorplatz gelangt man in der Rue du Grenier zu dem aus gelben Ziegeln und rotem Buntsandstein errichteten dreigeschossigen **Speicher** aus dem 16. Jh. Stadteinwärts liegt eine kleine Parkanlage mit der **Fontaine aux Abeilles,** einem Brunnen aus dem 18. Jh. Gleich daneben erhebt sich die romanische **Eglise St-Georges.** Unter Herzog Friedrich dem Einäugigen wurde sie auf den Fundamenten einer bald nach ihrer Fertigstellung im 12. Jh. zerstörten Kapelle errichtet, aber bis ins 17. Jh. hinein mehrfach verändert und erweitert. Von der ursprünglichen Kapelle ist heute nur noch der Glockenstuhl vorhanden. Im Innern der Kirche fällt vor allem die um 1500 von Veit Wagner geschaffene steinerne Kanzel auf, die mit einer Darstellung des heiligen Georg im Kampf gegen einen Drachen geschmückt ist. Links im Chor befindet sich ein Sakramentshäuschen von 1523.

Die **Grand-Rue** mit zwei Häusern im Louis-quinze-Stil führt in die Rue St-Georges, die sich zur Place d'Armes öffnet. Hier biegt man in die Rue Clemenceau ein, an deren Ende sich das

1843–46 aus rotem Sandstein erbaute **Théâtre Municipal** befindet. Über die Rue du Maréchal Foch gelangt man auf die Place Albert Schweitzer, an der eine **neogotische Kirche** vom Ende des 19. Jh. steht. Das von einem quadratischen Turm überragte Neo-Renaissance-Gebäude mit dekorativem Fassadenschmuck zur Linken (1900–05 erbaut) beherbergt das **Musée Historique** mit Exponaten zur Lokalgeschichte wie Funde aus Hunderten von Grabstätten aus der Eisen- und Bronzezeit, Siegel, Münzen und jüdische Kunst (9, rue Foch, Mo und Mi–Fr 10–12 und 14–18 Uhr, Sa/So 15–17.30, Juli/Aug. auch Di 14–18 Uhr).

Ältestes Profangebäude der Stadt ist das **Hôtel des Fleckenstein** aus dem 16. Jh. in der Rue du Sel. Durch eine kleine Passage in einem Neubaukomplex geht es zum Quai des Pêcheurs am Flüsschen Moder. Überspannt wird der Wasserlauf von der **Tour des Pêcheurs,** einem Rest der ehemaligen Stadtbefestigung. Das Wasserparadies **Nautiland** jenseits der Brücke gehört zu den beliebtesten Freizeiteinrichtungen der Stadt.

An der Grand-Rue ist die über 200 Jahre alte Fassade der **Maison Cassina** mit einer Statue des heiligen Joseph geschmückt. Die benachbarte **Halle aux Houblons** (Hopfenhalle) aus der 2. Hälfte des 19. Jh. dient jeweils am Dienstag und Freitag als Markthalle. Der Hopfenanbau wurde in der Gegend um Haguenau übrigens im Jahr 1804 eingeführt.

Im Norden der Altstadt, am Ende der Grand-Rue, steht die gotische **Eglise St-Nicolas** aus dem 14. Jh. Nur wenige Schritte weiter haben an der **Porte de Wissembourg** Reste der bis zum Beginn des 14. Jh. existierenden Stadtmauer die Zeiten überdauert. An der **Tour des Chevaliers** vorbei geht es über die Place Charles de Gaulle mit dem **Hôtel de Ville** zum alten Zollgebäude **Ancienne Douane** vom Anfang des 16. Jh. Durch den Innenhof kommt man zur Place Joseph Thierry. Von hier führt ein kleiner Abstecher zur alten **Dischlachmühle** aus dem 13. Jh.

An das alte Zollgebäude schließt sich die **Ancienne Chancellerie** an, die 1486 errichtete Stadtkanzlei. Das gut erhaltene, rot getünchte Gebäude dient heute als Kulturzentrum und beherbergt außerdem eine Touristeninformation und das **Musée Alsacien** mit Exponaten zur Volkskunst, zum Lebensalltag, zu Handwerk und Religion im nördlichen Elsass des 19. Jh. (1, pl. Thierry, Tel. 03 88 73 30 41, Mo–Fr 9–12 und 13.30–17.30, Sa/So 14–17 Uhr).

Office de Tourisme : place de la Gare, Tel. 03 88 93 70 00, Fax 03 88 93 69 89, www.ville-haguenau.fr, Mai–Sept. Mo–Fr 9–12 und14–18 Uhr, Sa 10–12 und 14–17 Uhr, im Sommer So 14–17 Uhr, Nebensaison Mo–Sa 10–12 und 14–17 Uhr.

Kaiserhof: 119, Grand-Rue, Tel. 03 88 73 43 43, Fax 03 88 73 28 91. Eines der besseren Hotels der Stadt, 15 meist geräumige Zimmer. DZ 59 €.
Les Pins: 112, rte. de Strasbourg, Tel. 03 88 93 68 40, Fax 03 88 93 34 14. Modernes, gut aus gestattetes Logis-de-France-Haus, 23 Zimmer und eine rustikale Gaststube. DZ 64 €, Menü 14–55 €.

Ibis: rte. de Bitche, Tel. 03 88 73 06 66, Fax 03 88 73 49 61, www.ibishotel.com. Kettenmotel, Zimmer mit Dusche und WC, Telefon, TV, für Reisende ohne große Ansprüche. DZ 43–53 €.

La Cuisine des Saveurs: 2, rue de l'Etoile, Tel. 03 88 06 07 73. Kreative und vorzügliche Speisen wie Jungenten-Filet mit Sauerkirschen, kalte Rhabarber-Erdbeeren-Suppe und gebratener Zander mit Meerrettich. Menü 14–47 €.
Au Tigre: 4, pl. d'Armes, Tel. 03 88 93 69 47. Die Brasserie in der Fußgängerzone kocht sehr gut und ist mit ihren Tischen im Freien ein hervorragender Logenplatz zum Leutebeobachten. Menü 26 €.
S'Buerehiesel: 13, rue Meyer, Tel. 03 88 93 30 90. Die gemütliche Weinstube neben dem Theater serviert deftige elsässische Spezialitäten und ist mit Dutzenden von Hexenpuppen dekoriert, die vom Deckengebälk hängen. Menü ab 18 €.

Die führenden Lokale in Haguenaus Diskotheken-Szene sind **Club Manhattan** (48, rte. Schirrhein, Tel. 03 88 73 26 44), **Diskothek Stoffel** (130, Grand-Rue, Tel. 03 88 73 35 86), **Le Memory's** (130, Grand-Rue, Tel. 03 88 73 35 81) und die Karaoke-Bar **Le Cirque** (25, rue St-Exupéry, Tel. 03 88 63 81 81).

Nautiland: 8, rue Dominicains, Tel. 03 88 90 56 56, www.nautiland.net, Mo/Di und Do/Fr 12–21, Mi 9.30–21, Sa 10–22, So und feiertags 9–19, in den Schulferien wochentags ab 10, So ab 9 Uhr. Wasserpark mit mehreren Becken, Wasserrutsche, Whirlpool, Sauna, Solarium und Liegewiese.

Begehrt: Töpferwaren aus Soufflenheim und Betschdorf

Töpferdörfer Soufflenheim und Betschdorf

Elsass-Atlas: S. 233, F 2
Die beiden durch den Haguenauer Forst getrennten Gemeinden verbindet nicht nur eine geografische Nachbarschaft, sondern auch eine lange Handwerkstradition: die Töpferei und Keramikkunst (s. S. 185). In beiden Orten veranstaltet das Office de Tourisme bzw. das Syndicat d'Initiative für Gruppen nach Voranmeldung Führungen durch Handwerksbetriebe. Das **Musée de la Poterie** in Betschdorf (4, rue de Kuhlendorf, Tel. 03 88 54 48 07, Ostern–Allerheiligen Mo-Fr 10–12 und 13.30–18, Sa/So 14–17.30 Uhr) zeigt Sammlungen von Steingut aus der Zeit seit dem Mittelalter.

ELSÄSSER TON-ART

Die Spur des traditionsreichen Elsässer Töpferhandwerks lässt sich auf zweierlei Weise aufnehmen: durch den Besuch des Straßburger Musée Alsacien, das eine Sammlung historischen Steinguts ausstellt, oder indem man sich in einem elsässischen Restaurant das in einer feuerfesten Tonschale gegarte ›Nationalgericht‹ Baeckeoffe servieren lässt. Der dazu gehörige Weißwein kommt im traditionellen Steinkrügle auf den Tisch.

Die Herstellung der Ton- und Steingutwaren wird hauptsächlich in **Soufflenheim** und **Betschdorf** gepflegt. Die beiden Ortschaften bilden das historische Zentrum der elsässischen Keramik und Töpferei, und hier werden heute noch die meisten Erzeugnisse von Hand hergestellt.

Beide Dörfer besitzen eine lange Tradition in der Herstellung von Töpfen, Krügen und Schalen. In Soufflenheim existierten um die Mitte des 19. Jh. ein halbes Hundert Tonwerkstätten mit mehr als 600 Beschäftigten. In Betschdorf wurde Steingut sogar schon im 15. Jh. hergestellt. Gegenwärtig arbeiten in Soufflenheim und Betschdorf noch über ein Dutzend Werkstätten, die man besichtigen kann. Dort bekommt man die Produkte für weniger Geld als sonstwo.

Moderne Maschinentechnik hat natürlich auch den Weg in die beiden Dörfer gefunden. Dennoch spielt die Handarbeit nach wie vor eine große Rolle. Das gilt für die Formgebung und insbesondere für den Dekor. Meistens sind es Frauen, die Verzierungen auf die Gefäße aufbringen – traditionelle Muster mit Blumen- und Tiermotiven, gezackte oder gewellte Linien. Als letzter Arbeitsgang erfolgt die Bleiverglasung. In Betschdorf werden die Muster in das angetrocknete Geschirr eingeritzt und/oder mit der typischen kobaltblauen Farbe bemalt, ehe die Ware gebrannt wird und bei 1250° C eine Salzglasur erhält.

Das Töpfermaterial stammt seit Jahrhunderten zum großen Teil aus Lehmgruben im Haguenauer Forst. Das Recht, sich dort mit dem benötigten Rohstoff zu versorgen, räumte den ›Tonmeistern‹ aus Betschdorf und Soufflenheim Kaiser Friedrich Barbarossa ein und wird bis heute vom Vater auf den Sohn vererbt. Heute gibt man dem einheimischen Lehm fremde Sorten aus dem Ausland bei, um eine bessere Konsistenz zu erreichen.

Elsässer Keramik und Tonwaren – von der Gugelhupfform bis zur ›Schnapsstütze‹ – werden auf jedem Straßenmarkt angeboten und sind die ›Renner‹ der regionalen Souvenirindustrie. Dennoch ist das irdene Geschirr Gebrauchsgegenstand geblieben und hat in vielen Haushalten einen angestammten Platz.

So wird etwa der berühmte Baeckeoffe in vielen Restaurants in einem außen glasierten Tontopf mit typischem Soufflenheim-Design auf den Tisch gebracht. Bei Wein- und Mostkrügen haben hingegen eher die unverwechselbaren steingrauen Produkte mit blauen Verzierungen aus der benachbarten Töpfermetropole Betschdorf die Nase vorn.

Eines der schönsten Fachwerkdörfer des Nordelsass – Hoffen

Office de Tourisme: 20b, Grand' Rue, 67620 Soufflenheim, Tel. 03 88 86 74 90, Fax 03 88 86 60 69, www.mairie-soufflenheim.fr, ganzjährig Mo–Sa 9–12 und 14–17 Uhr.

Syndicat d'Initiative: 2, rue de Kuhlendorf, 67660 Betschdorf, Tel. 03 88 54 49 70, si.betschdorf@wanadoo.com, Ostern–Allerheiligen tägl. 10–12 und 13–17 Uhr.

GC Soufflenheim/Baden-Baden: allée du Golf, Soufflenheim, Tel. 03 88 05 77 00, Fax 03 88 05 77 01. Die Golfanlage steht auch Nicht-Mitgliedern offen. Es werden Kurse angeboten.

Niederbronn-les-Bains

Elsass-Atlas: S. 233, D 1

Die Thermalquellen in **Niederbronn-les-Bains** nutzten bereits die Römer. In einem Brunnen fand man römische Münzen, die vermutlich dem Gott der Quellen geopfert worden waren. Das Wasser aus der **Römerquelle** im Stadtzentrum hat eine Temperatur von 18,1° C. Ein kleiner Trinkbrunnen befindet sich gleich vor dem Spielkasino. In diesem einzigen elsässischen Zockerpalast kann man sein Glück bei Roulette, Black Jack oder an Einarmigen Banditen versuchen. Eine zweite Quelle, die **Source Celtique** am nördlichen Ortsausgang, bringt kälteres Wasser an die Oberfläche, das seit einigen Jahren in Flaschen unter dem Namen ›Celtic‹ verkauft wird. Die **Maison de l'Archéologie des Vosges du Nord** präsentiert neben einer Ausstellung zu römischen Heizverfahren eine Sammlung von Öfen, Haushaltsgeräten und Keramik sowie Ausgrabungsfunde von zahlreichen Burgen (44, ave. Foch, tägl. außer Di 14–18 Uhr, Nov.–Febr. So 14–17 Uhr).

Office de Tourisme: 6, pl. de l'Hôtel de Ville, Tel. 03 88 80 89 70, Fax 03 88 80 37 01, www.niederbronn.com,

Mai–Sept. Mo–Sa 9–12 und 14–18, So 10–12 und 14.30–18, im Winter Mo–Fr 9–12 und 14–18 Uhr.

Le Grand Hôtel: 14, ave. Foch, Tel. 03 88 80 84 48, Fax 03 88 80 84 40. Ein Drei-Sterne-Haus mit Restaurant bzw. Bierstub im Casino und 60 bequemen Zimmern in benachbartem Gebäude. Wer im Casino spielt, erhält 10% Ermäßigung auf den Zimmerpreis. DZ ab 59 €, Menü 25 € im Restaurant.

Cully: 33–37, rue de la République, Tel. 03 88 09 01 42, Fax 03 88 09 05 80, www.hotel-cully.fr. Alle Zimmer mit Bad/WC, Telefon und TV. Das gepflegte Hotel-Restaurant bietet Radfahrern ein preisgünstiges Package inkl. Radmiete und Halbpension an. DZ ab 58 €, Menü 10–30 €.

Spielcasino: pl. des Thermes, Tel. 03 88 80 84 88, ab 11 Uhr. Roulette, Black Jack, Einarmige Banditen ...

Fachwerkschönheiten

Elsass-Atlas: S. 233, E/F 1/2
Über das Fachwerkdorf **Frœschwiller** erreicht man **Wœrth** am Flüsschen Sauer. Ein Relikt aus vergangenen Tagen ist das alte Waschhaus unter einem hölzernen Dach. Vor der Brücke, die über die Sauer zum Château führt, steht eine 1577 gefundene römische Stele, die den vier Gottheiten Juno, Merkur, Minerva und Herkules geweiht ist. Das Schloss von Wœrth wurde Mitte des 16. Jh. im Renaissance-Stil erbaut. Der über 200 Jahre ältere Turm war einst Teil der Stadtbefestigung. Das Gebäude beherbergt heute das Rathaus des Ortes und das **Musée de la Bataille de 1870.** Gemälde, Uniformen, Dokumente und Waffen erinnern an eine blutige Schlacht während des Deutsch-Französischen Krieges (Febr.–März und Nov.–Dez. Sa/So 14–17, April–Mai und Sept.–Okt. tägl. außer Di 14–17, erste Juni- und Sept.-Hälfte tägl. außer Di 14–18 Uhr). Zahlreiche Gebäude in Wœrth stammen aus dem 17. und 18. Jh., die Häuser Nr. 15 und Nr. 17 in der Grand' Rue sogar aus dem 16. Jh.

Über Soultz lohnt sich ein Abstecher in die wohl schönsten Fachwerkdörfer des Nordelsass, nach **Hoffen, Hunspach** und **Seebach.** In allen drei Gemeinden sehen die meisten Häuser

Wissembourg: St-Pierre-et-St-Paul

entlang der Durchgangsstraßen aus, als hätte die Dorfbewohner eine Kulisse für einen elsässischen Kulturfilm hergerichtet: Eine Fachwerkfassade schöner als die andere, kein Fenstersims ohne rote oder lilafarbene Geranien, kein Vorgarten ohne blühende Hecke oder leuchtende Stockrosen.

Jugendherberge: Auberge de Jeunesse: 10, rue Moulin, Wœrth, Tel. 03 88 54 03 30. 60 Betten; Fahrradverleih, themenbezogene Radtouren.

Didiland: 1, rte. de Gunstett, Morsbronn-les-Bains, südlich von Wœrth, Tel. 03 88 09 46 46, Juli/Aug. tägl. 10–18, Mitte April–Ende Juni und 1. Sept.-Hälfte (Öffnungszeiten telefonisch erfragen). Vergnügungspark mit Fahrbetrieben, Seeräuber-Szenerie, Kino, Western-Sektion und Clown-Shows.

Wissembourg

Elsass-Atlas: S. 233, F 1
Zwischen bewaldeten Bergen liegt im Tal der Lauter Wissembourg mit 7500 Einwohnern – nur einen Katzensprung von der pfälzischen Grenze entfernt. Der Ort geht auf die Gründung einer Benediktinerabtei im 7. Jh. zurück, aus der sich durch große Landschenkungen bis zum Jahr 973 eine unabhängige Reichsabtei entwickelte, die sich als geistig-kulturelles Zentrum einen bedeutenden Namen schuf. Hier verfasste im 9. Jh. der Mönch Otfried von Weißenburg eine Ludwig dem Deutschen gewidmete Bearbeitung des Lebens Jesu, genannt ›Krist‹. Das Original dieses ersten bedeutenden Werks althochdeutscher Dichtung wird in der Wiener Staatsbibliothek verwahrt. Seit dem 12. Jh. wuchs um die Abtei eine Siedlung, die 1354 durch ihren Beitritt zum Zehnstädtebund ihre politische Bedeutung dokumentierte.

Das kunsthistorisch bedeutendste Bauwerk der Stadt ist die **Eglise St-Pierre-et-St-Paul,** deren Gründung auf das Ende des 8. Jh. zurückgeht. Der romanische Westturm und ein Teil der Klosterkapelle stammen aus dem späten 11. Jh., während Chor und Hauptschiff im 13. und 14. Jh. vollendet wurden. Der nach dem Straßburger Münster größte gotische Sakralbau des Elsass wurde über die Jahrhunderte hinweg mehrfach beschädigt, wiederhergestellt und erweitert, so dass er mehrere Architekturstile in sich vereint. Sehenswert sind vor allem die kostbaren Buntglasfenster aus der Zeit vom 12. bis zum 15. Jh.

Von der Kirche geht man über die Lauter hinweg stadteinwärts. Am **Quai Anselman** stehen prächtige Fachwerkhäuser, und gegenüber blickt man auf das 1448 entstandene spätere **Salzhaus.** Das um die Mitte des 18. Jh. erbaute, klassizistische **Hôtel de Ville** an der Place de la République ist an seinem Glockenturm zu erkennen. Über die Rue de la République, dann nach rechts in die Rue de la Passerelle gelangt man auf einen kleinen Steg, der den Einheimischen als **›Schlupfgass‹** bekannt ist. Von hier hat man eine Bilderbuchsicht über die von Häusern und Hinterhofgärtchen eingerahmte Lauter auf den Turm der Eglise St-Pierre-et-St-Paul.

Wer sich für die Geschichte der Stadt seit der Römerzeit und elsässisches Brauchtum interessiert, findet im **Musée Westercamp** archäologische Ausgrabungen aus prähistorischer Zeit neben Mobiliar, Bauerntrachten, mittelalterliche Skulpturen und römischen Säulen (3, rue du Musée; Mo und Mi–Fr 14–18, Fr/Sa 9–12 und 14–18, So und feiertags 10–12 und 14–18 Uhr).

Office de Tourisme : 9, pl. de la République, Tel. 03 88 94 10 11, Fax 03 88 94 18 82, www.ot-wissembourg.fr, Mai–Sept. Mo–Sa 9–12 und 14–18, So 10–12 und 14–17 Uhr, Sa 10–12 Uhr; Okt.–April Mo–Sa 9–12 und 14–17 Uhr.

Au Moulin de la Walck: 2, rue de la Walck, Tel. 03 88 94 06 44, Fax 03 88 54 38 03, www.moulin-walck.com. Ehemalige Mühle mit stilvollem Restaurant, Gartenterrasse und 25 hübsch eingerichteten Zimmern. DZ 48–60 €, Menü ab 26 €
Hôtel Alsace: 16, rue Vauban, Tel. 03 88 94 98 43, Fax 03 88 94 19 60. Ruhiges, neueres Hotel mit 41 Zimmern, 5 Minuten vom Zentrum. DZ 47 €.
L'Escargot: 40, rue Nationale, Tel. 03 88 94 90 29, Fax 03 88 54 25 00, www.hr-escargot.com. Fachwerkhaus aus dem 16. Jh. mit modernisierten, zum Teil etwas kitschig ausgestatteten, sonst tadellosen Zimmern. DZ 40–48 €.

Au Cygne: 3, rue de Sel, Tel. 03 88 94 00 16, Mi und Do mittag geschl. Von Wachteln bis Foie gras und vom gezupften Endivien-Salat mit Orangen bis zum Lammfilet: Genießer schätzen die einfallsreiche Küche. Menü 25–52 €.
L'Ange: 2, rue de la République, Tel. 03 88 94 12 11, Di/Mi Ruhetag. Die Reputation von Küchenchef Ludwig gründet sich nicht nur auf elsässische Spezialitäten, sondern auch auf himmlische Süßspeisen wie karamellisierte Dampfnudel mit Äpfeln und Sauerkirschen-Eis oder mit Saisonfrüchten gefüllte ›Wunderfitzle‹. Menü 28,50–38 €.
Petit Dominicain: 36, rue Nationale, Tel. 03 88 94 90 87, Mo und Di Ruhetag. Kleines gemütliches Restaurant mit herzhaften Spezialitäten wie Eisbein auf Kraut. Menü ab 18,50 €.

Lauterbourg

Elsass-Atlas: S. 233, F 1
Aufgrund seiner Grenzlage (19 km östlich von Wissembourg) war das 2450 Einwohner zählende **Lauterbourg** im Laufe seiner Geschichte häufig umkämpft. Schon im Mittelalter bewehrte man den Ort mit einer Stadtmauer. Teile dieser zwischen 1246 und 1250 entstandenen Befestigung sind noch vorhanden. Von den ehemals 15 Türmen blieben der bis 1761 als Gefängnis dienende **Metzgerturm** sowie der Ober- und Mittelturm vom Abriss im Jahr 1706 verschont.

Das **Rathaus** mit einem schönen Portal im Stil der Renaissance wurde 1731 erbaut. Im Gebäude ist ein römischer Altar zu sehen mit der Inschrift JOM (= *jovi optimo maximo,* dem Jupiter geweiht), der beim zerstörten Lauterbourger Schloss gefunden worden war. Im ersten Stock befindet sich ein 160m² großer restaurierter Sitzungssaal. Gegenüber vom Rathaus steht der im Jahre 1716 errichtete ehemalige **Bischofspalast**, die spätere Präparandenschule.

Das auffälligste Gebäude in Lauterbourg ist die katholische **Dreifaltigkeitskirche,** deren Chor aus dem 15. Jh. stammt, während das übrige Gotteshaus in seiner heutigen Form 1716 fertig gestellt war. Die schöne Kanzel wurde 1581 aus Sandstein gehauen. Die kleinere **protestantische Kirche** versteckt sich hinter der katholischen. Bevor die Pfarrgemeinde 1887 das Gebäude erwarb, um es in eine Kirche umzubauen, hatte sich hier das städtische Pulvermagazin befunden.

Das **Landauer Tor,** auch Unterturm genannt, entstand wie Lautenbourgs übrige Festungswerke zwischen 1246 und 1250 und diente der Verteidigung des östlichen Zugangs zur Stadt. 1632 installierte man ein neues Tor, von dem ein Flügel erhalten ist. Der dazugehörige Turm wurde 1706 abgerissen. An seiner Stelle errichtete Festungsbaumeister Vauban das jetzige Landauer Tor, ursprünglich die Wohnung des Stadtwächters.

Office de Tourisme: 21, rue 1ère Armée, Tel. 03 88 94 66 10, Fax 03 88 54 61 11, www.lauterbourg.net, Mai–Sept. Mo–Fr 9–12 und 13.30–17.30, sonst Mo–Fr 13.30–17.30 Uhr.

Au Cygne: 39, rue du Général Mittelhauser, Tel. 03 88 94 80 59, Fax 03 88 94 61 90. Gasthof mit 18 einfachen Zimmern, eigenes Restaurant. DZ 34–43, Menü 17–43 €.

Camping: Les Mouettes: Drei-Sterne-Platz an der D 3, Tel. 03 88 54 68 60, im Febr. geschl.
Les Peupliers, chemin Communal, Seltz, Tel. 03 88 86 52 37.

Nördlichste Weinprobe

Elsass-Atlas: S. 233, F 1
Südwestlich von Wissembourg befindet sich das nördlichste Weinbaugebiet des Elsass um die Dörfer Rott, Cleebourg, Oberhoffen und Steinseltz. Weinliebhaber können in der 1946 gegründete Winzergenossenschaft Coopérative Viticole de Cleebourg die örtlichen Weine verkosten (Tel. 03 88 94 50 33, Mo–Sa 8–12 und 14–18, So und feiertags 10–12 und 14–18 Uhr). Die Fässer im dreistöckigen Keller sind hauptsächlich mit Tokay Pinot Gris (Ruländer) und Pinot Blanc Auxerrois (Weißburgunder) gefüllt.

Camping Municipal Salmengrund, rte. du Rhin, Seltz, Tel. 03 88 05 59 05.

La Poële d'Or: 35, rue du Général Mittelhauser, Tel. 03 88 94 84 16, Mi und Do Ruhetag. Lammcarré auf Provenzalisch und unwiderstehliche Desserts. Menü ab 27 €.

Haras de la Née: 13, rue de Mothern, in Neewiller 3 km südlich, Tel. 03 88 54 60 72, www.haras-de-la-nee.com. Pferdezucht, Reitschule und Pferdehof mit Gastwirtschaft und Möglichkeiten für Ausritte oder Reitstunden.

Zwischen Straßburg und Lauterbourg verkehren Züge. Von Lauterbourg gelangt man mit Bussen in die umliegenden Orte.

BURGEN, RUINEN, PROVINZSTÄDTCHEN

Halb verfallene Burgen mit blinden Fenstern, legendenumwobene Herrensitze auf schroffen Sandsteinfelsen, bewaldete Höhenzüge mit vereinzelten Gehöften, lebhafte Provinzflecken, sehenswerte Baudenkmäler und der romantische Rhein-Marne-Kanal, Wasserstraße für jene, die einmal als Freizeitkapitän den Kurs bestimmen wollten.

Romantische Burgenroute

Elsass-Atlas: S. 233, D/E 1

Irgendwo am dunstigen Horizont verläuft die pfälzische Grenze. Eichen, Buchen, Kiefern-Wälder, soweit das Auge reicht. Hie und da ragen von Wind und Wetter modellierte Felsen über die Baumwipfel hinaus. Aber der Blick täuscht: Es handelt sich um uralte Ruinen fast uneinnehmbarer Burgen, von den Staufern angelegt, um das Kerngebiet ihres Herrschaftsbereiches zu sichern. An grau verhangenen Tagen wirken diese steinernen Zeugnisse einer bewegten Vergangenheit besonders geheimnisvoll. Dann vermeint man in düsteren Gängen und engen Treppenschächten manchmal das Klirren von Schwertern und Ritterrüstungen zu hören...

Westlich von Wissembourg befinden sich zahlreiche solcher Burgen. Um sie zu erreichen, fährt man Richtung **Col du Pigeonnier** (432 m), wo sich mehrere Wanderwege kreuzen und der Club Vosgien ein Clubheim unterhält. Nach Climbach mündet die Route in Petit Wingen in die zum Col de Litschhof führende Burgenstraße. Von hier aus sind die Ruinen der Burgen Hohenbourg, Fleckenstein und Lœwenstein zu Fuß zu erreichen. Jedoch kann man auch zum Wanderertreff **Gimbelhof** weiterfahren, einem reizvoll gelegenen Hotel-Restaurant (Tel. 03 88 94 43 58, www.gimbelhof.com. Menü 16–20 €, DZ 25–38 €), von dem aus die Burg Fleckenstein zu sehen ist, die am besten erhaltene Anlage unter den nord-elsässischen Burgen. Eine zweite Straße führt vom Col de Litschhof in einem weiten Bogen zu einem Parkplatz unterhalb der **Burg Fleckenstein** (März–April und Okt. 10–17, Mai–Sept 9.30–18 Uhr). Die Errichtung der großartigen Burg, die mit einem riesigen Sandsteinfelsen verwachsen zu sein scheint, begann um das Jahr 1000. Einige Räume wurden aus dem Felsen herausgeschlagen, so der Saal mit dem heutigen Burgmuseum. 1674 nahm Marschall Vauban die im Laufe der Jahrhunderte mehrfach veränderte Anlage ein, ehe sie von General Montclar, der schon Haguenau angezündet hatte, in Brand gesteckt wurde.

Lembach im Tal des Flüsschens Sauer ist durch die Verteidigungsanlage **Four à Chaux,** außerhalb des Ortes Richtung Wœrth gelegen, bekannt. Das Bunkergelände ist ein Relikt der Maginot-Linie (s. S. 195). Von Lembach gelangt man auf der D 3 über Nieder- und Obersteinbach, vorbei am **Château de Lutzelhardt** aus dem 12. Jh., nach Lothringen. Interessanter ist es, hinter Obersteinbach nach Süden ins Wineckerthal mit seinen schilfbestandenen Feuchtgebieten und Fischweihern abzubiegen. Dort liegen auch die beiden **Châteaux de Windstein,** die alte, um 1200 erbaute Burg, die teilweise in den Felsen gehauen wurde, sowie eine neuere Anlage vom Anfang des 13. Jh., die besser erhalten ist.

Hinter Jaegerthal sollte man die schönere Strecke über die D 653 (scharf nach rechts) wählen, um über einen Bergrücken mit herrlicher Aussicht nach **Niederbronn-les-Bains** (s. S. 186) und in den an einer Flanke der Nordvogesen gelegenen Nachbarort **Oberbronn** zu fahren. Das Kopfsteinpflaster seiner Durchgangsstraße und die schönen Fachwerkbauten mit ornamentierten Balken und putzigen Erkern ergeben ein malerisches Bild. Auf vielen Tür- und Fensterstürzen aus rotem Buntsandstein sieht man Familienwappen, Handwerkssymbole oder andere dekorative Darstellungen. Am Rathaus hängt eine Tafel mit Vorschlägen für einen historischen Rundgang durch den Ort.

Am Rathaus vorbei führt eine schmale Straße bergan zum **Château**

Château de Fleckenstein

de Wasenbourg. Nach etwa 5 km erreicht man auf dem schönen Höhenweg den Col de l'Ungerthal, wo man das Auto stehenlassen muss, um die Ruinenanlage nach einer Wanderung von ca. 1,5 Stunden zu erreichen. Folgt man dann weiter der Autostraße, so stößt man nach einem großen Bogen bergab auf eine Querstraße, die links Richtung Zinswiller führt. Von dort fährt man auf der D 242 zur Hauptstrecke N 62 und nach Haguenau zurück.

Office du Tourisme: 23, route de Bitche, Lembach, Tel. 03 88 94 43 16, Mo–Fr 8–12 und 13–17 Uhr.

Anthon: 40, rue Principale, Obersteinbach,Tel. 03 88 09 55 01, Fax

Kochkurse

Die hohe Schule der elsässischen Kochkunst: Zwei der renommiertesten Küchenchefs, **Fernand Mischler** vom ›Au Cheval Blanc‹ in Lembach und **Michel Zinck** vom ›Au Cheval Blanc‹ in Niedersteinbach (s.u.), weihen Küchenneulinge und Fortgeschrittene in die Geheimnisse der regionalen Küche ein (Anmeldung per Internet unter www.au-cheval-blanc.fr, bzw. www.hotel-cheval-blanc.fr).

03 88 09 50 52. Romantisches Ambiente, am Fuße der Nordvogesen. Menüs 24–58€, DZ 56 €.
Au Cheval Blanc: 11, rue Principale, Niedersteinbach, Tel. 03 88 09 55 31, Fax 03 88 09 50 24, www.hotel-cheval-blanc.fr. Fachwerkhotel mit hervorragendem Restaurant, Zimmer mit Dusche und WC, TV und Telefon. DZ ab 48 €, Menü ab 24 €.

Au Cheval Blanc: 4, rte. de Wissembourg, Lembach, Tel. 03 88 94 41 86, Mo/Di Ruhetag. Erlesene Feinschmeckerküche in einer aus dem Jahr 1740 stammenden ehemaligen Poststation. Das Restaurant wirkt sehr elegant und trotzdem nicht steif. Menü 32–85 €.
Au Bœuf Noir: 28 rue Principale, Oberbronn, Tel. 03 88 09 61 39. Der Küchenchef spezialisiert sich auf regionale Küche, Fischgerichte und im Herbst auf gekonnt zubereitetes Wild. Im Sommer wird auch auf der Terrasse serviert. Menü 22–38 €.

Saverne

Elsass-Atlas: S. 232, B 3
An sonnigen Sommerwochenenden bricht an der Grand' Rue in Saverne gelegentlich die Hektik aus. Nicht auf der Straße selbst, sondern am Rhein-Marne-Kanal. Nur wenige Schritte vom Château Rohan entfernt bugsieren Wassertouristen ihre Hausboote durch eine schmale Schleusenanlage. Manche Freizeitkapitäne geraten dabei ins Schwitzen. Das hat weniger mit dem Klima als vielmehr mit dem sachkundigen Publikum zu tun, das die Schleusenmanöver mit kritischen Blicken begleitet.

Das 11 000 Einwohner zählende Städtchen zu Füßen der Saverner Steige wird auch als ›westliches Tor‹ zum Elsass bezeichnet. Wer auf der Fahrt von Straßburg nach Paris der Passage über die Vogesen nicht viel Zeit opfern will, wählt die Autobahn an Saverne vorbei, die an einer nur 410 m hohen Stelle über das Mittelgebirge führt. Diesen Pass am Col de Saverne benutzten bereits die Römer, die am Ausgang des Zorntales die Siedlung Tres Tabernae (›Drei Tavernen‹) gründeten und zu einem wichtigen Handelsplatz und Militärposten machten. Die günstige Lage der Stadt spielte auch um die Mitte des 19. Jh. beim Bau der Eisenbahnlinie Paris–Straßburg und der Fertigstellung des Rhein-Marne-Kanals eine Rolle.

Stadtbesichtigung

Auf der zentralen Place du Général de Gaulle präsentiert ein Brunnen

GÄNSEHAUT UNTERIRDISCH – DIE MAGINOT-LINIE

Einst errichtet, um die Deutschen abzuschrecken, ist die Maginot-Linie, Frankreichs befestigter Verteidigungswall an der östlichen Landesgrenze, längst zur Sehenswürdigkeit geworden. Besucher werden heute (zu Fuß oder motorisiert) durch teilweise kilometerlange Stollen zu Kommandozentralen und Kampfständen, zu Feuerleitstellen und Panzertürmen, zu Waschräumen, Feldküchen und Schlafsälen geführt. Bis zu 1200 Frontsoldaten versahen in dieser beengten unterirdischen Welt ihren Dienst.

Auf ihrer gesamten Länge vom Jura bis zu den Ardennen wurde die Maginot-Linie während ihres Baus zwischen 1927 und 1940 mit insgesamt 108 Befestigungswerken, 410 Kasematten (Bunkeranlagen), mehreren hundert Artilleriegeschütztürmen und Beobachtungsposten ausgestattet. Ihren Namen verdankt sie André Maginot, von 1929 bis 1932 französischer Kriegsminister.

Eine der am häufigsten besuchten Anlagen ist **Four à Chaux** (Kalkofen), ein zwischen 1930 und 1935 erbautes Fort südöstlich von Lembach. Die Befestigung besteht aus einem verzweigten, ca. 4 km langen System aus unterirdischen Gängen mit Kampfständen, elektrischer Schaltstation, artesischem Brunnen, Frischluftzufuhranlage und Artillerie-Geschütztürmen (Elsass-Atlas: S. 233, E 1; März–Nov. tägl. Führungen ab 10 Uhr, Dauer 1,5 Std., im Winter nur Sa/So, Tel. 03 88 94 48 62).

Wichtig innerhalb der Maginot-Linie war auch das **Befestigungswerk Simserhof** bei Bitche. Wer durch diese Gegend fährt, wird zunächst von den militärischen Einrichtungen wenig sehen, denn sie sind überwiegend unterirdisch angelegt. Nur den Betonklotz, der die 7 t schwere Panzertür hält, einige Ausgucke und Panzertürme entdeckt man sofort (Elsass-Atlas: S. 232 C 1).

Zur Besichtigung freigegeben ist auch das **Artilleriewerk Schœnenbourg** bei Hunspach. Diese Festung lag ab Mitte Mai 1940 unter schwerem Artilleriebeschuss. Ihre Besatzung feuerte zur Verteidigung mit ihren 75-mm-Kanonen rund 16 000 Schüsse ab. Am 20. Juni begann die deutsche Luftwaffe mit einer Bombardierung, während der etwa 3000 Geschosse, Bomben und Mörsergranaten auf die Bunkeranlagen niedergingen (Elsass-Atlas: S. 233, F 1; April–Sept. Mo–Sa 14–16, So 9.30–11 und 14–16 Uhr, Dauer der Führungen 2,5 Std.).

Im südlichen Elsass sind die **Kasematten von Marckolsheim** südöstlich von Sélestat zu besichtigen. Auf dem Vorplatz der Anlage ist eine russische Kanone ausgestellt. Ein Panzer erinnert an die Befreiung von Marckolsheim. Sammlung von Waffen, vielfältige Memorabilien und militärische Gerätschaften verschaffen Besuchern einen authentischen Eindruck vom ehemaligen Kriegsschauplatz Maginot-Linie (Elsass-Atlas: S. 237, E 2; Mitte März–Mitte Juni und Mitte Sept.–Mitte Nov. sonn- und feiertags 9–12 und 14–18, Mitte Juni–Mitte Sept. tägl.).

Saverne: Bootsfahrt auf dem Rhein-Marne-Kanal zu Füßen des Schlosses

als Saverner Wappentier das Einhorn, ein Symbol der Treue und Tapferkeit. Beherrscht wird der Platz vom Ende des 18. Jh. errichteten **Château des Rohan.** Die Einheimischen nennen es auch ›elsässisches Versailles‹, eine Übertreibung, doch ist das Schloss zweifellos das bedeutendste Bauwerk der Stadt. An seiner Stelle stand im 12. Jh. eine Burg, deren Fundamente teilweise in die Stützmauern des Rhein-Marne-Kanals oberhalb der Schleuse integriert wurden. Am 8. September 1779 legte ein Großbrand den Bau in Schutt und Asche, so dass sich der Fürstbischof von Rohan entschloss, einen größeren Palast schaffen zu lassen. Seit 1952 befindet sich der Monumentalbau im Besitz der Stadt Saverne, die hier ein Kunst- und Geschichtsmuseum mit historischen und archäologischen Exponaten aus der Region einrichtete ((Tel. 03 88 91 06 28, März–Mitte Juni und Mitte Sept.–Ende Nov. tägl. 14–17, Mitte Juni–Mitte Sept. 10–12 und 14–18, Di Ruhetag, Dez.–Febr. nur So 14–17 Uhr).

Der Weg vom Schloss zur **Pfarrkirche** führt an einem Garten vorbei, der früher als Friedhof diente. Die spätgotische Kirche besitzt einen romanischen Viereckturm aus dem 12. Jh., während Chor und Schiff im 14. bzw. 15. Jh. fertig gestellt wurden. Östlich der Kirche schließt sich die **Sous-Préfecture** aus dem 17. Jh. an, das Amts- und Landgericht. Früher diente das Gebäude als bischöfliche Kanzlei. Geht man von dort in Richtung Grand' Rue, trifft man an der Kreuzung auf eine Apotheke, deren Platz bis Anfang des 19. Jh. das Obertor der Stadt einnahm. An der nahen **Route de Paris** ist in Haus Nr. 5 aus dem 18. Jh. der Torbogen eines Gebäudes aus dem Jahr 1574 erhalten. In der Nähe sieht man in einem kleinen Park die überbauten Reste der mittelalterlichen Stadtmauer.

Schöne Fachwerkbauten

An der Rue des Eglises, der Rue des Pères und der Rue des Frères sind jahrhundertealte Häuser erhalten. Zurück auf der Grand' Rue, sollte man unbedingt der **Maison Katz** aus dem Jahr 1605 einen Besuch abstatten. Sie zählt zu den ältesten und schönsten Lokalen des nördlichen Elsass und besitzt eine herrliche geschnitzte Fachwerkfassade. Weitere schöne Fachwerkbauten entlang der Grand' Rue sind die **Maison Mitterspach** (Nr. 96) von 1569 sowie neben dem Rathaus das **Haus Nr. 76** mit seinem dreigeschossigen Erker aus dem Jahr 1575.

Abstecher ins Grüne

Auf Naturfreunde warten außerhalb des Stadtzentrums zwei sehenswerte Gartenanlagen. Im **Jardin Botanique** gedeihen Fleisch fressende Pflanzen und interessante Gehölze um eine Orchideenwiese und ein Torfmoor (85, Grand' Rue, Mai–Sept. Sa/So 14–18.30, Juli–Aug. tägl. 10–12 und 14–18.30 Uhr).

Über 7 500 Sträucher mit 550 unterschiedlichen Sorten machen den örtlichen **Rosengarten** in der warmen Jahreszeit zu einem Augen- und Nasenschmaus (Route de Paris, Juni–Sept. tägl. je nach Stand der Blüte).

Office du Tourisme: 37, Grand' Rue, Tel. 03 88 91 80 47, Fax 93 88 71 02 90, www.saverne.fr. Mo–Sa 9.30–12 und 14–18 Uhr, Anfang Mai–Ende Sept. auch So und feiertags 10–12 und 14–17, 1.–24. Dez. So 14–18 Uhr.

Hôtel Europe: 7, rue de la Gare, Tel. 03 88 71 12 07, Fax 03 88 71 11 43, www.hotel-europe-fr.com. In verschiedenen Stilen eingerichtete Zimmer mit Bad/Dusche, WC, Telefon, Satelliten-TV, DZ 62–85 €.
Chez Jean: 3, rue de la Gare, Tel. 03 88 91 10 19, Fax 02 88 91 27 45, www.chez-jean.com. Mit gemütlicher Weinstube, Restaurant (So abend und Mo geschl.), Lift, Sauna und Solarium ausgestattetes Drei-Sterne-Hotel mit komfortabel eingerichteten Zimmern. DZ ab 73 €, Menü 22–26 €.
Jugendherberge: Château des Rohan, Tel. 03 88 91 14 84, Mitte Mai–Okt.

Radeln auf dem Treidelpfad

Zwischen Straßburg und Saverne (mit Fortsetzung bis zum Schiffshebewerk Arzwiller im benachbarten Département Moselle) bildet der Rhein-Marne-Kanal nicht nur eine populäre Wasserstraße für Kanalschiffer. Dem Kanal folgt auf der gesamten Länge von ca. 50 km ein alter Treidelpfad, auf dem früher Pferde und Maultiere die Lastkähne zogen. Heute ist der durchgängige Pfad ein ausgebauter Radweg fernab verkehrsreicher Straßen.

Camping Municipal: rue du Père-Liebermann, Tel. 03 88 91 35 65, April–Sept.

Taverne Katz: 80, Grand' Rue, Tel. 03 88 71 16 56. Echte elsässische Küche dominiert hinter der schönsten Fachwerkfassade der Stadt etwa mit einer Baeckeoffe-Variation, bei der Fleisch durch Fisch ersetzt wird. Menü ab ca. 30 €.

Le Staeffele: 1, rue Poincaré, Tel. 03 88 91 63 94, So abend, Mi und Do mittag geschl. Herzhafte, exzellent zubereitete Gerichte mit und ohne elsässische Note. Menü 20,15–51 €.

Marjane: 122, Grand' Rue, Tel. 03 88 71 83 27. Authentische marokkanische Küche in einer der elsässischen Hochburgen nordafrikanischer Küche. Im Gegensatz zu den Couscous-Spezialitäten lässt das Ambiente des Restaurants zu wünschen übrig. Gerichte ab 14 €.

Pâtisserie Ehrhardt: 11, Grand' Rue, Tel. 03 88 91 13 59. Bäckerei- und Konditorei mit Bio-Brot, Gugelhupf, selbst gemachten Pralinen und verschiedenen Mousse-Köstlichkeiten.

Festival d'Art Sacré: In allen ungeraden Jahre finden seit 1989 an mehreren Örtlichkeiten in der Stadt Ausstellungen und Vorführungen statt.

Züge der Linien Straßburg–Paris bzw. Luxemburg–Metz. **Busse** nach Haguenau, Molsheim, Sarrebourg u. a.

Château du Haut-Barr

Elsass-Atlas: S. 232, B 3

Ein beliebter Aussichtspunkt in der Umgebung von Saverne ist das 5 km südlich der Stadt gelegene Château du Haut-Barr. Die exponierte Lage der Burg auf einem gewaltigen Sandsteinfelsen ist einzigartig. Am Autoparkplatz fällt die Teufelsbrücke auf, die den südlichen Felsen mit der übrigen Anlage verbindet. Im Innenhof der Festung wurde im 12. Jh. aus sauber verfugten, rosafarbenen Sandsteinblöcken eine romanische Kapelle errichtet. Gegen einen kleinen Obulus können sich Besucher dort von andächtiger Musik empfangen lassen (Tel. 03 88 91 80 47, ganzjährig, Führungen auch auf Deutsch). Im Hof der für Kaiser Friedrich Barbarossa erbauten Burg steht ein neugotisches Herrenhaus mit einem Restaurant, in dem im Sommer die zahlreichen Ausflügler vorzüglich bewirtet werden.

Marmoutier

Elsass-Atlas: S. 232, C 4

Der Ort geht auf ein Kloster zurück, das Abt Maurus in der ersten Hälfte des 8. Jh. gründete. Die heutige **Abteikirche,** eine Perle der romanischen Baukunst, entstand während der Herrschaftszeit von Kaiser Friedrich Barbarossa. In der Folge gehörte das Kloster zu den wohlhabendsten und einflussreichsten der Region, bevor während der Bauernkriege sein Niedergang einsetzte. Nicht seine Plünderung, wohl aber eine Brandschatzung konnte Anton von Lothringen mit seinen Truppen im letzten Moment verhindern. Den Dreißigjährigen Krieg überstand jedoch nur die Abteikirche ohne größere Schäden.

An die Glanzzeit des klösterlichen Lebens erinnert die romanische Westfassade aus rotbraunem Sandstein, die wie eine Festung aus den Bürgerhäusern der Stadt ragt. Die von drei Giebeln gekrönte Fassade flankieren zwei Achtecktürme, zwischen denen sich der viereckige, 36 m hohe Hauptturm erhebt. Obwohl er nur 20 m breit ist, macht der Bau einen mächtigen Eindruck. Außer der figurengeschmückten Front zeugt auch der Säulen- und Bogenschmuck in der gedrungenen Vorhalle von der romanischen Bildhauerkunst. Das Langhaus ist bereits gotisch geprägt, und der neugotische Chor stammt aus dem 18. Jh.

St-Jean-lès-Saverne

Elsass-Atlas: S. 232, B 3
Der Ort besitzt eine 1127 gegründete ehemalige Benediktinerabtei, die zum Kloster Sankt Georgen im Schwarzwald gehörte. Von den ursprünglichen Gebäuden stehen nur noch das Pfarrhaus und die im 12. Jh. entstandene **Abteikirche.** Der Turm gibt sich unverkennbar barock, doch sein Portal ist romanischen Ursprungs. Auch die reich verzierten Beschläge gehen wahrscheinlich auf das 12. Jh. zurück. Die Bauplastik besteht aus Skulpturen und Halbskulpturen, Blattkapitellen und verzierten Gesimsen sowie einer Vielfalt an Bildhauerarbeiten mit tierischen und pflanzlichen Motiven.

Neuwiller-lès-Saverne

Elsass-Atlas: S. 232, C 3
Das 1200-Seelen-Dorf bildete sich vermutlich um eine schon im 8. Jh. gegründete Benediktinerabtei heraus. Zentrum des Ortes ist der von schönen Häusern gesäumte Stiftsplatz. Unter dem Chor der **Abteikirche St-Pierre-et-St-Paul** befindet sich der von einem Tonnengewölbe überspannte Grabraum (›Confessio‹), der aus karolingischer Zeit stammen soll. Er soll für die aus Metz herangeschafften Reliquien des dortigen Bischofs errichtet worden sein, durch deren Besitz sich Neuwiller im 12./13. Jh. zu einem bekannten Wallfahrtsort entwickelte. Die Abteikirche selbst weist Spuren unterschiedlicher Baustile und Epochen auf. Chor, Querschiff, Kapellen und der mächtige Vierungsturm stammen aus romanischer Zeit, während sich an anderen Bauteilen der Übergang von der Spätromanik zur Gotik zu erkennen gibt oder wie am Westbau der barock-klassizistische Stil dominiert.

Über der unteren, einer Krypta ähnlichen **Katharinenkapelle** mit gedrungenen Säulen befindet sich die **Sebastianskapelle,** deren kunstvoll mit Tier- und Blumenmotiven verzierte Kapitelle wie aus Silber ziseliert wirken. Die Bildteppiche aus der zweiten Hälfte des 15. Jh. erzählen von Begebenheiten aus dem Leben des heiligen Adelphus. Ihm ist die ab Ende des 12. Jh. erbaute **Eglise St-Adelphe** gewidmet, eine dreischiffige Pfeilerbasilika mit niedrigem Querhaus.

NÖRDLICHE UND MITTLERE VOGESEN

Wildromantische Abgeschiedenheit macht den verführerischen Zauber des elsässischen Nordens aus. Reviere für Fossilienjäger, historische Festungsbauten, verlassene Felswohnungen, einladende Vogesendörfer und typische Restaurants in malerischen Tälern.

Die nördlichen Vogesen

Wälder und Wiesen soweit das Auge reicht. Die ›grüne Lunge‹ des Nordelsass, der Nordvogesenpark, bildet ein naturverbundenes Wanderparadies, das sich über weite Teile der nördlichen Vogesen erstreckt und zusammen mit dem deutschen Pfälzerwald eine Einheit bildet. Schon vor Jahren wurden die riesigen Waldgebiete von der UNESCO in die Liste der Biospärenreservate aufgenommen. Nirgends im Elsass ist man soweit von Stadthektik und Luftverschmutzung entfernt wie dort.

Im ›Hanauer Ländchen‹

Elsass-Atlas: S. 232, C 3
Da **Bouxwiller** im späten Mittelalter Sitz der Grafen von Hanau-Lichtenberg war, heißt die Gegend bis heute ›Hanauer Ländchen‹. Vom Schloss der damaligen Herren sind nur noch die Place du Château und die ehemalige Schlosskapelle aus dem frühen 15. Jh. übrig geblieben. Daneben steht die alte Kornhalle. In der früheren gräflichen Kanzlei, einem Renaissancebau aus der zweiten Hälfte des 17. Jh., sind das Rathaus und das volkskundliche **Musée d'Art et Traditions Populaires** untergebracht (Tel. 03 88 70 99 15, Mai–Sept. Di–Fr und So 14–18, Sa 14–17 Uhr, sonst Di–So 14–17 Uhr).

Das in einer Synagoge eingerichtete **Musée Judéo-Alsacien** widmet sich dem elsässischen Judentum (62a, Grand' Rue, Tel. 03 88 70 97 17, Mitte März–Mitte Sept. Di–Fr 9–12 und 14–17 Uhr).

In der Nachbargemeinde Kirrwiller zieht ein erotisches Revuetheater samt Restaurant und Tanzsaal Jahr für Jahr über 100 000 Besucher an (Royal Palace, Tel. 03 88 70 71 81).

La Cour du Tonnelier: 84a, Grand' Rue, Tel. 03 88 70 72 57, Fax 03 88 70 95 74, courdutonnelier@wanadoo.fr, Restaurant So abend und Mo geschl. Ruhige Zimmer auf der Gartenseite, gutbürgerliches Restaurant. DZ 52–59 €, Menü 16–37 €.

Château de Lichtenberg

Elsass-Atlas: S. 232, C 2
Wie eine steinerne Krone ziert das 800 Jahre alte **Château de Lichtenberg** den 415 m hohen Schlossberg über der Ortschaft Lichtenberg. Im Zentrum der Ruinenanlage steht der mächtige, aus dem 13. Jh. stammende Kernbau mit zwei mehrstöckigen Rundtürmen. Von seiner Plattform aus reicht an klaren Tagen die Sicht bis hinüber zum Straßburger Münster (April–Okt. Mo 13.30–18, Di–Sa 10–12 und 13.30–18, So 10–18, März und Nov. 13–16 Uhr. Dez.–Febr. nur nach Voranmeldung).

La Petite Pierre

Elsass-Atlas: S. 232, B 2
Das kleine Städtchen dient dem **Parc Naturel Régional des Vosges du Nord** als Verwaltungszentrum, eine grüne, für Aktivitäten in freier Natur bestens geeignete Landschaft. Schaustück der Ortschaft ist die seit dem 11. Jh. bestehende **Burg.** Die ältesten, romanischen Teile finden sich im Palas, dessen Mauern einen Gewölbekeller einfassen. Vom fünfeckigen Bergfried existieren nur noch die Fundamente.

Unterhalb der alten Festungsmauer, die nach Plänen Vaubans entstand, führt ein Fußweg um die Altstadt herum. Im Ortskern selbst lohnt sich ein

La Petite Pierre: die Burg

Besuch der mit Wandmalereien aus dem 15. Jh. ausgeschmückten **Simultankirche** mit dem Grabmal des Pfalzgrafen Jerrihans. Das in der Chapelle St-Louis untergebrachte **Musée du Sceau Alsacien** zeigt originale Siegel, historische Dokumente und Faksimile sowie Schilder, Wappen und Helme (17, rue du Château, Juli–Sept. Di–So 10–12 und 14–18 Uhr; Okt.–24. Dez. und Febr.–Juni Sa/So 10–12 und 14–18 Uhr). Im **Musée des Arts et Traditions Populaires** gibt es eine reiche Auswahl an Formen für Weihnachtsgebäck zu sehen (rue des Remparts, Tel. 03 88 70 48 65, gleiche Öffnungszeiten wie das Musée du Sceau).

Office de Tourisme: Maison de Frasey, Tel. 03 88 70 42 30, www.ot-paysdelapetitepierre.com. Juli/Aug. tägl. 10–12, 13.30–18.30 Uhr, sonst Mo–Do 10–12 und 14–17, Fr–So bis 18 Uhr.

Kristallkunst

Elsass-Atlas: S. 232, A 4
Westlich von Dabo ist das in den vergangenen Jahrzehnten stark zurückgegangene Handwerk der lothringischen Kristallglasherstellung zu Hause. In den **Cristalleries de Vallerysthal** kann man glitzernde Lampen, Gläser und Krüge anschauen und kaufen (12, rue des Cristalleries, Tel. 03 87 25 62 04, Mo–Fr 10–12 und 13–18 Uhr, Sa/So 10–12 und 14–18 Uhr).

Parc Natural Régional des Vosges du Nord: Maison du Parc-Château, Tel. 03 88 01 49 59, Fax 03 88 01 49 60, www.parc-vosges-nord.fr, ganzjährig tägl. 9–12 und 14–18 Uhr.

La Clairière : 63, rte. d'Ingwiller, Tel. 03 88 71 75 00, www.la-clairiere.com. Mitten im Wald gelegenes Hotel mit Restaurant und 50 komfortablen, etwas barock eingerichteten Zimmern. DZ 90–145 €, Menü 24–48 €.
Aux Trois Roses: 19, rue Principale, Tel. 03 88 89 89 00, Fax 03 88 70 41 28, www.aux-trois-roses.com. Romantik-Hotel mit Hallenbad, Tennisplatz, Panoramaterrasse und freundlichen Zimmern. DZ 46–102 €.
Auberge d'Imsthal: rte. Forestière D 178, Tel. 03 88 01 49 00, auberge.imsthal@wanadoo.fr. Mitten im Grünen liegende Herberge. In die Zimmer dringt höchstens Vogelgezwitscher. DZ 44–98 €.
Gîtes d'étape: In der Umgebung des Ortes gibt es ca. 50 *gîtes d'étape,* rustikale Unterkünfte mit Schlafsälen und Küchen (Info im Office de Tourisme, s. o.).

Camping Imsterfeld: rte. Forestière d'Imsthal, Tel. 03 88 70 42 12, April–Okt.

Lion d'Or: 15, rue Principale, Tel. 03 88 01 47 57. In mehrere Räume aufgeteiltes elegant-rustikales Restaurant mit schmackhaften Wild- und Fischspezialitäten. Menü 19–69 €.
Auberge d'Imsthal: s.o., Spezialitäten sind Süßwasserfische und Wild. Menü 13–36 €.

Graufthal

Elsass-Atlas: S. 232, B 3
Die zwischen felsigen Hügeln eingebettete Gemeinde verdankt ihre

Felsenwohnungen in Graufthal

Existenz einer seit der 1. Hälfte des 10. Jh. nachgewiesenen Benediktinerabtei. Im 18. Jh. benutzten die Einwohner Graufthals die Steine des inzwischen verfallenen Klosters als Baumaterial. Eine besondere Attraktion sind die 1938 unter Denkmalschutz gestellten Felswohnungen. Ende des 19. Jh. hatte ein Archäologe festgestellt, dass die ersten Grotten von Graufthal im Mittelalter als Lagerschuppen angelegt worden waren. Vermutlich schon im 17. Jh. dienten sie auch als Unterkünfte, und im 18. Jh. traten Steinmauern an die Stelle der ursprünglichen Holzfassaden. Die drei Wohnungen sind von April bis September zu besichtigen (nur nach Anmeldung, Tel. 03 88 70 19 59).

Abstecher nach Lothringen

Elsass-Atlas: S. 232, A/B 3/4

Nur 9 km westlich von Saverne verläuft die lothringische Grenze. Ein Abstecher in die Nachbarregion stellt nicht nur eine landschaftlich reizvolle Verbindungen in die mittleren Vogesen her, sondern führt auch zu einer seltenen Sehenswürdigkeit: dem **Schiffshebewerk von St-Louis-Arzwiller.** Seit 1969 werden hier auf dem Rhein-Marne-Kanal verkehrende Schiffe ›per Lift‹ über einen Höhenunterschied von 44,55 m gehoben. Die Vorrichtung erspart Schiffen bis zu 350 BRT einen rund 4 km langen Umweg auf dem eigentlichen Kanal, auf dem 17 Schleusen passiert werden müssen.

Durch das obere Tal des Flüsschens Zorn und das Vogesenbergland erreicht man **Dabo** in Lothringen. Der Ort liegt am Fuße des 664 m hohen **Rocher de Dabo,** eines hoch aufragenden Felsens, auf dem bis Ende des 17. Jh. die Festung der Grafen von Dagsburg thronte. An gleicher Stelle entstand im 19. Jh. die neoromanische Leo-Kapelle. Sie erinnert an den ›elsässischen‹ Papst Leo IX., dessen Mutter aus Dabo stammte.

Wangenbourg-Engenthal

Elsass-Atlas: S. 232, B 4
Der wieder auf elsässischem Territorium gelegene Doppelort gehört zur ›Elsässischen Schweiz‹. Das im 13. Jh. erbaute **Château de Wangenbourg** ist vom Ort aus bequem zu Fuß erreichbar. Durch ein waldreiches Gebiet führt die D 218 zum Forsthaus Nideck, ein Ausgangspunkt für eine hin und zurück einstündige Wanderung zur auf einem 600 m hohen Felsen gelegenen Ruine des **Château du Nideck.** Die Anlage aus dem 13./14. Jh. ist Schauplatz der Ballade ›Das Riesenspielzeug‹ des Dichters und Naturforschers Adelbert von Chamisso (1781–1838). In der Nähe stürzt der Nideckbach über eine 25 m hohen Felskante.

Parc Hôtel: 39, rue de Gaulle, Tel. 03 88 87 31 72, www.le-parc-ho tel.com. Familienbesitz, auf 500 m Höhe gelegen, mit Pool, Sauna, Fitness-Studio, Bibliothek und Restaurant. DZ ab 51 €.
Gîtes d'étape: In der Gegend liegen 18 rustikale Wanderhütten (Information beim Office de Tourisme, Tel. 03 88 87 33 50, Fax 03 88 87 32 23).

Camping Les Huttes: an der D 218, Tel. 03 88 87 34 14, April–Sept.

Le Freudeneck: 3, rte. de Wangenbourg, Freudeneck, Tel. 03 88 87 32 91. Einfallsreiche elsässische Küche und leckere Süßspeisen. Menü ab 22 €.

Die mittleren Vogesen

Elsass-Atlas: S. 234, A/B 2/3
Im Tal des Flüsschens Hasel geht es abwärts über Oberhaslach nach **Niederhaslach** mit einer sehenswerten gotischen Kirche. Schmuckstücke sind der mit einer Rosette ausgestattete Westturm und schöne Buntglasfenster.

Südlich von Niederhaslach verläuft mit dem Bruche-Tal die Trennlinie zwischen Nord- und Südvogesen. In südwestlicher Richtung überquert man in der Gegend um Wisches eine Sprachgrenze, denn westlich davon hört man Elsässerdeutsch nur noch selten. Von Schirmeck lohnt sich ein Abstecher zum rund 12 km entfernten **Donon** (1008 m).

Nicht weit von Natzwiller entfernt erinnert das einzige auf französischem Boden von 1941 bis 1944 existierende Konzentrationslager **Le Struthof** an die Greueltaten des Nazi-Regimes (März–Juni tägl. 10–11.30 und 14–16.30; Juli/Aug. tägl. 10–17; Sept.–Dez.

Am Hohneck

tägl. 10–11.30 und 14–16 Uhr; 25. Dez. bis Ende Febr. geschl.).

Mit 1100 m Höhe ist der **Champ du Feu** die höchste Erhebung der mittleren Vogesen und in der kalten Jahreszeit als Wintersportgebiet beliebt. Vom Aussichtsturm aus bietet sich ein grandioser Panoramablick (Tel. 03 88 47 18 51, cc.haute bruche@wanadoo.fr).

Knapp 150 m niedriger liegt das Feriengebiet **Le Hohwald.** 1882 wurde ein Sequoia-Baum zu Ehren eines dort bestatteten russischen Diplomaten gepflanzt. Drei Jahre später legte man einen Wald mit fast 300 Douglastannen und anderen Nadelbäumen an, die heute zu einem Arboretum zusammengefasst sind (freier Eintritt). Dort steht einer der höchsten Bäume Europas.

Camping: Terrain Municipal: rue du Herrenhaus, Tel. 03 88 08 30 90, ganzjährig.

La Petite Auberge: 6, rue Principale, Tel. 03 88 08 33 05, Di abend und Mi Ruhetag. Regionale Spezialitäten wie Kraut- und Wildgerichte, aber auch Gaumenkitzel wie Mousse aus geräucherter Forelle. Menü 7,50–24 €.
Auberge de la Rothlach: Le Hohwald, Tel. 03 88 08 34 33, Mo Ruhetag. Auf 950 m Höhe gelegenes Gehöft mit traditionellen, einfacheren Speisen. Gerichte 5–16 €.

Musée
alsacien

REISEINFOS VON A–Z

Alle wichtigen Informationen rund ums Reisen auf einen Blick – von A wie Anreise bis Z wie Zeitunterschied.

Plus: Ein Sprachführer mit den wichtigsten Redewendungen und einer französisch-deutschen Speisekarte.

Adresse für elsässische Volkskunst: das Musée Alsacien in Straßburg

REISEINFOS VON A BIS Z

Anreise

... mit dem Flugzeug

Im Elsass werden zwei Flughäfen aus dem Ausland von mehreren Fluggesellschaften angeflogen: Der **Internationale Flughafen Straßburg-Entzheim** befindet sich 16 km südwestlich der Stadt (Tel. 03 88 64 67 67, Fax 03 88 64 69 32, www.strasbourg.aero port.fr). In die Stadt gelangt man per Bus oder Taxi (Fahrzeit 15–30 Min.).

Der **Euro-Airport Basel-Mulhouse-Freiburg** liegt zwischen Basel und Mulhouse (Tel. 89 90 31 11, Fax 03 89 90 25 77, www.euroairport.com). Ein Airportbus fährt mehrmals täglich nach Freiburg (Fahrzeit 55 Min.). Zwischen dem Airport und Schweizer Bahnhof in Basel pendelt Bus Nr. 50.

... mit der Bahn

Zwischen dem Elsass, Deutschland und der Schweiz bestehen gute Bahnverbindungen durch den Anschluss an das EuroCity-Netz. Es gibt regelmäßige Direktverbindungen von Straßburg in alle Nachbarstaaten (www.voyages-sncf.com). Per Autozug ist das Elsass über die Verbindungen von Berlin-Wannsee, Hamburg, Hildesheim und Bremen nach Lörrach bei Basel erreichbar (DB Autozug, Tel. 0180 524 12 24. www.auto zug.de).

... mit dem Auto

Gleichgültig, aus welcher Himmelsrichtung man ins Elsass reist: Die Autobahnen sind die schnellsten Verbindungen. Zur Sommerreisezeit sollte man aus Deutschlands Norden oder aus den Benelux-Ländern kommend die von Reims über Metz nach Straßburg führende gebührenpflichtige A 4 der kostenlosen, aber viel befahrenen deutschen Autobahn A 5 vorziehen.

Aus Österreich führt die schnellste Verbindung über das ebenfalls gebührenpflichtige schweizerische Autobahnnetz bis nach Basel.

Apotheken

Apotheken sind mit der Aufschrift **Pharmacie** gekennzeichnet. Nachts ist ein wechselschichtiger Notdienst eingerichtet. Die jeweils diensthabende Pharmacie de Nuit ist auf einer Tafel angezeigt.

Ärztliche Versorgung

Das Elsass ist gut mit Krankenhäusern und Arztpraxen ausgestattet. Die am besten ausgerüsteten Hospitäler befinden sich in den Städten der Region (s. auch Gesundheitsvorsorge). Wer während der Reise auf wichtige Medikamente angewiesen ist, sollte sich einen entsprechenden Vorrat von zu Hause mitnehmen, zur Sicherheit aber auch das entsprechende Rezept bei sich haben.

Auskunftsstellen im Elsass

Agence de Developpement Touristique du Bas-Rhin
9, rue du Dôme
B.P. 53
67061 Strasbourg Cedex

Tel. 03 88 15 45 88
Fax 03 88 75 67 64
www.tourisme67.com

Association Départementale du Tourisme du Haut-Rhin
Hôtel du Département
68006 Colmar Cedex
Tel. 03 89 20 10 68
Fax 03 89 23 33 91
www.tourisme68.com

Comité Régional du Tourisme
6, ave, de la Marseillaise,
67000 Strasbourg
Tel. 03 89 24 73 50
www.tourisme-alsace.com

In den meisten Orten gibt es ein Office de Tourisme oder ein Syndicat d'Initiative, das für den Reisenden Informationsmaterial über den Ort und die Umgebung, meistens auch einen Stadtplan bereithält.

Autofahren

Verkehrsregeln

Die zulässige Höchstgeschwindigkeit beträgt innerhalb geschlossener Ortschaften 50 km/h, auf Landstraßen 90 km/h. Auf Straßen mit vier Fahrbahnen darf 110 km/h und auf Autobahnen 130 km/h, bei Regen jedoch nur 110 km/h gefahren werden. Kreisverkehr hat Vorfahrt. Es besteht Gurtpflicht. Gelbe Streifen am Fahrbahnrand bedeuten Parkverbot.

Die Promillegrenze liegt bei Null. Zum Telefonieren während der Fahrt benötigt man eine Freisprechanlage. Die Mitnahme der Grünen Versicherungskarte wird empfohlen. Geschwindigkeitsübertretungen werden mit drastischen Strafen geahndet.

Tanken

Benzin ist in Frankreich mittlerweile billiger als in Deutschland. Die Spritpreise der Tankstellen miteinander zu vergleichen lohnt sich, denn Unterschiede von über 10 Cent (!) pro Liter sind keine Seltenheit. Bleifreies Benzin *(sans plomb)* und Diesel *(gazole, gas-oil)* sind an Supermarkt-Tankstellen am billigsten.

Notrufsäulen

Drückt man auf den Knopf, ist man automatisch mit der Gendarmerie verbunden, die einen Pannendienst schicken kann. Bei Reparaturen, die mehr als 30 Min. in Anspruch nehmen würden, wird das Auto in die Werkstatt abgeschleppt.
Deutschsprachiger Notrufdienst des ADAC: Tel. 04 72 17 12 22.

Behinderte

Behinderte, die ins Elsass reisen möchten, können sich bei A.P.F., Atelier Blanqui, 9, bld. Auguste Blanqui, 75013 Paris, Tel. 01 40 78 69 00, www.apf.asso.fr, über behindertengerechte Einrichtungen in Frankreich informieren.

Diebstahl

Auf Parkplätzen viel besuchter Orte mahnen Schilder, keine Wertsachen im Auto zu lassen. Diesen Rat gilt es gerade in der Hochsaison zu beherzigen. Geld, Ausweise, Kreditkarten, Fotoausrüstung und andere Wertgegenstände sollte man auch nicht unbeaufsichtigt im Hotelzimmer, schon gar nicht in einem Zelt zurücklassen.

Diplomatische Vertretungen

Botschaft der Bundesrepublik Deutschland
13/15 ave. Franklin D. Roosevelt
75008 Paris
Tel. 01 53 83 45 00
Fax 01 43 59 74 18
www.amb-allemagne.fr

Generalkonsulat
15, rue des Francs-Bourgeois
67081 Strasbourg
Tel. 03 88 15 03 40
Fax 03 88 75 79 82
consulatallemagne.strasbourg@wanadoo.fr

Botschaft der Republik Österreich
6, rue Fabert
75007 Paris
Tel. 01 40 63 30 63
www.bmaa.gv.at/paris

Generalkonsulat
29, ave. de la Paix
67000 Strasbourg
Tel. 03 88 35 13 94
Fax 03 88 25 19 88
strassburg-gk @bmaa.gv.at.

Botschaft der Schweiz
142, rue de Grenelle
75007 Paris
Tel. 01 49 55 67 00
Fax 01 49 55 67 67
www.eda.admin.ch/paris

Generalkonsulat
11, bld. du Président Edwards
67083 Strasbourg
Tel. 03 88 35 00 70
Fax 03 88 36 73 54
vertretung@stc.rep.admin.ch

Einreisebestimmungen und Zoll

Mit dem EU-Binnenmarkt sind im Prinzip die Kontrollen des privaten Reise- und Personenverkehrs an der deutsch-französischen Grenze entfallen. Auch sind die früheren Beschränkungen für die Mitnahme von Alkoholika und Tabakwaren für den persönlichen Bedarf oder von Geschenkartikeln für EU-Bürger aufgehoben. Für Schweizer gelten reduzierte Freimengen.

Elektrizität

Üblich sind 220 Volt Wechselspannung. Da auch noch 110-Volt-Anschlüsse existieren und die Steckbuchsen keine einheitliche Form haben, sollte man zur Sicherheit einen Adapter mitnehmen.

Feiertage

Gesetzliche Feiertage: 1. Januar (Neujahrstag), Karfreitag, Ostermontag, 1. Mai (Tag der Arbeit), 8. Mai (Ende des 2. Weltkrieges), Christi Himmelfahrt, Pfingstmontag, 14. Juli (Nationalfeiertag), 15. August (Mariä

Himmelfahrt), 1. November (Allerheiligen), 11. November (Waffenstillstand 1918) und 25./26. Dezember (1. und 2. Weihnachtsfeiertag).

Feste

Viele der lokalen und regionalen Feste und Veranstaltungen sind natürlich auch für Nicht-Elsässer interessant. Näheres und die genauen Daten erfährt man in den Touristenbüros und über die Tagespresse. Das Comité Régional du Tourisme (20A, rue Berthe Molly, 68000 Colmar, Tel. 03 89 24 73 50) gibt alljährlich eine detaillierte Veranstaltungsbroschüre heraus, die aber meist erst im März oder April druckfertig ist. Einen detaillierten Kalender für Feste findet man auch auf der Internetseite www.alsace-en-fete.com.

Februar
Karneval in Lauterbourg, Mothern, Mulhouse, Sélestat und Saverne
Scheibenschlagen in Offwiller

März
Karneval in Thann und Straßburg
Österliche Märkte und Ausstellungen in Sélestat, Soufflenheim, Thann, Turckheim und Wasselonne
Rosenmarkt in Trois-Epis

April
Schneckenfest in Osenbach
›Fête des Jonquilles‹, Narzissenfest in Gérardmer
Gastronomie- und Tourismusmesse in St-Louis

Mai
Wallfahrt in Trois-Epis
Frühlingsfest in St-Hippolyte
Maiglöckchenfest in Neuf-Brisach
Musik- und Humorfestival in Haguenau
Jazz-Festival in Munster
Straßburg-Marathon
Pfingstfest in Wissembourg
Waldmeisterfest in Dambach-la-Ville
Blumenmarkt in Altkirch
Multikulturelles Musikfestival in Colmar
Ökomesse in Rouffach

Juni
Internat. Musikfestival in Straßburg
Mineralbörse in Ste-Marie-aux-Mines
Jazz-Festspiele in Altkirch
Mittelalterfest in Ferrette
Rockfestival in Mutzig
Rosenfest in Saverne
Gugelhupf-Fest in Ribeauvillé
Tannenverbrennung in Thann
Elsässische Büchermesse in Marlenheim
Kirschenfest in Westhoffen und Breitenbach

Juli
Internat. Musikfestival in Colmar
Volksfest ›Ami-Fritz‹ in Hunawihr
Volksfest ›Hans im Schnokeloch‹ in Obernai
Oldtimer-Parade in Mulhouse
Rockfestival in Mulhouse
Blumenkorso in Oberhaslach
Bier- und Winzerfest in St-Hippolyte
Country-Festival in Niederbronn-les-Bains
Kirschenfest in Thannenkirch

Hexenfest in Rouffach
Weinfeste in Mittelbergheim und Wettolsheim
Stadtfest in Munster

August
Ährenfest in Trois-Epis
Hopfenfest in Haguenau
Volksfest ›Hochzeit des Ami Fritz‹ in Marlenheim
Weinfest in Bennwihr, Dambach-la-Ville, Eguisheim, Gueberschwihr, Obermorschwihr, Soultzmatt, Andlau, Obernai, Turckheim und Bergheim
Blumenkorso in Sélestat
Bierfest in Schiltigheim
Weinfest in Thann
Bauernmarkt in Le Bonhomme

September
Töpferfest in Betschdorf
Internationales Musikfestival ›Musica‹ in Straßburg
›Pfifferdaj‹, Fest der Gaukler und Spielleute in Ribeauvillé
Musikfestspiele in Ribeauvillé
Blumen-Korso in Rosheim
Flussschifferfest in Colmar
Jazz-Festspiele in Colmar
Weinlesefeste in St-Hippolyte, Barr, Eguisheim, Molsheim, Marlenheim, Obernai, Bœrsch und Thann
›Sélest'art‹, Ausstellung von Amateurkünstlern in Sélestat
Pferdefest in Altkirch
Wettlauf ›Foulée des 4 portes‹ in Rosheim

Oktober
Filmfestspiele in Colmar
Sauerkrautfest in Riedwihr
Weinlesefeste in Barr, Marlenheim, Obernai und Bœrsch
Kastanienfest in Oberbronn
Traubenfest in Molsheim
Pastetenfest in Munster

November
›Jazz d'Or‹ in Straßburg

Dezember
Odilienfest auf dem Mont Ste-Odile
Christkindl-, Nikolaus- und Weihnachtsmärkte in über 30 elsässischen Gemeinden

Fotografieren

Im Elsass mit seinen Fachwerkdörfern, malerischen Landschaften und öffentlichen Sehenswürdigkeiten finden Hobbyfotografen und -filmer Bilderbuchmotive zuhauf. Film- und Fotomaterial bringt man am besten von zu Hause mit, weil man dort weiß, wo die gewünschten Markenartikel zu bekommen sind und weil sie in Frankreich meist mindestens ebenso teurer sind.

Frauen allein unterwegs

Allein reisende Frauen können sich im Elsass so ungehindert bewegen wie auf der deutschen Rheinseite.

Geld

An vielen Bankschaltern kann man mit EC-Karten und Kreditkarten (Pin-Nummer obligatorisch) Bargeld abheben. Reiseschecks in Euro oder anderen Währungen tauschen Banken, Wechselstuben und manche Postämter ein. Laut Gesetz dürfen Hotels keine Fremdwährungen annehmen.

Gesundheit

Seit 2004 können gesetzlich Versicherte bei ihrer Krankenkasse die Europäische Krankenversicherungskarte EHIC beantragen. Der Vorteil gegenüber dem alten Auslandskrankenschein liegt darin, dass man den Arzt direkt und ohne französischen Krankenschein aufsuchen kann. Der Abschluss einer privaten Auslandskrankenversicherung ist dennoch empfehlenswert, da die deutschen Krankenkassen nur einen Teil der Kosten erstatten und auch einen Rücktransport nicht finanzieren. Für Schweizer ist eine Reisezusatzversicherung zu empfehlen, da es im Land keine gesetzliche Krankenkasse gibt.

Im Sommer können in ausgewiesenen Risikogebieten wie der elsässischen Rheinebene durch Zeckenbisse Krankheiten wie Borreliose (Lyme-Krankheit) oder FSME (Frühsommer-Meningoenzephalitis) übertragen werden. Die beste Prophylaxe sind hautbedeckende Kleidung und insektenabweisende Lotionen bzw. Sprays. Auch ein spezieller Impfschutz ist ratsam.

Informationsstellen

. . . in Deutschland:
Maison de la France (Französisches Fremdenverkehrsamt)
Zeppelinallee 37
60325 Frankfurt
Tel. 0190-57 00 25
Fax 0190-50 90 61 (gebührenpfl.)
www.franceguide.com
Informationen über das Elsass. Auf Anfrage werden Prospekte, Hotelverzeichnisse, Campingführer usw. verschickt.

Zweigstellen des **Institut Français** gibt es in Aachen, Berlin, Bonn, Bremen, Dresden, Düsseldorf, Erfurt, Erlangen, Essen, Frankfurt am Main, Freiburg, Hamburg, Hannover, Heidelberg, Karlsruhe, Kiel, Köln, Leipzig, Mainz, München, Rostock, Saarbrücken, Stuttgart ,Tübingen.

. . . in Österreich:
Französisches Fremdenverkehrsamt
Argentinierstraße 41a
1040 Wien
Tel. 0900-25 00 15
Fax 01-503 28 72
www.mdlf.at.

. . . in der Schweiz:
Maison de la France
Rennweg 42
Postfach 7226
8023 Zürich
Tel. 0900-90 06 99
Fax 01-217 46 17
www.franceguide .com

Maison de La France
11, rue de Lausanne
1201 Genf
Tel. 0900-90 06 99
Fax 022-90 10 04
www.franceguide.com.

... im Internet:

www.visit-alsace.com Informationen auch in Deutsch über Orte, Museen, Hotels und Restaurants.

www.strasbourg.com Infos (englisch/französisch) über Sehenswürdigkeiten, Touristenrouten, Shoppingadressen und Transport inkl. verbilligter Hotelangebote.

www.ot.ville-mulhouse.fr Alles Wissenswerte auch auf Deutsch über Mulhouse und Umgebung.

www.notre-alsace.com Das touristische Angebot des Elsass (auch deutsch) mit interaktiver Elsasskarte.

www.frankreich-info.de/reisen/elsass/ Tipps für Elsassbesucher von Anreise über Kultur und Freizeit bis Essen, Schlafen und Shopping.

www.cg68.fr Offizielle Seite des Conseil Général über das Departement Haut-Rhin.

www.cg67.fr Offizielle Seite des Conseil Général über das Departement Bas-Rhin.

www.musees-alsace.org Mehrsprachige Seite über Museen und kulturelle Veranstaltungen in der Region mit Städtesuchmaschine.

www.alsace.culture.gouv.fr Seite der Direction régionale des Affaires Culturelles zum historischen Erbe und Kulturangebot des Elsass.

www.tourisme68.asso.fr Informationen auch auf Deutsch über Freizeit-, Hotel- und Tourenangebote im Departement Haut-Rhin.

www.tables-dalsace.com Die Suche nach Restaurants wird einem hier leicht gemacht.

www.alsace-passion.com Informationen über Sehenswürdigkeiten, Hotels, Restaurants und Veranstaltungen mit Städtesuchmaschine.

Karten und Pläne

Eine empfehlenswerte Autokarte für das Elsass ist die Michelin-Karte Nr. 87 im Maßstab 1:200.000. Stadtpläne für Straßburg, Colmar und Mulhouse bekommt man gratis bei den örtlichen Offices de Tourisme. In französischen Maisons de Presse und Buchläden gibt es ein reichhaltiges Angebot an Wanderkarten für alle elsässischen Wandergebiete.

Kleidung und Ausrüstung

Das gemäßigte Klima im Elsass setzt keine besondere Kleidung und Ausrüstung voraus. Bei Aufenthalten in den Hochvogesen, wo es im Sommer tagsüber gelegentlich heiß wird, kann man abends durchaus einen wärmenden Pullover vertragen. Auf längeren Wanderungen gehören Regenschutz, Sonnenbrille und Wasserflasche ins Gepäck.

Lesetipps

Marc Haeberlin: Elsass - Meine große Liebe (La Tavola 2004). Drei-Sterne-Koch Haeberlin erzählt in diesem Bildband die Erfolgsgeschichte seiner Familie, ergänzt durch eigene Rezepte, Elsass-Impressionen und Reisetipps.

Emma Guntz / André Weckmann (Hrsg.): Das Elsass (Insel-Verlag 2001). Tomi Ungerer, Hans Arp,

René Schickele Jean-Paul Sartre u. a. schreiben über die Region, ihre Geschichte und ihre Menschen.
Tomi Ungerer: Die Gedanken sind frei. Meine Kindheit im Elsass (Diogenes 1999). Der im Elsass geborene Zeichner erzählt vom Alltagsleben, Krieg, Unterdrückung und dem mehrmaligen Nationalitätenwechsel. Das Buch enthält außerdem viele Illustrationen des Autors.
Martin Graff: Von Liebe keine Spur. Das Elsass und die Deutschen (Knesebeck 1996). Mit warmherziger Polemik nimmt der Autor das deutsch-elsässische Verhältnis aufs Korn.

Notrufnummern

siehe vordere Umschlagklappe

Öffnungszeiten

Kaufhäuser sind montags bis samstags von 9 bis 18.30 Uhr und **Lebensmittelläden** von 7 bis 18.30, bzw. 19.30 Uhr geöffnet, manche, besonders Bäckereien auch am Sonntagvormittag. Einige Geschäfte sind montags ganztägig oder nachmittags geschlossen. Die meisten Einzelhandelsgeschäfte schließen zwischen 12 und 14.30 Uhr. Hypermärkte öffnen in der Regel bis 21/22 Uhr, auch samstags.

Post

Postämter (abgekürzt: PTT) gibt es selbst in kleineren Orten (in der Regel Mo–Fr 9–12 und 14–18.30, in den Städten auch Sa bis 12 Uhr geöffnet). Briefe (bis 20 g) und Postkarten in EU-Länder und die Schweiz kosten 55 Cent. Briefmarken gibt es auch in den Tabac-Läden. In Postämtern können Telegramme aufgegeben werden.

Radio und Fernsehen

Viele Hotels der gehobenen Kategorie sind im Satelliten-TV ausgestattet, so dass auch manche deutschen Fernsehprogramme empfangen werden können. Die Radio-Landschaft wird von einem knappen Dutzend Sendern bestimmt. Die französischsprachigen Sendungen von Radio Arc-en-Ciel sind täglich von 2 bis 14 Uhr im Großraum Straßburg zu hören (90,7 FM). Radio Salü sendet in deutscher Sprache aus Straßburg (101,7 FM; www.salue. de). Radiophare in Mulhouse beschäftigt sich schwerpunktmäßig mit christlich-religiösen Themen (95,3 FM).

Reisekasse & Preise

In größeren Hotels und Restaurants, in Supermärkten und Einzelhandelsgeschäften sowie an vielen Tankstellen werden Kreditkarten akzeptiert. In manchen Geschäften kann man erst ab einem bestimmten Mindestbetrag mit der Karte bezahlen. Relativ sicher reist man, wenn man keine großen Geldbeträge mit sich führt, sondern jeweils nur den Geldbedarf für zwei, drei Tage am Automatenschalter abhebt. Auch Euro-Traveller-Schecks bieten Sicherheit, da sie bei Verlust ersetzt werden.

Einige Preisbeispiele: Für ein **Menü** im Restaurant der unteren Preiskategorie zahlt man 15-30 €, 30-50 € in der gehobenen und ab 50 € in der obersten Kategorie.

Für eine **Übernachtung** im Doppelzimmer im Hotel der unteren Kategorie zahlt man 28–50 €, 50–85 € in der gehobenen und ab 85 € in der obersten Kategorie.

Beim **Camping** schlägt ein Platz für Zelt, Auto oder Caravan (2 Pers.) inkl. Strom mit 10–25 € zu Buche.

Sicherheit

Bei Unfällen und Notfällen wendet man sich in den Städten an die Polizei, auf dem Land an die Gendarmerie, die in vielen Orten Posten unterhält.

Notruf: Tel. 17.

Souvenirs

Töpferwaren mit bleifreier Glasur aus Betschdorf und Soufflenheim, Gläser und Karaffen, Kupfer-Kochtöpfe, besticktes Leinen, Weine, Schlehen-, Waldhimbeer- und Mirabellenschnaps, Gänseleberpastete, Munsterkäse und künstlerisch dekorierte Konditorei-Erzeugnisse halten die Erinnerung an das Elsass lebendig.

Telefonieren

Die meisten öffentlichen Telefone funktionieren nur noch mit einer Telefonkarte (*télécarte*), die man in Postämtern, Tankstellen, Tabakläden, manchmal auch in Restaurants und Hotels erhält (50 oder 120 Einheiten).

Die Tarife für Ferngespräche sind nach Tageszeit gestaffelt: Zwischen 12 und 13.30 Uhr sowie nach 18 Uhr reduzieren sich die Telefongebühren; am niedrigsten sind sie zwischen 23 und 8 Uhr (60 % des Normaltarifes). In den Mobilnetzen kann man mit D- und E-Netz-Handys (Dual-Band-Handys) telefonieren. An Tankstellen ist die Benutzung von Mobiltelefonen verboten.

In Telefonzellen mit dem Symbol einer blauen Glocke, kann man sich anrufen lassen. Auch von Cafés und Bars aus kann man telefonieren. Bevor man vom Hotelzimmer aus Telefongespräche führt, sollte man sich über die anfallenden Kosten informieren.

Bei Auslandsgesprächen ist generell ›00‹ vorzuwählen, nach dem Brummton dann die nationale Vorwahl (Deutschland 49, Schweiz 41, Österreich 43), die Ortsvorwahl ohne Null und schließlich die Rufnummer des Teilnehmers.

Die französischen Rufnummern bestehen aus zehn Ziffern, wobei die ersten zwei der Vorwahl eines der fünf regionalen Großräume entsprechen. Der gesamte Nordosten – also auch Elsass und Lothringen – hat die Vorwahl ›03‹. Wählt man aus dem Heimatland nach Frankreich, so entfällt nach der Vorwahl ›00 33‹ die Null der Region.

Nationale Auskunft: Tel. 12.

Trinkgeld

In Hotels, Restaurants und Bars ist das Bedienungsgeld bereits in den Rechnungen inbegriffen. Trotzdem ist es üblich, ein paar Münzen liegen zu lassen. Platzanweiser, Gepäckträger, Hotelpagen, Garderoben- und Toilettenpersonal, Friseure und Kosmetikerinnen erwarten ebenfalls ein Trinkgeld. Taxifahrer rechnen mit 10–15 % der Fahrtkosten.

Unterkunft

Hotels

Je nach Reiseziel und -saison ist rechtzeitige Hotelreservierung angeraten. Entlang der Weinstraße, in Straßburg, Colmar und anderen viel besuchten Orten im Elsass wird man in der Hochsaison, vor allem an Wochenenden, ohne Reservierung unter Umständen vergeblich nach einer Übernachtungsmöglichkeit suchen. Anders sieht es etwa im Sundgau und in den Nordvogesen aus.

Fast überall stehen Unterkünfte in mehreren Preiskategorien zur Verfügung. Hotels sind mit einem bis zu vier Sternen klassifiziert. Für die Übernachtung in einer **Ein-Sterne-Unterkunft,** oft nur mit Dusche, muss man mind. 30 € veranschlagen. Das Zimmer im luxuriösen **Vier-Sterne-Hotel** kostet pro Nacht ab ca. 85 € aufwärts. In der Regel schließen die Preise kein Frühstück ein (außer in Luxushotels). Paare haben oft die Wahl zwischen zwei Betten und einem französischen Doppelbett.

Ein jährlich aktualisiertes Verzeichnis der Unterkünfte bekommt man in den jeweiligen Touristeninformationen und bei den regionalen Tourismusämtern (s. S. 209/210).

Jugendherbergen

Die im Elsass dünn gesäten Herbergen stehen Mitgliedern der nationalen Jugendherbergswerke unter Vorlage des Jugendherbergsausweises offen. Jugendherbergsführer und Adressenlisten sind bei den nationalen Jugendherbergswerken erhältlich, in Frankreich außerdem bei der Fédération Unie des Auberges de Jeunesse (FUAJ), 27, rue Pajol, 75018 Paris, Tel. 01 44 89 87 27, Fax 01 44 89 87 10, www.fuaj.org.

Campingplätze

Die Klassifizierung der Plätze hängt von ihrer Ausstattung ab. Wasser und Elektrizität sind überall vorhanden. Zu Plätzen mit mehreren Sternen gehören oft ein Tennisplatz, ein Schwimmbad oder andere Sport- und Freizeitanlagen. Viele Anlagen sind nur während der Hauptsaison geöffnet. Ein entsprechendes Verzeichnis geben die Tourismusbehörden der beiden elsässischen Départements heraus (s. S. 209/210).

Campings Municipaux sind erheblich preisgünstiger als kommerzielle Plätze. Hier zahlt man bis ca. 2,50 € pro Platz und bis 3,50 €. pro Pers./Tag (Kinder bis 7 Jahre 1,60 €./Tag). Der Stellplatz auf einem kommerziellen Vier-Sterne-Platz kostet für 4 Pers. pro Woche in der Hochsaison ca. 270 €. (Nebensaison 160 €.), ein Zeltplatz 3,50 €. plus 3,50 €.pro Pers./Tag (Kinder bis 12 Jahre 1,80 €).

Neben kommunalen und kommerziellen Plätzen gibt es etwa zwei Dutzend Bauernhöfe, auf denen gecampt werden kann, und so genannte Aires Naturelles de Camping, d. h. sehr einfache Plätze ohne Komfort.

Logis de France

Bei diesen mit einem gelben, stilisierten offenen Kamin markierten Unterkünften handelt es sich in der Regel um kleine oder mittelgroße Hotels, oft Familienbetriebe, die preiswerte, gute und komfortable Unterkunft anbieten und ein eigenes Restaurant besitzen. Adressen finden Sie in einem von der Hotelkette herausgegebenen Hotelführer (erhältlich in Buchläden) oder im Internet (www. logis-de-france.fr).

Relais & Châteaux

Elegantes Ambiente, hervorragende Gastronomie und reizvolle Lage sind die Markenzeichen dieser Nobelherbergen, DZ ab ca. 100 €. Informationen: STB-Reisen, Platter Str. 87, 65232 Taunusstein, Tel. 0 61 28/98 25 13, Fax 0 61 28/98 25 15, www. stb-reisen.com.

Châteaux & Hôtels de France

Nicht ganz so luxuriös wie Relais & Châteaux bieten die ausgesuchten Häuser dieses Verbundes ebenfalls sehr komfortable, mit vielen Annehmlichkeiten ausgestattete Unterkünfte, die sich zum Teil in renovierten Schlössern und historischen Herrenhäusern befinden, DZ ab ca. 80 €. Informationen: Châteaux & Hôtels de France, 12, rue Auber, 75009 Paris, Tel. 01 40 07 00 20, Fax 01 40 07 00 30, resa@chateauxhotels.com).

Gîtes de France

Dabei handelt es sich meist um auf Bauernhöfen gelegene Ferienhäuser, deren Qualität und Ausstattung sich nach den Richtlinien eines gemeinnützigen nationalen Verbandes richtet. Auch Camping bzw. Ferien auf dem Bauernhof und Kinderferien kann man hier buchen: Gîtes de France: 59, rue St-Lazare, 75009 Paris, Tel. 01 49 70 75 75, Fax 01 42 81 28 53, www.gites-de-france.fr.

Fermes-Auberges

Die bewirtschafteten Vogesenbauernhöfe (www.tourisme68.asso.fr/vosges/fr/vosges4.html), die nur teilweise Übernachtungsmöglichkeiten bieten, erfreuen sich bei Elsass-Reisenden wegen der hier und da noch vorhandenen Ursprünglichkeit großer Beliebtheit. Die Speisen auf diesen Höfen müssen, sofern diese keine Restaurantlizenz besitzen, zu 70 % aus eigener Produktion stammen. Die Zimmer sind in der Regel einfach, manchmal muss man mit dem Schlafsaal vorlieb nehmen (ab 6 €/Platz, DZ ab 15–20 €).

Gîtes d'étape

Einfache, mit Jugendherbergen vergleichbare Unterkünfte für Wanderer und Radler, die allein oder in Gruppen unterwegs sind (Informationen über Gîtes de France, s.o.).

Verkehrsmittel

Bahn

Das elsässische Bahnnetz ist von Gebieten wie den Hochvogesen abgesehen gut ausgebaut. Insgesamt werden in der Region über 160 Bahnhöfe angefahren. Größte Drehscheibe des Schienenverkehrs ist Straßburg. Fahrkarten müssen vor Fahrtantritt an den orangefarbenen Entwertern auf dem Bahnsteig abgestempelt werden.

Die Tarife der französischen Bahn SNCF sind ähnlich undurchschaubar wie die der Deutschen Bahn. Unter den ermäßigten Tickets sind folgende interessant:

Nur im Elsass ist der *Pass évasion* (www.ter-sncf.com/Alsace) gültig. Damit können Einzelpersonen (bei Bedarf mit einem Kind unter 12 Jahren) an Samstagen sowie sonn- und feiertags einen Tag lang für 12,50 € durchs ganze Elsass fahren. Kleingruppen von 2 bis 5 Personen bezahlen 25 €.

Der *France Rail Pass* gilt an 4 bis 10 Tagen für unbeschränktes Bahnreisen in ganz Frankreich. Er beinhaltet außer dem preisreduzierten Bahnticket etwa einen ermäßigten Eintritt für das Cité du Train in Mulhouse.

Der Frühbuchertarif *Knüller* beinhaltet bei Buchung zwischen 60 und 30 Tagen vor Abfahrt eine Ermäßigung bis zu 45%, abhängig von der Städteverbindung (bei Buchung 30 bis 8 Tage im Voraus 25%).

Das *Duo plus*-Angebot gilt für 2 bis 5 Personen bei gemeinsamer Hin- und Rückfahrt auf gleicher Strecke. In Fern- und TGV-Zügen gibt es zu bestimmten Tageszeiten 25 % Ermäßigung, sofern Plätze verfügbar sind. Kinder von 4 bis 11 Jahren zahlen die Hälfte des Erwachsenenpreises.

Den *Séjour*-Tarif mit einer Ermäßigung von 25 % kann in Anspruch nehmen, wer eine Mindestentfernung von 200 km zurücklegt und die Nacht von Samstag auf Sonntag in seine Reise einschließt.

Der ebenfalls mit Preisermäßigungen verbundene *France Weekender Pass* ist an drei aufeinander folgenden Tagen (Fr–So oder Sa–Mo) auf dem gesamten Streckennetz der SNCF gültig.

Informationen über günstige Pauschalangebote erhalten Sie in Bahnhöfen und Reisebüros.

Bus

Fernbusse verkehren in Frankreich relativ selten. Dafür sind die regionalen Busverbindungen häufiger. In größeren Orten bieten kommerzielle Unternehmen Ausflugs- und Rundfahrten, aber auch regelmäßige Linienverbindungen an. Informationen und Fahrpläne an den Bahnhöfen vor Ort und in den Touristenbüros.

Auto

Das Straßennetz ist gut ausgebaut. Vorsicht ist an der steil abfallenden Ostflanke der Vogesen geboten mit ihren kurvenreichen Straßen.

Im Elsass gibt es drei Autobahnen, teils Streckenabschnitte von internationalen Fernstraßen. Die A 36, die mit der deutschen Autobahn A 5 Karlsruhe–Basel verbunden ist, führt an Mulhouse vorbei Richtung Lyon und Paris. Westlich von Mulhouse befindet sich die erste Péage-Stelle. Die Autobahn A 35 von Basel über Colmar nach Straßburg ist größtenteils fertig gestellt, vorerst aber noch nicht gebührenpflichtig. Die A 4 von Straßburg an Haguenau und Saverne vorbei nach Paris ist nur im Einzugsgebiet von Straßburg gebührenfrei. An den Zahlstellen *(péage)* werden international übliche Kreditkarten wie Euro-, Mastercard und Visa akzeptiert.

Die französischen Routes Nationales (N) entsprechen den deutschen Bundesstraßen, die Départementsstraßen (D) sind mit deutschen Landstraßen vergleichbar.

Leihwagen

Mietwagen sollte man in den größeren Städten anmieten, weil das Angebot hier am besten ist. Die Mietpreise entsprechen den international üblichen Standards und sind nach Wagengröße, -typ und Ausleihdauer gestaffelt. Am preisgünstigsten ist die Reservierung über eine internationale Agentur vom Heimatort aus, weil in Frankreich höhere Steuern anfallen. Der nationale Führerschein und allgemein übliche Kreditkarten werden akzeptiert. Einige Fluggesellschaften bieten einen Fly & Drive-Service an. Die SNCF hat einen verbilligten Bahn-/Leihwagendienst *(Train et Auto)* im Angebot. Manche Verleiher verlangen bei unter 25-Jährigen einen Aufschlag.

Schiff

Kurs- bzw. Sonderfahrten auf den Wasserwegen des Elsass bietet die Basler Personenschifffahrt an. Tägliche Verbindungen bestehen zwischen dem Basler Rheinhafen und Rheinfelden. Sonder- und Ausflugsfahrten führen von Basel über den Rhein-Rhône-Kanal bis nach Mulhouse. Von Mai bis September werden auf französischer Seite Ausflugsfahrten auf dem Rhein, auf dem Grand Canal d'Alsace (Rheinseitenkanal) und auf dem Rhein-Rhône-Kanal mit Schleusenmanöver angeboten. Informationen bei: Basler Personenschifffahrt, Schiffsgelände, Basel, Tel. 061-639 95 08; Fax 639 95 06, www.bpg.ch).

Hausboote für private Fahrten auf dem Rhein-Marne-Kanal (ohne Bootsführerschein) bekommt man bei: Rive de France, 55, rue d'Aguesseau, 92774 Boulogne-Billancourt Cedex, Tel. 0033/1 41 86 01 01, Fax 1 41 86 01 02, www.rivedefrance.com.

Zeitungen

Die großen überregionalen Zeitungen ›Le Monde‹, ›Le Figaro‹, ›Libération‹ und ›L'Humanité‹ dominieren die Presselandschaft im Elsass. Doch gibt es mit ›Dernières Nouvelles d'Alsace‹ und ›L'Alsace‹ zwei Regionalzeitungen, die auf Veranstaltungen und Neuigkeiten in der Region hinweisen.

Zeitunterschied

Das Elsass liegt in derselben Zeitzone wie Deutschland. Von März bis Oktober wird auf Sommerzeit umgestellt.

SPRACHFÜHRER

Begrüßung und Höflichkeit

guten Tag	bonjour
guten Abend	bonsoir
bitte	s'il vous plaît
danke	merci
Entschuldigung	pardon
Danke, das ist sehr freundlich.	Merci, c'est très gentil.
Ich spreche kein Französisch.	Je ne parle pas français.
Sprechen Sie Deutsch/ Englisch?	Parlez vous allemand/ anglais?

Unterwegs

Bahnhof	la gare
Haltestelle	l'arrêt
Straße	la rue, la route
Bus	le bus, le car
Tankstelle	la station d'essence
gazole, gas-oil	Diesel
sans plomb	bleifrei
Autowerkstatt	le garage
Ausfahrt	la sortie
bei	chez
links	à gauche
rechts	à droite
geradeaus	tout droit
hier/dort	ici/là
Stadtplan	le plan de ville
Auskunft	l'information
Vorsicht	attention
bar	en espèces
Geld	l'argent
Scheck	le chèque
Kreditkarte	la carte de crédit
Geschäft	le magasin
Bank	la banque
Telefon	le téléphone
Post	la poste
Bahnhof	la gare
Wo ist...., bitte?	Où est..., s'il vous plaît?
Ich möchte gerne kaufen...	Je voudrais acheter...
Wieviel kostet das?	Ça coute combien?
Ich brauche...	J'ai besoin de...
Können Sie mir helfen?	Pourriez-vous m'aider?

Ortsbezeichnungen

Abtei	l'abbaye
Altstadt	la vieille ville
Ausstellung	l'exposition
Besichtigung	la visite
Brücke	le pont
Brunnen	la fontaine
Burg	le château
Fußgängerzone	la zone piétonne
Gehsteig	le trottoir
Hauptstraße	la rue principale
Kapelle	la chapelle
Kirche	l'église (katholisch), temple (protestantisch)
Palast	le palais
Rathaus	l'hôtel de ville/ mairie
Stadtrundfahrt	la tour de ville
Stadtteil	le quartier

Wochentage/Zeitangaben

Sonntag	dimanche
Montag	lundi
Dienstag	mardi
Mittwoch	mercredi

Donnerstag	jeudi
Freitag	vendredi
Samstag	samedi
Feiertag	jour férié
heute	aujourd'hui
gestern	hier
morgen	demain
morgens	le matin
mittags	à midi
nachmittags	l'après-midi
abends	le soir
nachts	la nuit

Zahlen

1	un
2	deux
3	trois
4	quatre
5	cinq
6	six
7	sept
8	huit
9	neuf
10	dix
11	onze
12	douze
13	treize
14	quatorze
15	quinze
16	seize
17	dix-sept
18	dix-huit
19	dix-neuf
20	vingt
21	vingt-et-un
30	trente
40	quarante
50	cinquante
60	soixante
70	soixante-dix
80	quatre-vingt
90	quatre-vingt-dix
100	cent
200	deux cent
1000	mille

Im Hotel

Übernachtung	la nuit
Zimmer	la chambre
für zwei Personen	pour deux personnes
Bad	la salle de bains
Dusche	la douche
Doppelbett	le grand lit
Einzelbetten	les deux lits
Schlüssel	la clé
Handtücher	les serviettes
Aufzug	l'ascenseur
Gepäck	les bagages
Ausweis	la carte d'identité
Preis	le prix
Rechnung	l'addition
Auto	la voiture
Parkplatz	le parking
Frühstück	le petit déjeuner
Haben Sie ein freies Zimmer?	Avez-vous une chambre de libre?
Ich habe ein Zimmer auf den Namen...reserviert.	J'ai réservé une chambre au nom de...

Speisekarte

agneau	Lamm
andouille	Kuttelwurst
anguille	Aal
anguillettes	junge Aale
à point	medium
asperges	Spargel
ballotine	Roulade
bar	Seebarsch
bécasse	Schnepfe

bien cuit	durchgebraten
blanquette de veau	Kalbsragout
bœuf	Rindfleisch
boudin noir	Blutwurst
brochet	Hecht
brochette	Spießchen
caille	Wachtel
canard	Ente
carré d'agneau	Lammrücken
cèpes	Steinpilze
chèvre	Ziege
chevreuil	Reh
civet de	Ragout von
cochon	Ferkel
coq	Hahn
coquilles	Muscheln
cru (e)	roh
crudités	Rohkost
cuisses de grenouille	Froschschenkel
daurade	Goldbrasse
dinde	Puter
écrevisse	Flusskrebs
emincé	Geschnetzeltes
escalope	Schnitzel
escargots	Schnecken
faisan	Fasan
faux-filet	Roastbeef
feuilleté	Blätterteig
bouteille de vin/ de l'eau	Flasche Wein/ Wasser
foie gras	Stopfleber
fromage	Käse
fruits de mer	Meeresfrüchte
gibier	Wild
gigot d'agneau	Lammkeule
girolles	Pfifferlinge
glace	Eis
verre de vin	Glas Wein
haricots (verts)	(grüne) Bohnen
homard	Hummer
huîtres	Austern
joue de bœuf	Rinderbacke
langoustines	Scampi
lapin	Kaninchen
langue	Zunge
légumes	Gemüse
lentilles	Linsen
lièvre	Hase
lotte de mer	Seeteufel
loup de mer	Seewolf
magret de canard	Entenbrust
nouilles	Nudeln
pavé	dickes Steak
perdreau	Rebhuhn
pied de porc	Schweinsfuß
pigeon	Taube
pintade	Perlhuhn
poisson	Fisch
porc	Schwein
potage	Suppe
poule	Huhn
ris de veau	Kalbsbries
riz	Reis
rognons de veau	Kalbsnieren
rougets	Rotbarben
sandre	Zander
sanglier	Wildschwein
saucisse	Bratwurst
sole	Seezunge
tripes	Kutteln
turbot	Steinbutt
veau	Kalb
volaille	Geflügel

REGISTER

ELSASS-ATLAS

LEGENDE

1 : 300.000

0 — 10 km

A 36 15	Autobahn mit Nummer und Anschlussstelle
E 18	Schnellstraße mit Europastraßen-Nummer
N466	Fernstraße mit Nationalstraßen-Nummer
466	Hauptstraße mit Departementsstraßen-Nummer
	Nebenstraße
	Straße in Bau
	Straße in Planung
	Eisenbahn
	Staatsgrenze
	Provinzgrenze
	Naturschutzparkgrenze
	Flughafen; Flugplatz
	Burg, Schloss; Ruine
	Kloster
	Kirche, Kapelle
	Sehenswürdigkeit
	Archäologische Stätte; Bergwerk
	Höhle; Wasserfall
	Campingplatz; Jugendherberge
	Denkmal, Monument
	Aussichtspunkt
	Berggipfel; Pass, Joch

A
B
C
1
2
3
4
Rohrbach-lès-Bitche
Petit-Réderching
357 m
Bitche
la Hohmark
281 m
Achen
Etting
Bining
Siersthal
Reyerswiller
Lambach
Etang de Hasselfurth
le Hochkopf
430 m
Forêt
Herbitzheim
Kalhausen
Altkirch Chapelle
Guisberg
Enchenberg
Eguelshardt
Oermingen
Schmittviller
302 m
Lemberg
Duerrbergkopf
420 m
Rahling
Montbronn
Forêt Domaniale de Mouterhouse
Forêt de Lemberg
Dehlingen
le Petersbach
Ziegelhütte
Saint-Louis-lès-Bitche
Mouterhouse
Fischerhof
le Kalkberg
300 m
Butten
Schieresthal
Goetzenbruck
Meisenthal
Althorn
Voellerdingen
Ratzwiller
Lorentzen
Soucht
Pierre des 12 Apôtres
Domfessel
Volksberg
Diemeringen
Parc Naturel Régional des Vosges du Nord
Sarre-Union
Rosteig
Wingen-sur-Moder
370 m
Reipertswiller
Château Lichtenberg
Rimsdorf
Ruine Romaine
Waldhambach
Lichtenberg
Mackwiller
357 m
Weislingen
Puberg
Wimmenau
Thal-Drulingen
Frohmuhl
Hinsbourg
Burbach
Rexingen
Adamswiller
Tieffenbach
Zittersheim
Berg
Durstel
Struth
le Grand Kuhberg
388 m
370 m
Wolfskirchen
Gungwiller
Bettwiller
Asswiller
Erckartswiller
Sparsbach
la Moder Rivière
Ingwiller
Drulingen
Petersbach
Weinbourg
Eschwiller
la Petite-Pierre
Weiterswiller
Mench
Postroff
Weyer
Lohr
Niedersoultzbach
Hirschland
Siewiller
Imsthal
le Grunkopf
418 m
Obersoultzbach
Uttwiller
A 4
E 25
Schœnbourg
Château de Hunebourg
Château de Herrenstein
Bouxwiller
Kirrberg
Schalbach
Bust
289 m
Graufthal
Neuwiller-lès-Saverne
Saint-Pierre et Saint-Paul
Hellering-lès-Fenetrange
Rauwiller
Metting
Eschbourg
Griesbach
Riedheim
Bickenholtz
Hangviller
Dossenheim sur-Zinsel
Pfalzweyer
Oberhof
Hattmatt
Printzheim
Zœbersdorf
Fleisheim
Vescheim
Berling
Ernolsheim-lès-Saverne
la Zinsel du Sud Ruisseau
Wintersbourg
Vilsberg
Hilbesheim
Zilling
Phalsbourg
Geiswiller
Wickersheim-Wilshausen
Hérange
Mittelbronn
Saint-Jean-Saverne
Saverne
Steinbourg
Lixheim
Bourscheid
Danne-et-Quatre-Vents
Eckartswiller
la Zorn
Brouviller
Saint-Jean-Kourtzerode
Monswiller
Dettwiller
Réding
Col de Saverne
402 m
Ottersthal
Waltembourg
347 m
Jardin Botanique
SARREBOURG
Hommarting
Zinswald Château
Dannelbourg
Lutzelbourg
SAVERNE
Henridorff
Château du Griffon
Château du Haut-Barr
Waldolwisheim
Canal de la Marne au Rhin
397 m
Littenheim
Buhl-Lorraine
Tunnel d'Arzviller
Otterswiller
Furchhausen
Altenheim
Arzviller
Ecluse
Hultehouse
Gottenhouse
Niderviller
Saint-Louis
Haegen
240 m
Guntzviller
Garrebourg
Schwenheim
Friedolsheim
Schneckenbusch
Thal
Wolschheim
Brouderdorff
Marmoutier
236 m
Maennolsheim
Lochwiller
Kleingœft
Plaine-de-Walsch
Westhouse
Sitifort
Hellert
Reutenbourg
Hommert
Reinhardsmunster
Knœrsheim
Haselbourg
Dimbsthal
Singrist
Zehnacker
Zeinheim
Vallerysthal
Kuhbergkopf
587 m
Jetterswiller
Trois-Fontaines
Harreberg
Hengwiller
Salenthal
Hohengœft
Rangen
Walscheid
Dabo
Crastatt
Col de Valsberg
652 m
Allenwiller
Birkenwald
Wintzenheim-Kochersberg
Voyer
la Valette
397 m
Romanswiller
Fischbachberg
530 m
Chapelle du Saint-Léon
Abreschviller
Obersteigen
Wasselonne
282 m
477 m
la Mossig Ruisseau
Nordheim
le Hohwalsch
563 m
Cosswiller
le Sattbach
Marlenheim
Lettenbach
le Feuerstein
665 m
Wangenbourg-Engenthal
Grand Soldat
le Seelenberg
323 m
Wangen
le Grand Rombelstein
543 m
Wolfsthal
Westhoffen
Odratzheim
Kirchheim
S. 234
N62
N61
N4
N404
A4
E25

D
E
F
1
2
3
4
Wissembourg
Schweigen
Altenstadt
Lauterbourg 17 km
Monument à la Bataille du Geisberg
Château de Lutzelhardt
Château de Schœneck
Château de Wineck
Château de Windstein
Château de Fleckenstein
Château de Frœnsbourg
Château de Wasenbourg
Château d'Arnsbourg
Petit Arnsbourg
Sturzelbronn
Obersteinbach
Niedersteinbach
Mohnenberg 546 m
Wingen
Climbach
Lembach
Four à Chaux
Hochwald
Oberhoffen
Rott
Steinseltz
Cleebourg
Riedseltz
Drachenbronn-Birlenbach
Ingolsheim
Seebach
Ouvrage d'artillerie Schœnenbourg
Keffenach
Lobsann
Memmelshoffen
Schœnenbourg
Hunspach
Niederseebach
Retschwiller
Soultz-sous-Forêts
Dambach
Vieux Windstein
Nouveau Windstein
Saegerthal
Philippsbourg
580 m
le Langenberg 508 m
Langensoultzbach
Lampertsloch
Gœrsdorf
Nehwiller
Niederbronn-les-Bains
Frœschwiller
Wœrth
Dieffenbach-les-Wœrth
Preuschdorf
Oberbronn-Zinswiller
Mémorial de la Bataille de Reichshoffen
Reichshoffen
Oberdorf-Spachbach
Merkwiller-Pechelbronn
Kutzenhausen
Hoffen
Aschbach
Zinswiller
Hohwiller
Oberrœdern
Gundershoffen
Morsbronn-les-Bains
Gunstett
Surbourg
Schwabwiller
Rittershoffen
Hatten
Betschdorf
Gumbrechtshoffen
Uttenhoffen
Engwiller
Forstheim
Durrenbach
Hegeney
Walbourg
Halbmuhlbach
Laubach
Uhrwiller
Mietesheim
Hinterbach
Eschbach
152 m
Mertzwiller
Bitschhoffen
Kindwiller
la Walck
Uberbach
179 m
Forêt de Haguenau
Kœnigsbruck
Kauffenheim
Leutenheim
Pfaffenhoffen
Neubourg
Dauendorf
Ringeldorf
Schweighouse-sur-Moder
Morschwiller
Saint Nicolas
le Brumbach
Soufflenheim
Saint Georges
HAGUENAU
Grassendorf
Ettendorf
Ohlungen
179 m
Keffendorf
Huttendorf
Schirrhein
Schirrhoffen
Sessenheim
Bersthein
Quartier Estienne
Minversheim
Wintershouse
163 m
Kaltenhouse
Alteckendorf
Bossendorf
Wittersheim
Batzendorf
Oberhoffen-sur-Moder
Hochstett
Niederschaeffolsheim
Marienthal
Drusenheim
Hochfelden
Mommenheim
Bernolsheim
Kriegsheim
Bischwiller
Schwindratzheim
Rottelsheim
Weitbruch
Gries
Rohrwiller
Waltenheim-sur-Zorn
Brumath Nord
Kurtzenhouse
Raffinerie
Grauelsbaum
Krautwiller
Brumath
Herrlisheim
Hochfrankenheim
Wingersheim
Geudertheim
Bietlenheim
Gingsheim
Donnenheim
Stephansfeld
Offendorf
Hohatzenheim
Biwisheim
Weyersheim
Mittelhausen
Mittelschaeffolsheim
Brumath-Sud
Gambsheim
Helmlingen
Gougenheim
Olwisheim
Hœrdt
128 m
Gimbrett
Memprechtshofen
Kienheim
Eckwersheim
la Wantzenau
132 m
Berstett
Kilstett
Rheinau
Truchtersheim
Vendenheim
139 m
Raffinerie de Pétrole
la Wantzenau
Freistett
Pfettisheim
Lampertheim
Reichstett
Rheinbischofsheim
Schnersheim
Pfulgriesheim
Mundolsheim
Honau
Hausgereut
Wiwersheim
Gries-sur-Souffel
Souffelweyersheim
Hohbühn
Dossenheim-Kochersberg
Dingsheim
HŒNHEIM
Leutesheim
Quatzenheim
Stutzheim-Offenheim
Niederhausbergen
Linx
Holzhausen
Wagshurst
Hurtigheim
BISCHHEIM
Ittenheim
Mittelhausbergen
Auenheim
Zierolshofen
Oberhausbergen
SCHILTIGHEIM
S. 235
A 4
A 35
E 25
N62
N63
Rhein
Canal de la Marne au Rhin
la Zorn Rivière
la Moder Rivière

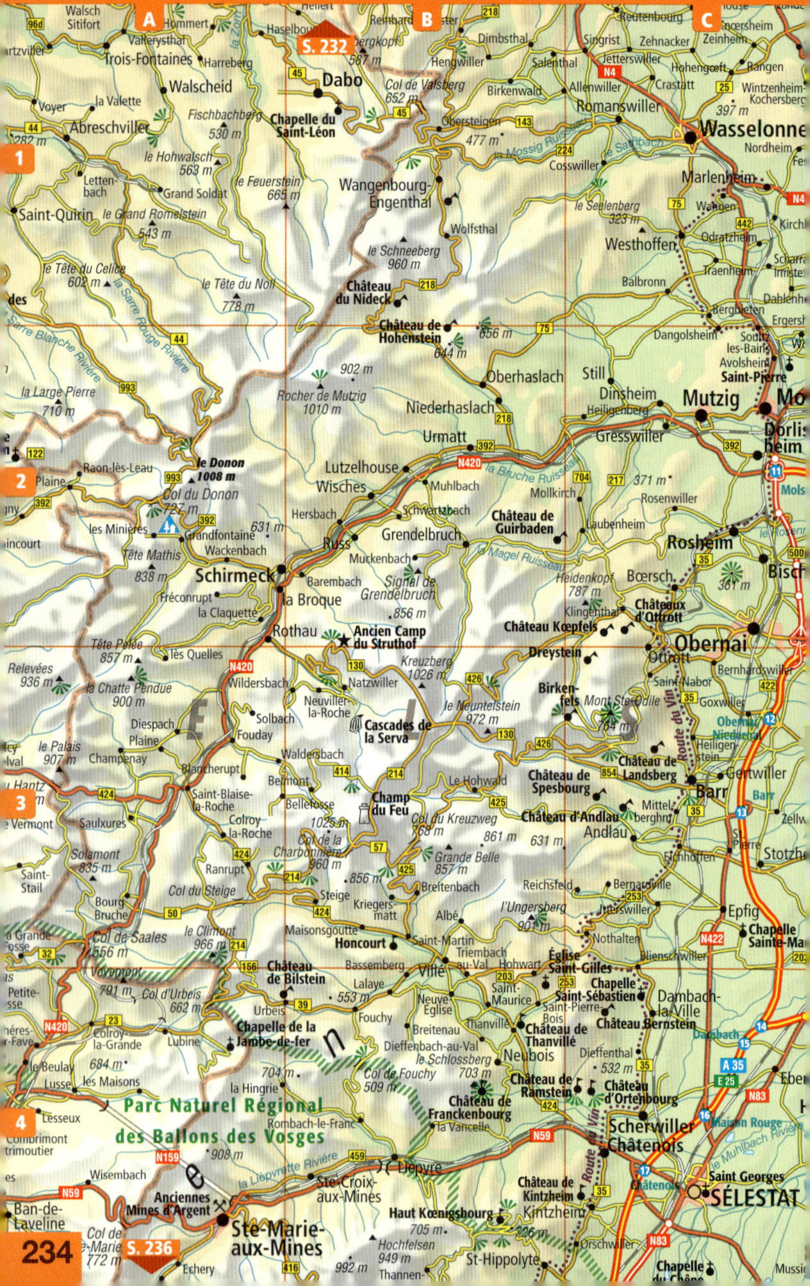
A
B
C
1
2
3
4
S. 232
S. 236
Dabo
Chapelle du Saint-Léon
Trois-Fontaines
Walscheid
Abreschviller
Saint-Quirin
Wasselonne
Romanswiller
Marlenheim
Wangenbourg-Engenthal
le Schneeberg 960 m
Château du Nideck
Château de Hohenstein
Westhoffen
Oberhaslach
Niederhaslach
Still
Dinsheim
Mutzig
Gresswiller
Urmatt
Rocher de Mutzig 1010 m
le Donon 1008 m
Col du Donon 727 m
Raon-lès-Leau
Lutzelhouse
Wisches
Muhlbach
Grendelbruch
Château de Guirbaden
Rosheim
Bœrsch
Schirmeck
La Broque
Rothau
Ancien Camp du Struthof
Châteaux d'Ottrott
Château Kœpfels
Obernai
Ottrott
Dreystein
Birkenfels
Mont Ste-Odile
Château de Landsberg
Château de Spesbourg
Barr
Château d'Andlau
Andlau
Cascades de la Serva
Champ du Feu
Le Hohwald
Col du Kreuzweg
Neuntelstein
Natzwiller
Wildersbach
Solbach
Fouday
Waldersbach
Saint-Blaise-la-Roche
Colroy-la-Roche
Ranrupt
Col du Steige
Steige
Maisonsgoutte
Honcourt
Saint-Martin
Villé
Château de Bilstein
Col de Saales
le Climont 966 m
Urbeis
Fouchy
Lalaye
Breitenau
Neuve-Eglise
Thanvillé
Château de Thanvillé
Neubois
Dieffenbach-au-Val
Col de Fouchy
Château de Franckenbourg
Château de Ramstein
Château d'Ortenbourg
Scherwiller
Châtenois
Epfig
Chapelle Sainte-Marguerite
Nothalten
Blienschwiller
Église Saint-Gilles
Chapelle Saint-Sébastien
Château Bernstein
Dambach-la-Ville
Dieffenthal
Chapelle de la Jambe-de-fer
Lubine
Colroy-la-Grande
Provenchères
Le Beulay
Lusse
Lesseux
Parc Naturel Régional des Ballons des Vosges
Rombach-le-Franc
la Vancelle
Lièpvre
Ste-Croix-aux-Mines
Anciennes Mines d'Argent
Ste-Marie-aux-Mines
Wisembach
Ban-de-Laveline
Haut Kœnigsbourg
Kintzheim
Château de Kintzheim
St-Hippolyte
Orschwiller
Hochfelsen 949 m
Thannen
SÉLESTAT
Saint Georges
Route du Vin
Maison Rouge
Echery
Col de Ste-Marie 772 m

D
E
F
S. 233
S. 237
Berstett
Truchtersheim
Vendenheim
Pfettisheim
Lampertheim
Pfulgriesheim
Mundolsheim
Reichstett
Raffinerie de Pétrole
la Wantzenau
Kilstett
Rheinau
Freistett
Rhein-bischofsheim
Hausgereut
Hönau
Honau
Souffelweyersheim
Gries-sur-Souffel
Dingsheim
Stutzheim-Offenheim
Nieder-hausbergen
HŒNHEIM
BISCHHEIM
Mittel-hausbergen
Holzhausen
Wagshurst
Zierolshofen
Auenheim
Ittenheim
Oberhausbergen
Wolfisheim
Oberschaeffolsheim
Achenheim
SCHILTIGHEIM
Palais de Europe
Orangerie
Bodersweier
Querbach
Eckbolsheim
Cathédrale
Europa-brücke
KEHL
STRASBOURG
Hangenbieten
Holtzheim
OSTWALD
Neumühl
Kork
Odelshofen
Willstätt
Ernolsheim
Aéroport de Strasbourg-Entzheim
LINGOLSHEIM
Entzheim
Duppigheim
ILLKIRCH-GRAFFENSTADEN
Eckartsweier
Appenweier
Wind-schläg
Sankt
Geispolsheim
Blaesheim
Hesselhurst
Griesheim
Bohls-bach
Weier
Kittersburg
Innenheim
Lipsheim
Eschau
Fegersheim
Krautergersheim
Ichtratzheim
Walters-weier
Hindisheim
Hipsheim
Plobsheim
Kempferhof
Neuried
Offenburg
OFFENBURG
Limersheim
Notre-Dame du Chêne
Schutterwald
Hildbolts-weier
Ortenberg
Meistratzheim
Nordhouse
Thumenau
Elgersweier
Zuns-weier
Schaeffersheim
Erstein
Hohberg
Berg-haupten
Bolsenheim
Meißen-heim
Uttenheim
Osthouse
229 m
Gutleutkirche
Westhouse
Matzenheim
Schwanau
Bermersbach
Sand
Gerstheim
FRIESENHEIM
Benfeld
156 m
598 m
Huttenheim
Obenheim
Hugsweier
LAHR/ Schwarzwald
Herbsheim
Daubensand
Burgheim
Sermersheim
Rossfeld
Boofzheim
153 m
Langen-winkel
Kuhbach
Reichenbach
Rhinau
Mietersheim
Seelbach
Lützelhardt
Witternheim
Friesenheim
Kippenheim-weiler
Sulz
Diebolsheim
Kappel
Grafen-hausen
Kippenheim
Mahlberg
Bindernheim
Ettenheim
Orschweiler
Schmieheim
Wittisheim
Europa-park
Rust
Ettenheim
Sundhouse
Ringsheim
Münchweier
Ettenheim-münster
Schutter-tal
Sankt Landolin
Sassenheim
Rhein-hausen
Ettenheimweiler
Schwobsheim
Rhein
Schutter
E 25
E 35
E 52
A 35
A352
N83
DEUTSC

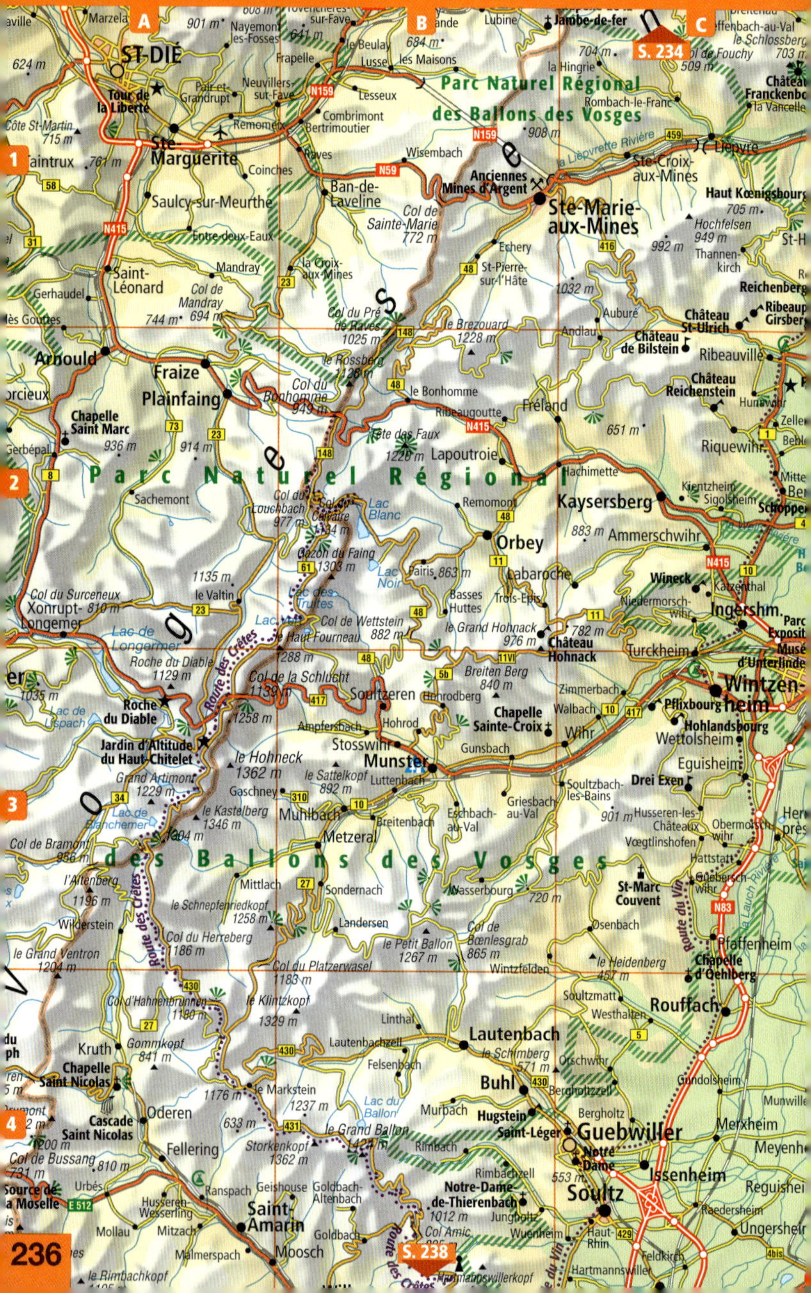
A
B
C
1
2
3
4
S. 234
S. 238
St-Dié
Tour de la Liberté
Ste-Marguerite
Saulcy-sur-Meurthe
Entre-deux-Eaux
Saint-Léonard
Mandray
Col de Mandray 694 m
Fraize
Plainfaing
Arnould
Chapelle Saint Marc
Sachemont
Parc Naturel Régional des Ballons des Vosges
Vosges
Neuvillers-sur-Fave
Pair-et-Grandrupt
Remomeix
Coinches
Raves
Combrimont
Bertrimoutier
Frapelle
Nayemont-les-Fosses
Lesseux
Lusse
les Maisons
le Beulay
Lubine
Jambe-de-fer
Ban-de-Laveline
Wisembach
Col de Sainte-Marie 772 m
la Croix-aux-Mines
Col du Pré de Raves 1025 m
le Rossberg 1128 m
Col du Bonhomme 949 m
le Bonhomme
Anciennes Mines d'Argent
Ste-Marie-aux-Mines
Ste-Croix-aux-Mines
Liepvre
la Liepvrette Rivière
Rombach-le-Franc
la Hingrie
Col de Fouchy 509 m
le Schlossberg
Château Franckenbourg
la Vancelle
Haut Kœnigsbourg
Hochfelsen 949 m
Thannenkirch
Reichenberg
Ribeaupierre
Girsberg
Château St-Ulrich
Château de Bilstein
Ribeauvillé
Château Reichenstein
Hunawihr
Zellenberg
Riquewihr
Beblenheim
Mittelwihr
Echery
St-Pierre-sur-l'Hâte
le Brezouard 1228 m
Aubure
Andlau
Ribeaugoutte
Fréland
Tête des Faux 1220 m
Lapoutroie
Hachimette
Kaysersberg
Kientzheim
Sigolsheim
Schoppenwihr
Remomont
Orbey
Ammerschwihr
Lac Blanc
Lac Noir
Col du Louchbach 977 m
Col du Calvaire
Gazon du Faing 1303 m
Pairis 863 m
Labaroche
Trois-Epis
Basses Huttes
le Valtin
Col du Surceneux 810 m
Xonrupt-Longemer
Lac de Longemer
Lac des Truites
Col de Wettstein 882 m
le Haut Fourneau
le Grand Hohnack 976 m
Château Hohnack
Wineck
Katzenthal
Niedermorschwihr
Ingersheim
Turckheim
Wintzenheim
Roche du Diable 1129 m
Col de la Schlucht 1139 m
Route des Crêtes
Lac de Retournemer
Roche du Diable
Lac de Lispach
Jardin d'Altitude du Haut-Chitelet
Soultzeren
Hohrodberg
Breiten Berg 840 m
Chapelle Sainte-Croix
Zimmerbach
Walbach
Pflixbourg
Hohlandsbourg
Wettolsheim
Eguisheim
Drei Exen
Ampfersbach
Stosswihr
Hohrod
Munster
Luttenbach
Gunsbach
Wihr
Soultzbach-les-Bains
Griesbach-au-Val
Eschbach-au-Val
le Hohneck 1362 m
le Sattelkopf 892 m
Gaschney
Grand Artimont 1229 m
Lac de Blanchemer
le Kastelberg 1346 m
Muhlbach
Breitenbach
Metzeral
Col de Bramont 956 m
Husseren-les-Châteaux
Obermorschwihr
Vœgtlinshofen
Hattstatt
Gueberschwihr
St-Marc Couvent
Wasserbourg
l'Altenberg 1196 m
Mittlach
Sondernach
le Schnepfenriedkopf 1258 m
Landersen
Wildenstein
le Grand Ventron 1204 m
Col du Herrenberg 1186 m
le Petit Ballon 1267 m
Col de Bœnlesgrab 865 m
Wintzfelden
Osenbach
le Heidenberg 457 m
Pfaffenheim
Chapelle d'Oehlberg
Route du Vin
Col du Platzerwasel 1183 m
Col d'Hahnenbrunnen 1180 m
le Klintzkopf 1329 m
Linthal
Soultzmatt
Westhalten
Rouffach
Kruth
Gommkopf 841 m
Lautenbachzell
Lautenbach
le Schimberg 571 m
Felsenbach
Orschwihr
Chapelle Saint Nicolas
Buhl
Bergholtzzell
Gundolsheim
Le Markstein 1237 m
Lac du Ballon
Murbach
Hugstein
Saint-Léger
Bergholtz
Guebwiller
Merxheim
Cascade Saint Nicolas
Oderen
Fellering
le Grand Ballon 1424 m
Storkenkopf 1362 m
Rimbach
Notre Dame
Issenheim
Meyenheim
Col de Bussang 731 m
Urbès
Source de la Moselle
Ranspach
Geishouse
Goldbach-Altenbach
Rimbachzell
Notre-Dame-de-Thierenbach
Soultz
Reguisheim
Husseren-Wesserling
Saint-Amarin
Jungholtz
Raedersheim
Mollau
Mitzach
Goldbach
Col Amic
Wuenheim
Haut-Rhin
Ungersheim
Malmerspach
Moosch
Hartmannswillerkopf
Feldkirch
Hartmannswiller
le Rimbachkopf
N159
N59
N415
N83

D
E
F
S. 235
Dieffenthal
532 m
Château d'Ortenbourg
Scherwiller
Châtenois
Ebersheim
Ebersmunster
Hilsenheim
Witternheim
Friesenheim
Diebolsheim
Bindernheim
Kappel
-Grafenhausen
Maison Rouge
Saint Georges
SÉLESTAT
Muttersholtz
Wittisheim
Sundhouse
Europa-park
Rust
Ettenheim
Ettenbach
Orschwiller
Chapelle du Chêne
Mussig
Baldenheim
Schwobsheim
Sassenheim
167 m
169 m
Ringsheim
Rhein-hausen
Herbolzheim
Herbolz
Tutsch-felden
Richtolsheim
Bœsenbiesen
Hessenheim
Schœnau
St-Hippolyte
le Schnellenbuhl
Artolsheim
174 m
Heidolsheim
Weisweil
173 m
Wagens
Guémar
Bootzheim
le Rhin Fleuve
Kenzinge
Illhaeusern
Ohnenheim
Mackenheim
Lichteneck
300 m
Hecklingen
Marckolsheim
Wyhl
Forchheim
Ostheim
Elsenheim
273 m
177 m
Malte
Riegel
Grussenheim
Limburg
Sasbach
Endingen am Kaiserstuhl
Königschaff-hausen
Amoltern
Housssen
Jebsheim
Riedwihr
Artzenheim
Kiechlinsbergen
Üsenburg
Bahlingen
Teni
Holtzwihr
Wickerschwihr
Sponeck
290 m
Teningen
Canal de Colmar
Bischwihr
Muntzenheim
Baltzenheim
Burkheim
Bischoffingen
Schelingen
Nimburg
EMM
Colmar-Nord
Fortschwihr
Durrenentzen
Oberbergen
520 m
Eichstetten
COLMAR
Urschenheim
187 m
Michaelskirche
Vogtsburg
Niederrotweil
Totenkopf 557 m
253 m
Horbourg-Wihr
Kunheim
Bickensohl
Achkarren
Ruine Höhingen
Colmar-Centre
188 m
Andolsheim
Widensohlen
Vörs
Freiburg-Nord
375 m
Kaiserstuhl
Dreisam
Himmelberg
Hochdorf
Canal de Widensohlen
Biesheim
Ihringen
Fronholz
Sundhoffen
Breisach am Rhein
Gottenheim
Sankt-Stephans-Münster
Umkirch
Waltershofen
Wolfgantzen
Appenwihr
Logelheim
Volgelsheim
Hochstetten
Merdingen
Freiburg-Mitte
FREIBURG IM BREISGAU
Neuf-Brisach
Sainte-Croix-en-Plaine
Hettenschlag
196 m
245 m
Gündlingen
Weckolsheim
Algolsheim
Opfingen
Grand Canal d'Alsace
Niederhergheim
202 m
Canal Vauban
Obersaasheim
Niederrimsingen
Tiengen
264 m
Dessenheim
Geiswasser
Oberrimsingen
Freiburg-Süd
Munzingen
Heiteren
Oberhergheim
Ehrentrudiskapelle
Jesuitenschloß
Ebringen
Schne
Bilzheim
Niederentzen
Thierhurst Chapelle
Bad Krozingen
Schallstadt
Rhein
Oberentzen
Rustenhart
206 m
Nambsheim
Hartheim
Pfaffenweiler
496 m
Meyenheim
Balgau
Thermalbad
Bollsch
Fessenheim
Hartheim Heitersheim
BAD KROZINGEN
Ehrenkirchen
Hirtzfelden
Forêt Domaniale de la Hardt-Nord
227 m
Roggenhouse
Blodelsheim
Eschbach
STAUFEN IM BREISGAU
Wettelbrunn
Sulzbach
Gallenweiler
Staufenburg
Rödelsbur
Ensisheim
S. 239
Heitersheim
Malteser Schloss
Ballrechten
Munchhouse
Ensisheim
A 35
E 25
N83
N415
E 35
A 5

A
B
C
1
2
3
4
S. 236
Tête des Neufs Bois 1232 m
Tête des Perches 1224 m
Saint Maurice
le Rimbachkopf 1195 m
Mollau
Mitzach
Husseren-Wesserling
Saint-Amarin
Malmerspach
Moosch
Goldbach
Route des Crêtes
Hartmannswillerkopf 956 m
Herrenfluh
de-Thierenbach
Jungholtz
Wuenheim
Haut-Rhin
Feldkirch
Hartmannswiller
Bollwiller
Route du Vin
Willer-sur-Thur
Bitschwiller-lès-Thann
le Wolfskopf 783 m
Berwiller
Wattwiller
Saint-Antoine
Chapelle Ruée
Uffholtz
Staffelfe
Ballon d'Alsace
Parc Naturel Régional
des Ballons des Vosges
997 m
Rimbach-près-Masevaux
le Rossberg 1191 m
Col du Ballon 1178 m
Oberbruck
Col du Hundsrück 748 m
Dolleren
Wegscheid
Kirchberg
St-Thiébaut
Thann
Vieux-Thann
Route du Vin
Steinbach
CERNAY
274 m
WITTELS
Bourbach-le-Haut
Niederbruck
Sickert
Rammersmatt
Leimbach
Baerenkopf 1074 m
Masevaux
Roderen
Aspach-le-Haut
Richw
Pfasta
Lutterbac
Bourbach-le-Bas
475 m
Michelbach
Aspach-le-Bas
Château de Rosemont
Lamadeleine-Val-des-Anges
Lauw
Sentheim
Schweighouse-Thann
Chapelle Saint-Nicolas
Chapelle Notre-Dame
Chapelle Sainte-Anne
Guewenheim
265 m
Reiningue
Lutterbach
Tête le Moine 790 m
Chapelle Sainte-Marguerite
Rougegoutte
Rougemont
Mortzwiller
Soppe-le-Haut
Burnhaupt-le-Haut
Burnhaupt
Morschwiller-le-Bas
Petitmagny
Etueffont
Leval
Grosmagny
Romagny-sous-Rougemont
Soppe-le-Bas
370 m
Heimsbrunn
Burnhaupt-le-Bas
Bourg-sous-Châtelet
Felon
Didenheim
Anjoutey
Saint-Germain-le-Châtelet
Bretten
Diefmatten
Galfingue
Angeot
Eteimbes
Sternenberg
Hochstatt
510 m
Bellemagny
Bethonvilliers
Lagrange
Hecken
Gildwiller
Bernwiller
Frœningen
Vauthiermont
Guevenatten
Ammerzwiller
Spechbach-le-Haut
Vétrigne
Eguenigue
Menoncourt
Lariviére
Saint-Cosme
Traubach-le-Haut
Falkwiller
Saint-Bernard
Roppe
Phaffans
305 m
Balschwiller
Illfurth
Offemont
Denney
Lacollonge
Reppe
Bréchaumont
Eglingen
Spechbach-le-Bas
Traubach-le-Bas
Buethwiller
Heidwiller
Tagolshei
BELFORT
Belfort-Nord
Fontaine
Frais
Hagenbach
Saint Christophe
Bessoncourt
Elbach
Gommersdorf
Belfort-Centre
Foussemagne
Wolfersdorf
Aspach
Walheim
Lion de Belfort
Chèvremont
Cuneliéres
Chavannes-sur-l'Etang
Retzwiller
Dannemarie
Belfort-Sud
Fontenelle
Witters-dorf
Danjoutin
Montreux-Vieux
Valdieu-Lutran
Manspach
Ballersdorf
Petit-Croix
Montreux-Jeune
Chapelle Saint-Martin
Carspach
Altkirch
Andelnans
Vézelois
Novillard
Fort de Vézelois
Montreux-Château
Altenach
Dockenberg 364 m
Schwobe
Romagny
Sevenans
Meroux-Moval
Autrechêne
Bretagne
Magny
Hirtzbach
Saint-Ulrich
Eulleren
Chavannes-les-Grands
Hirsingue
Trévenans
Charmois
Grosne
Strueth
Mertzen
Chavanette
398 m
Brebotte
Bettend
Bourogne
Recouvrance
Vellescot
Hindlingen
Heimersdorf
Froidefontaine
Suarce
Friesen
Boron
Largitzen
Ruederbach
396 m
Dambenois
Morvillars
Ueberstrass
Waldigh
Allenjoie
Méziré
Seppois-le-Bas
Brognard
Grandvillars
Lepuix-Neuf
Bisel
Feldbach
Joncherey
Seppois-le-Haut
Fesches-le-Châtel
Thiancourt
Faverois
Courtelevant
Etupes
444 m
Badevel
Delle
Rechesy
Dampierre-les-Bois
Florimont
Mooslargue
Fêche-l'Eglise
Courcelles
553 m
Notre Dame du Mont
Pfetterhouse
Kœstlach
Boncourt
Mœrnach
Vieux-Ferrette
Montignez
Beaucourt
Beurnevesin
Durlinsdorf
Grottes de Milandre
Buix
Lugnez
Vandoncourt
Montbouton
Bonfol
475 m
Saint-Dizier-l'Evêque
Damphreux
Liebsdorf
Villars-le-Sec
Courtemaîche
Seloncourt
Coeuve
Courtavon
Croix
613 m
553 m
Vendlicourt
Winkel
Hérimoncourt
Levoncourt
Oberlarg
Château de Morimont
811 m
Bure
Courchavon
Abbévillers
Alle
633 m
Porrentruy
Lucelle 2 km

D
E
F
S. 237
Ensisheim
Munchhouse
Rumersheim
Grissheim
Eschbach
Heitersheim
Gallenweiler
Malteser Schloss
Staufenburg
Ballrechten-Dottingen
Buggingen
Zienken
Hügelheim
Dattingen
Laufen
Sulzburg
Bantzenheim
Chalampé
Müllheim/Neuenburg
MÜLLHEIM
NEUENBURG
Britzingen
Zunzingen
Niederweiler
Neuenfels
Römische Bäder
Thermalbad
Badenweiler
Schloss Baden
Ruelisheim
WITTENHEIM
Baldersheim
KINGERSHM.
Sausheim
ILLZACH
Ottmarsheim
Usine Peugeot
Ottmarsheim
AD-Dreieck Neuenburg
Auggen
Vögisheim
Steinenstadt
Feldberg
Blauenhaus
Marzell
Hombourg
Schliengen
Schloss
Temple Saint Etienne
RIXHEIM
Riedishm.
Parc Zoologique
Rixheim
Habsheim
Petit-Landau
Thermalbad
Bad Bellingen
Stocken 453 m
Sausenburg
Hohwildsberg 1080 m
Malsburg
Feuerbach
Riedlingen
Tannenkirch
Kandern
Hohe Stück 939 m
Zimmersheim
Eschentzwiller
Dietwiller
Landser
Schlierbach
Kembs
Vollenburg
Efringen-Kirchen
Holzen
Munzenberg 702 m
Kloster Weitenau
Weitenau
Wollbach
Geispitzen
Waltenheim
Sierentz
Isteiner Klotz
Efringen-Kirchen
Schallbach
Wittlingen
Hägelberg
Fischingen
Rümmingen
Haagen
Hauingen
Koetzingue
Uffheim
Magstatt-le-Bas
Magstatt-le-Haut
Bartenheim
Bartenheim
St-Louis-la-Chaussée
Rosenau
Eimeldingen
Binzen
Kandern
Burg Rötteln
Lörrach
LÖRRACH
Sankt Fridolins-Münster
Lörrach/Inzlingen
Zaessingue
Stetten
Brinckheim
Petite Camargue
AD-Dr. Weil a. Rh.
Eimeldgn.
Binzen
Helfrantzkirch
Kappelen
Village-Neuf
Aéroport
Weil a. Rh.
WEIL AM RHEIN
Blotzheim
Michelbach-le-Bas
Huningue
Aéroport de Basel-Mulhouse
SAINT-LOUIS
Inzlingen
Schloss Reichenstein
RIEHEN
Ranspach-le-Bas
Ranspach-le-Haut
Hésingue
Attenschwiller
Hégenheim
Buschwiller
Münster
Birsfelden
GRENZACH-WYHLEN
Degerfelden
Michelbach-le-Haut
Wentzwiller
Folgensbourg
ALLSCHWIL
Basel-St. Jakob
BASEL
Zoolog. Garten
Bottmingen
MUTTENZ
Augusta Raurica
Stift Olsberg
Muespach
Muespach-le-Haut
Schönenbuch
Hagenthal-le-Bas
Hagenthal-le-Haut
Neuwiller
BINNINGEN
Münchenstein
Pratteln
Pratteln
Oberwil
MÜNCHENSTEIN
Reinach-Nord
Schloss Richenstein
Frenkendorf
Arisdorf
Füllinsdorf
Linsdorf
Bettlach
Benken
Reinach
Goetheanum
Arlesheim
Leymen
Therwil
Château de Landskron
Witterswil
Reinach-Süd
Liestal
Rodersdorf
Kloster Mariastein
Ettingen
Schloss Dorneck
Dornach
Gempen
Liestal-Ost
Nuglar
Lausen
Biederthal
Hofstetten
Aesch
St. Pantaleon
Metzerlen
Blauen 837 m
Pfeffingen
Schloss Angenstein
Hochwald
Seltisberg
Burg
Blauen
Nenzlingen
Duggingen
Kiffis
Dittingen
Zwingen
Grellingen
Büren
Seewen
Lupsingen
SCHWEIZ
Canal du Rhône au Rhin
Canal de la Hardt
de la Hardt-Nord
Rhein
Markgräfler Land
A 35
A 30
E 25
E 60
E 35
E 54
N66

Abbildungsnachweis
Friedrich Blickle/Bilderberg, Hamburg S. 12
Fridmar Damm, Köln S. 135
Ralf Freyer/PanDia, Freiburg S. 15, 41, 45, 68
Max Galli/Look, München S. 144
Christian Heeb/Look, München S. 21
Michael Jeiter, Morschenich S. 150, 176
Martin Kirchner/laif, Köln Titelbild
Manfred Linke/laif, Köln S. 1, 19, 26, 32, 43, 50, 54, 56, 64, 69, 72, 74, 96, 102, 108, 117, 122, 167, 181, 187, 188, 196, 201, 205
Susanne Tschirner, Bonn S. 98, 118, 203

Alle anderen Abbildungen stammen von Manfred Braunger, Freiburg.

Kartografie
DuMont Reisekartografie
© MAIRDUMONT, Ostfildern

Abbildungen:
Umschlagvorderseite: Colmar, Quai de la Poissonnière
Umschlagklappe vorn: Colmar, Rue des Marchands
Umschlagklappe hinten: Kürbisernte
S. 1: Gugelhupf
S. 2/3: Ecomusée de Haute-Alsace

2., aktualisierte Auflage 2005

Graphisches Konzept: Groschwitz, Hamburg
Druck: Rasch, Bramsche
Buchbinderische Verarbeitung: Bramscher Buchbinder Betriebe

ISBN 3-7701-5984-5